CSSCI 来源集刊

南大商学评论

Nanjing Business Review

2020-17(2)

经济管理出版社
ECONOMY & MANAGEMENT PUBLISHING HOUSE

图书在版编目（CIP）数据

南大商学评论．第 50 辑 / 刘志彪主编．—北京：经济管理出版社，2020.9

ISBN 978-7-5096-7595-3

Ⅰ．①南…　Ⅱ．①刘…　Ⅲ．①中国经济—文集　Ⅳ．①F12-53

中国版本图书馆 CIP 数据核字（2020）第 175130 号

组稿编辑：胡　茜

责任编辑：胡　茜　姜玉满　杜奕彤　杜羽茜　詹　静　杨　娜

责任印制：黄章平

责任校对：董杉珊

出版发行：经济管理出版社

（北京市海淀区北蜂窝 8 号中雅大厦 A 座 11 层　100038）

网　　址：www. E-mp. com. cn

电　　话：（010）51915602

印　　刷：唐山昊达印刷有限公司

经　　销：新华书店

开　　本：880mm×1230mm /16

印　　张：12. 5

字　　数：263 千字

版　　次：2020 年 10 月第 1 版　　2020 年 10 月第 1 次印刷

书　　号：ISBN 978-7-5096-7595-3

定　　价：50. 00 元

主办单位

南京大学长江三角洲经济社会发展研究中心
教育部人文社科百所重点研究基地

南京大学经济转型和发展研究中心
教育部哲学社会科学创新基地

南京大学商学院

《南大商学评论》编辑委员会

主编的话

《南大商学评论》是由南京大学商学院主办的经济学、管理学类非连续的学术刊物。创刊以来，以其规范、严密、扎实的研究风格受到国内外学者的高度评价。在此我向关心支持本文集的同仁们表示衷心的感谢！

新一轮的全球化期待中国学术研究像中国经济一样，进入世界学术研究关注的焦点和前沿。为了鼓励源自于中国的原创性研究，《南大商学评论》的办刊方向进一步明确为立足于中国经济转型和发展实践，提倡从中国经济管理的实践中发现问题、提炼问题、分析问题和解决问题。

本刊将继续延续以前的传统，开放式办刊，广泛接受来自国内外学者的自由投稿，采用双向匿名审稿制度，主要发表原创性的规范和实证研究的学术论文，以及案例、综述和评论性的文章。研究领域不限，欢迎从宏观经济学、财政金融、产业组织、国际贸易、比较经济学、企业管理、市场营销、人力资源、电子商务、会计等相关具体领域进行专门化研究的成果。

南大商学评论

Nanjing Business Review

第 50 辑

目 录

Contents

房地产价格、金融发展与区域创新*

□蒋　彧　杜浩锋　王一鸣　袁　冬

摘　要：房地产行业是我国经济体系中的支柱产业，创新则是近年来经济稳步增长的核心动力，因此，房地产价格与创新活动之间的关系开始受到关注。本文首先测算了2000~2018年我国31个省（自治区、直辖市）房地产基础价格和泡沫价格，随后考察房价对创新的影响。实证结果表明：基础价格的上涨对创新活动有显著的抑制作用，泡沫的扩大却对创新活动有显著的促进作用；金融发展水平的上升可以有效减弱房地产泡沫和基础价格对创新活动的影响。本文进一步探讨了整体房价对创新活动的影响机制：在金融发展水平较低时，房价上涨对创新活动有促进作用，随着金融发展水平的提高，这种促进作用逐渐消失并转变为抑制作用。本文对房地产价格、金融发展与区域创新三者之间的关系进行了梳理和验证，为我国房地产行业相关政策制定以及进一步推动科技创新提供了有益参考。

关键词：房价泡沫；基础价格；金融发展；创新

JEL 分类：F293.3

引　言

随着中国经济发展进入新常态，创新成为经济稳步增长的核心动力。根据《2018年国际知识产权指数报告》，我国居民专利申请量占全世界的43.55%，再创历史新高。政府的积极号召和相关政策的有效实施对发展科技创新、推动经济稳步前进起到了显著作用。然而，各地过高的房价似乎成为了创新的绊脚石。过去的十多年里，各城市商品房销售价格大幅上涨，北上广深房价的年涨幅更是超过10%，一方面，高房价导致许多大城市的人才大量流失；另一方面，房地产行业的高利润吸引着越来越多的资金从实体经济流向房地产行业，实体经济规模占国内生产总值的比重从2009年的71.1%下降到2018年的63.1%。

房地产行业的发展通过上述途径对各地创新活动产生影响，由于房地产的金融

* 本文受教育部人文社会科学研究一般项目（编号：17YJC79006）资助。

属性，各地金融市场在这一过程中发挥着重要的影响作用。事实上，在金融发展水平不同的地区，政府对房地产行业的调控措施也不尽相同：在上海等金融发展水平较高的城市，政府通过控制土地供应、限制购房信贷等措施抑制房地产市场过热；在昆明等金融发展水平较低的城市，政府却通过补贴刺激商品房销售。这些政策在对当地房价进行调控的同时是否会对地区创新活动产生不同影响？近年来大量学者在上述问题的研究上未能形成一致结论，部分学者认为房价上升会抑制区域创新，但也有学者持反对观点。研究清楚两者之间的关系对于各地区政府如何在创新驱动的背景下对房地产行业进行合理调控有重要指导意义。

本文从资产泡沫的概念入手，运用理论模型将房地产泡沫和房地产基础价格从整体房价中分离出来，通过实证分析发现基础房价上涨对地区创新活动的抑制作用和泡沫上涨对其的促进作用，并探讨了金融发展水平在其中的调节作用，发现在不同金融发展地区两者的总效应不同。本文通过对房地产价格、金融发展与区域创新三者关系的梳理，清晰地展示了房价与创新活动之间的内在联系。本文的边际贡献有：第一，将房地产资产泡沫进行了量化分析，区分了基础价格与房价泡沫对创新活动的不同影响，对现有的研究起到重要补充作用；第二，分析了房价上涨对创新活动的影响与金融发展水平之间的关系，并进行实证检验，解释了之前学者结论产生矛盾的原因；第三，为我国房地产和创新行业的健康发展提供了政策参考，指导政府在对房地产行业进行调控的同时培养创新动力、实现持续经济增长。

1　文献综述

纵观既有文献，关于房价对经济活动的分析大都建立在房地产泡沫化的基础上。姜春海（2005）从需求、投资、销售价格等多个角度指出我国房地产行业存在过热现象，得出中国房地产泡沫已经产生且较为严重的结论。基于房地产行业高度泡沫化这一特征，本文在分析房价对创新活动影响的过程中，重点关注房价泡沫在这一过程中的作用，将其区别于整体房价。

1.1　房地产价格、基础价格与房地产泡沫

“泡沫”一词最早出现在17世纪荷兰“郁金香事件”中，之后“泡沫”的概念开始在经济学特别是金融领域受到广泛关注。Hirshleifer（1975）和Feiger（1976）认为一些投资者明知某些资产价格高于实际价值，但其确信有人会以更高的价格购买，因此不断购进。Harrison和Kreps（1978）进一步提出泡沫是投资者支付的高于资产价值的部分。后来有学者指出上述过程仅发生在经济扩张期，此时投机者常认为资产价格会不断上涨。姜春海（2005）对过去学者的观点进行了总结，认为资产价格等于基础价格与泡沫的总和，其中基础价格反映的是资产的真实价值。

1.2　技术创新与房价

关于房价与技术创新的关系，现有学者的观点不一。本文从资金要素投入和高技术人才要素投入的角度整合不同观点之间的联系和逻辑。

房价的上涨如何影响创新活动中的资金使用，目前的分析方法是首先将这种影响分为两条路径，类似于“收入效应”和“替代效应”两

种角度，之后讨论其总效应。收入效应也被称为信用缓解效应（Miao and Wang，2014）、流动性效应（王雪平、王小平，2018）、财富效应（王重润、温礼瑶，2019）等。这种效应是从资产价格高估带来的企业资产变动现象来分析房价上涨对创新活动的促进效应。由于技术创新活动的长期性和不确定性并且伴随着信息不对称和高风险，因此往往受到较严重的融资约束。而上涨的房价提高了企业自有房屋等固定资产的抵押价值，缓解了其融资约束，促进了研发投资的增加（Chaney et al.，2012；罗时空、周亚虹，2013）。替代效应也被称为挤占效应（Miao and Wang，2014）、资本再分配效应（王雪平、王小平，2018）、资产替代效应（王重润、温礼瑶，2019）等，主要指价格的偏移带来的资产错配抑制了创新企业的活动。大量泡沫的存在使房地产投资的收益率高于其他行业，因此企业会将更多的资金用于房地产投资，从而挤出了对其他行业的贷款供给（Miao and Wang，2014；余泳泽、张少辉，2017）。房价上涨对企业创新的影响最终取决于上述两者的对比。但由于在理论上很难说清这两种效应究竟哪一种更大，因此大部分学者通过实证分析来支撑自己的观点。许多学者认为在中国应当是“替代效应”大于“收入效应”，如余泳泽和张少辉（2017）用 2004~2013 年 230 个地级市及 1272 家上市企业的数据进行了说明；但是也有学者如邵传林（2018）和 Chaney 等（2012）认为应当是“收入效应”大于“替代效应”，他们同样以地级市层面数据进行了验证。

从人才投入上看，部分学者认为高房价抑制了人才流入。例如，Helpman（1998）指出住房价格会影响劳动者的相对效用，从而抑制劳动力在该地区的集聚。高波等（2012）运用 2000~2009 年我国 35 个大中城市的数据证实了这一观点，并指出这种抑制作用更多体现在农村劳动力上而不是高技术人才上（高波等，2013）。但范建勇等（2015）反驳了这一观点，认为城市新增常住人口大部分是低技能劳动力，主要居住在价格低廉的非普通商品房，跟房地产交易关系不紧密。另外，有许多学者持相反观点。Dohmen（2005）认为套利的预期会促使劳动力流入。从信息经济学的角度出发，房价作为一种压力信号，会使高学历且创新能力较强的人群向房价较高的大城市集聚（邵传林，2018）。也有学者构建实证模型说明上述因素的综合效应，如张莉等（2017）认为房价对劳动力流动产生先吸引后抑制的倒 U 形影响。

综合上述的文献结论，可以发现房价上涨对创新活动的影响究竟是促进还是抑制目前尚无定论。本文认为不同学者得出的结论存在矛盾的原因有以下两点：第一，上述学者关注房价对创新活动的影响是基于中国房地产行业存在大量泡沫的事实基础，但是在分析过程中并没有将泡沫的概念与整体房价的概念区分开来。由于泡沫增加与基础房价上升的经济意义是不同的，因此很可能会导致从不同角度分析得到不同的结论。第二，上述学者在探讨房价对创新活动的影响过程中，都涉及了促进与抑制两种作用相反的效果之间的大小比较，并从弹性的角度进行解释。之后却并未对这种弹性的数值大小及影响因素进行深入探讨，然而对弹性大小的分析直接决定了最终的影响效果是促进或是抑制。为了解决上述问题，后文将分别分析房地产基础价格和泡沫的上涨对区域创新活动产生的影响和两者的传导机制，并研究金融发展水平对上述效应的调节作用。

2 理论假设

基础价格是由经济基本面因素决定的，是资产的真实价值，是在正常的市场机制中形成的，与经济体中实体经济的增长、要素的流动和变化是同步的。而泡沫是上涨预期和投机导致的资产价格高于价值的部分，是市场不完全、信息不对称的产物，是价格信号的偏移。两者在经济学意义上有着本质区别，前者是市场经济的结果，后者则是不完全市场带来的错误信号。因此，本文分析的重点在于从之前学者总结的影响效果中，分离出哪些是通过价格信号的偏移作用的，哪些是通过经济基本面要素的变动作用的。图 1 展示了房价上涨对区域创新活动影响的传导机制。

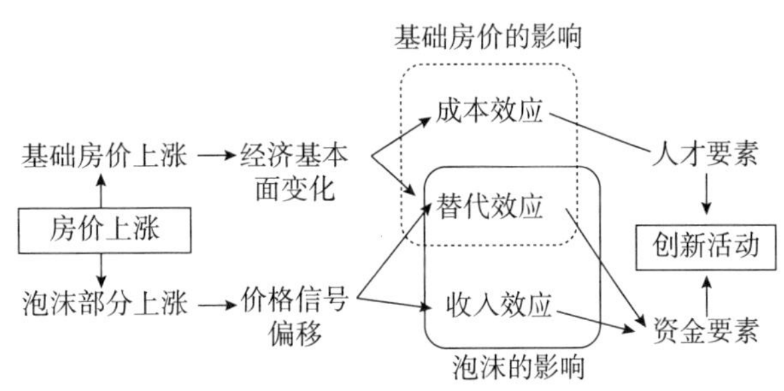

图 1 房价上涨对区域创新活动影响的传导机制

2.1 基础房价上涨对创新活动的影响

经济基本面变化带来的基础房价上涨，属于经济体中实际量的变化，是经济体均衡的体现，这种上涨是真实价值的提升而不是资产价值“虚高”。由于之前学者提出的信用缓解效应（Miao and Wang，2014）等收入效应是建立在资产评估价格“虚高”现象的基础之上的，认为高出的部分为企业提供了更高价值的贷款抵押物以缓解企业预算约束，因此随着这一高估价值的消失，这一系列的收入效应也就消失了。这也就意味着，基础房价上涨的收入效应对区域创新活动产生的促进效果消失了。

在剔除收入效应的影响后，本文认为这种基础房价的上涨对创新活动的影响体现在以下两个方面：第一，价格上涨带来的劳动力实际生活成本的上涨，可概括为成本效应，这种成本效应抑制了人才的流入，对创新活动产生了抑制作用。从劳动力的角度来看，房价的升高使得单个个体的预算约束收紧，抑制了劳动力在该地区的集聚（Helpman，1998；高波等，2012）。对于企业来说，吸引人才的重要手段之一是形成创业园区，为高端人才提供过渡性住房支持，然而随着基础房价的上升，这类住房建设的成本也随之上升，因此也就提高了创新型企业吸引人才的成本。第二，价格变动带来的不同产业的相对价格变化使得资金在不同行业之间发生流动，可概括为替代效应，这种替代效应抑制了房地产行业的资金流入，对创新活动产生一定的促进作用。由于投资成本上升、回报率下降[①]，投资者会将资金撤出房地产行业

---

① 需要解释的是，此处的替代效应与后文泡沫上升的替代效应有所不同。虽然两者都表现为价格的上涨，但前者体现为房地产行业成本上升、回报率下降，而后者体现为利润上升、回报率上升，效果是相反的。

而转投其他行业，这其中就包括高新技术行业。在两种效应的对比问题上，大量学者认为人才是实行创新战略的最重要因素，创新战略就是人才战略，成本效应对人才的挤出效应对区域创新的影响更为明显，并在实证上予以支撑（高波等，2012）。而由于高新技术企业的研发活动存在长期性和周期性，尽管基础价格上升的替代效应挤出了房地产企业的资金，这些资金也很难马上进入到创新研发领域，而是更多分散到了现金流大、投资周期短的行业，因此这种替代效应对区域创新活动的影响有限（王雪平、王小平，2018）。

综合上述分析，一方面收入效应产生的促进作用消失，另一方面成本效应的抑制作用大于替代效应的促进作用，因此本文提出如下假设：

假设 1：基础房价上涨对创新活动有抑制作用。

2.2 泡沫上涨对创新活动的影响

泡沫部分的上涨作为一种市场不完全带来的价格信号偏移，属于经济体中名义量的变化。本文认为这种名义量的上涨对劳动力的影响较小，原因在于劳动力生活成本的衡量依据并不包括房价，而是使用租房成本来衡量劳动力的住房压力。事实上，许多学者将房租作为房地产基础价格的体现，认为房租的上涨与房价的上涨并不是同步的，而是与基础房价的上涨同步（Diba and Gossman，1988）。由于房价泡沫的上涨并不会导致房租的上涨，因此对劳动力的生活成本也就不会产生影响，不会带来劳动力的流动。这也就意味着，整体房价上涨的成本效应对区域创新活动产生的抑制效果消失了。

在剔除劳动力的流动这一因素后，本文认为泡沫的上涨作为一种价格信号，主要通过金融市场对创新活动产生以下两个方面的影响：第一，企业资产估值上升，缓解了企业预算约束，可概括为收入效应。与之前学者的观点一致，这种收入效应增加了高技术创新型企业的估值，对创新活动产生促进作用。创新企业所拥有的房地产成为了一种合格的高价值抵押品，容易被银行接受，获得高于其预期还债能力的贷款。特别是对于具有长期性和不确定性的企业创新性投资活动，这种促进效应更为重要和显著（Chaney et al.，2012；罗时空、周亚虹，2013）。第二，由于价格变动带来的不同产业相对价格变化使得资金在不同行业之间发生流动，可概括为替代效应，表现为对创新活动的抑制。泡沫的存在使得房地产行业的投资收益率被高估，投资者会将更多的资金用于房地产投资，其他行业的资金被挤占，其中就包括高新技术行业。从银行的角度，泡沫持续上升会被解读为是房地产行业低风险和高收益的表现，因此银行更乐意放贷给房地产企业，从而挤出了其他行业的贷款供给额（Miao and Wang，2014；余泳泽、张少辉，2017）。由于替代效应是通过资金的转移实现的，这一过程中往往存在大量的时滞和交易成本，而创新研发的投资有着长期性和周期性的特点，很难迅速吸收或释放资金，因此受到替代效应的影响较小。在实证检验上，王雪平和王小平（2018）也发现房价泡沫上升的替代效应对创新研发的影响并不显著，王重润等（2019）则进一步发现对于高新技术企业这一类融资约束较强的企业来说，往往收入效应远大于替代效应。

综合上述分析，一方面成本效应产生的抑制作用消失，另一方面收入效应的促进作用大于替代效应的抑制作用，因此本文提出如下假设：

假设2：房价泡沫上涨对创新活动有促进作用。

2.3 金融发展水平的调节作用

根据上文的分析，在房价上涨对创新活动的影响过程中，金融市场是资金在不同行业间流动的媒介，扮演着不可或缺的角色。基础房价上涨通过成本效应和替代效应对创新活动产生抑制效果，其中成本效应为主效应，替代效应为次效应。成本效应不通过金融市场传递，而是通过劳动力市场和商品市场传递，因此这种抑制效果几乎不会随着金融发展水平的改变而改变。替代效应则部分通过金融市场传递，金融市场越完善，这一传递过程越快，消耗的成本越低，因此这种促进效果会随着金融发展水平的提升而变得更加显著。但是考虑到成本效应产生的抑制效果占主导地位，总的来说，随着金融水平的进步，基础房价上涨对创新活动的抑制效果呈现出缓解的趋势，最终抑制水平趋于稳定。泡沫上涨对创新活动产生促进效果，其中收入效应为主效应，替代效应为次效应。产生这两种效应的根本原因在于房地产市场的不完全导致价格与价值的大幅度偏移，而金融市场的一个重要作用之一就是调节不正常的价格偏移，因此金融发展水平在这一过程中起到一种负反馈调节的作用，作用途径包括消除信息的不对称、建立科学的资产评估体系、形成效率更高的交易模式等。因此随着金融水平上升，泡沫上涨对创新活动的促进效果呈现出弱化趋势，并随着泡沫的消亡最终趋于消失。综合上述分析，本文分别提出如下假设。

假设3：金融发展水平缓解了基础房价上升对创新活动的抑制作用。

假设4：金融发展水平减小了房价泡沫扩大对创新活动的促进作用。

3 研究设计

3.1 模型构建

根据前文提出的理论假设，本文设计的实证模型的重点在于检验房地产基础价格、泡沫价格与创新活动的关系。参考张杰等（2016）、余泳泽和张少辉（2017）等的方法，经过检验后本文构建的双向固定效应模型如下：

$$\ln innov_{it}=\beta_0+\beta_1 baseprice_{it}+\beta_2 bubble_{it}+\beta_3 CONTROL_{it}+\mu_i+\lambda_t+\varepsilon_{it} \tag{1}$$

其中，i 表示省份，t 表示年份；ln*innov* 是衡量技术创新活动情况的指标；*baseprice* 表示各地区的基础房价；*bubble* 表示各地区的房价泡沫；*CONTROL* 为控制变量集合，后文具体介绍；μ_i 为个体固定效应；λ_t 为时间固定效应；ε_{it} 为随机扰动项。系数 β_1 和 β_2 分别代表了基础价格和泡沫上升对创新活动的影响，如果系数 β_1 显著为负，则假设1成立，如果系数 β_2 显著为正，则假设2成立。而假设3和假设4均在探讨金融发展水平在房价影响创新活动的过程中扮演的角色，因此本文引入金融发展水平和价格变量的交叉项，其系数就代表了其在这一过程中的调节效果。模型（1）对应的变换形式如下：

$$\ln innov_{it}=\beta_4+\beta_5 baseprice_{it}+\beta_6 baseprice_{it}\times$$

$$finance_{it}+\beta_7 bubble_{it}+\beta_8 bubble_{it}\times finance_{it}+\beta_9 CONTROL_{it}+\mu_i+\lambda_t+\varepsilon_{it} \quad (2)$$

其中，*finance* 代表了地区金融发展水平，其他变量设置与上文一致。重点关注系数 β_5、β_6、β_7 和 β_8，如果系数 β_5 显著为负且系数 β_6 显著为正，则假设 3 成立，如果系数 β_7 显著为正且系数 β_8 显著为负，则假设 4 成立。

3.2 变量说明

模型的解释变量基础房价 *baseprice* 和房价泡沫 *bubble* 需要测算。目前测度房价泡沫的方法有三种：指标法、统计检验法和理论模型法。指标法是根据某个或某些指标的大小判断房价泡沫存在与否，如吕江林（2010）提出房价收入比的合理区间在 4.38～6.78，这种方法虽然简便但理论支撑不足，结果不够精确。统计检验法是一种通过计量经济学理论测量房价泡沫的方法，Hamilton（1986）将房价序列产生的非平稳归结为泡沫，Diba（1988）指出这一方法使得对房价泡沫的估计偏高，认为同时使用协整检验和单位根检验可弥补单位根检验的不足。但是这种检验方法将房屋租金视为房产基础价值的代理变量，同时无法剔除周期性的影响，结果可信度难以保证。理论模型法是基于房地产泡沫概念建立各种房地产基础价格模型，代表性方法有基本价值偏移法、预期资本收益法和 Ramsey 模型等。这种方法操作较复杂但结果精确，在进行定量测算时运用较广泛，因此本文选用理论模型法进行房价泡沫的测算。

Abraham 和 Hendershott（1996）根据适应性预期理论建立模型，通过多次迭代回归来估计均衡价格。这一方法能够较好地反映构成房价的经济基本面和动态因素，便于将市场房价中的基础价格和投机泡沫有效分离，得到了国内外学者的广泛运用（高波等，2014；陈志刚等，2018）。本文参考这一思路建立房地产价格均衡模型，测算基础房价和房价泡沫。首先将整体房价 *totalprice* 分解如下：

$$totalprice=baseprice+bubble \quad (3)$$

其中，*baseprice* 为基础房价，*bubble* 为房价泡沫。Abraham 和 Herdorshott（1996）、高波等（2014）认为决定基础价格的经济基本面因素包括实际人均收入 Y、实际房屋建造成本 K、贷款实际利率 R、城市人口密度 POP 和房地产开发实际投资额 I，并用小写字母表示上述变量增长率，因此房地产基础价格增速 p^* 可以表示为：

$$p_{it}^*=\alpha_1 y_{it}+\alpha_2 k_{it}+\alpha_3 r_{it}+\alpha_4 pop_{it}+\alpha_5 i_{it}+\tau_{it} \quad (4)$$

房价泡沫 *bubble* 由两部分反映：一是上一期房价增速，是投机者进行预判的重要依据；二是上一期的泡沫大小，是理性投资机构进行投机的重要参考，因此泡沫的增长率 θ 为：

$$\theta_{it}+\lambda_0+\lambda_1 p_{it-1}+\lambda_2(\ln totalprice_{it-1}-\ln baseprice_{it-1})+\varepsilon_{it} \quad (5)$$

式（5）中，τ 和 ε 均为误差项。因此整体房价的增速 p 为：

$$p_{it}=\alpha_1 y_{it}+\alpha_2 k_{it}+\alpha_3 r_{it}+\alpha_4 pop_{it}+\alpha_5 i_{it}+\lambda_1 p_{it-1}+\lambda_2\ (\ln totalprice_{it-1}-\ln baseprice_{it-1})\ \varepsilon_{it} \quad (6)$$

对式（6）的求解存在一个技术性的问题，即 $totalprice_{t-1}$ 和 $baseprice_{t-1}$ 的值在回归前无法获得。本文采用 Abraham 和 Hondersh（1996）的解决方法，首先给出式（7）用于求解 $totalprice_{t-1}$，将其中的 p 替换为 p^* 即可求解 $baseprice_{t-1}$：

$$\ln totalprice_{it-1}=\ln baseprice_{i0}+\sum_{t=0}^{t=t-1} p_{it} \quad (7)$$

接下来进行如下操作：第一步，忽略 $\ln totalprice_{t-1}-\ln baseprice_{t-1}$ 这一项，对式（6）进行回归，得到系数估计值并代入式（4）求出 p_t^*；第二步，令 $t=0$ 时的 $totalprice_0=baseprice_0=1$，用式（7）求出一组 $\ln totalprice_{t-1}-\ln baseprice_{t-1}$ 的值；第三步，利用第二步求得的值对式（6）进行回归，得到新的系数估计值，代入式（3）、式（4）、式（7）求出 *baseprice* 和 *bubble*，并代入式（4）求出一组新的 p_t^*；重复第二、第三步直至 *baseprice* 和 *bubble* 的值趋于稳定，即为所求结果①。

各省份的房价变量是本文的核心变量，在上述的计算过程中需要选择一个合适的指标表示房地产市场价格。房地产在实务中具有多种表现形式，在本文的研究框架中，更加注重其作为一项资产的价格表现。因此，本文参考邵传林（2018）和陆铭等（2014）的做法，用商品房的销售价格表示房地产价格，即 *totalprice*。这种表示方法从供需角度侧重体现了房地产在市场化环境中的价值波动，既体现了由经济基本面决定的商品价值，又包含了由于预期等因素而形成的资产泡沫，很好地契合了本文的研究需要。

在被解释变量的选取上，本文参考之前学者的做法（Hashmi，2013），认为发明专利授权量很好地体现了创新活动的实质内涵，使用本地法人或自然人的发明专利授权量数据作为代理变量。为了使结果更精确，结合现有文献的做法选取控制变量：①外商技术外溢（*fdi*），创新水平往往与外来投资密切相关。②财政自主权（*gov*），创新活动有外部性和公共产品的特征，地方政府会扶持具有正外部性的活动。③人均产值（*pergdp*），代表了地区经济水平、技术水平和市场规模的差异，会导致创新能力的差异。④交通基础设施水平（*car*），一定程度上控制了交通基础设施对地区创新活动的影响。⑤人口水平（ln*populate*），由于地区的人口基数会对地区的专利产出产生量上的影响，因此用地区人口总数取对数进行控制。⑥金融发展水平（*finance*），在计算上考虑金融规模（FD）和效率（FE）两个方面。

所有变量的选取和计算方法如表 1 所示。

表 1　变量名称、含义与计算方法

	变量名称	变量含义	计算方法
被解释变量	ln*innov*	创新指标	各地区的发明专利授权量（万件）取自然对数
解释变量	*totalprice*	整体房价	各地区的房价定基到 2000 年作单位化处理
	baseprice	基础房价	根据建模部分计算得到
	bubble	房价泡沫	根据建模部分有 *bubble*= *totalprice*− *baseprice*

① 本文参考之前学者的做法采取系统 GMM 估计方法缓解内生性问题，并参考高波（2014）的处理方法将模型中的滞后变量作为内生变量，其余变量作为外生变量。

续表

	变量名称	变量含义	计算方法
控制变量	*fdi*	外商技术外溢	外商投资工业企业总产值占地区工业总产值的比例（%）
	gov	财政自主权	地方财政预算支出占财政预算收入的比例（%）
	pergdp	人均产值	人均 GDP（万元）
	car	交通基础设施水平	货运总量与总人口的比例（吨/人）
	ln*populate*	人口水平	地区人口总数（万人）取自然对数
	finance	金融发展水平	金融规模（FD）和金融效率（FE）的几何平均数，其中 FD = 存贷款之和/GDP，FE = 金融机构贷款/金融机构存款

4　实证结果

4.1　数据来源与说明

选取样本为中国 31 个省（自治区、直辖市），时间跨度 2000～2018 年。虽然目前我国房地产市场存在“一城一策”的政策趋势，各个城市之间存在一些差异化的发展，但是本文出于研究目的、数据可得性和全面性的综合考虑，选取了完整的省级层面数据作为研究对象：第一，本文的研究目的是探讨房价、金融发展和区域创新三者之间的关系，并不是对“一城一策”的政策方案进行评估。而无论是否实行“一城一策”，本文研究的三者之间的关系都是客观存在的，因此选取省级还是市级数据从这个角度来看没有显著区别。当然，本文希望能通过对结果的分析找出“一城一策”政策的优势，不同城市的金融发展水平差异是解释这一问题的关键。第二，从数据的可得性来看，目前大量中小城市的相关数据是难以获得的，因此如果采用市级数据，将导致样本主要由大中城市构成，而这些城市往往房价更高、创新能力更强、金融市场更完善，违反了样本选取的随机性要求，可能会导致估计结果的偏差，使后续的分析难度更大。第三，从数据的覆盖范围来看，本文研究的时间范围是 2000～2018 年，“一城一策”是从 2016 年末渐渐在几个房市热点城市开始的，事实上时间重叠的范围很小，选取省级数据可以相对兼顾地区之间的差异性并覆盖地区间的完整性。解释变量计算所需数据来源于国家统计局和中国人民银行。数据进行如下处理：对于 P 和 POP，直接计算得到房价增速 p 和人口密度增速 pop；对于 Y、K、I，通过物价指数（以 2000 年为基础）进行定基，再计算得到实际人均收入增长率 y、房屋造价实际成本增长率 k 和房地产开发实际投资额增长率 i；对于 R，减去通货膨胀率后计算出其增长率 r。被解释变量的数据来源于国家统计局；控制变量中外商投资工业企业总产值数据来源于各地统计年鉴，其他数据来源于国家统计局。表 2 为变量的描述性统计结果，结果显示：我国各省份房地产行业的发展情况并不平衡，价格数据的最大值与最小值相差 10 倍以上；在房地产市场火热的地区，房价泡沫甚至超过了基础房价，而在房地产市场低迷的地区，更是出现了基础房价大于市场价值的情况；同时，各省份创新活动情况也存在较大差异。房地产价格对创新活动的影响需要进一步研究。

表 2　实证数据描述性统计

变量	均值	标准差	最小值	最大值	观测数
lninnov	6.5934	1.9384	0.0000	10.8829	588
totalprice	3.0782	1.9591	0.9060	13.4488	589
baseprice	2.0377	0.7847	1.0000	5.3813	589
bubble	1.0405	1.3184	-0.4067	8.0675	589
fdi	0.4557	0.4985	0.0025	2.3303	544
gov	2.5931	2.2018	1.0517	18.8564	589
pergdp	3.2287	2.5448	0.2740	14.0760	587
car	22.8266	14.3336	0.5078	91.7620	589
lnpopulate	8.0794	0.8622	5.5530	9.3366	589
finance	1.3780	0.3080	0.4335	2.3664	565

4.2　结果分析

4.2.1　基准回归结果和稳健性检验

模型（1）的估计结果见表 3 第（1）、第（2）列。*baseprice* 估计系数在 1%的显著性水平下为负（-0.5017），说明基础房价部分上升抑制了各省份的创新活动，假设 1 成立；*bubble* 估计系数在 1%的显著性水平下为正（0.0987），说明房价泡沫部分上升促进了创新活动，假设2成立。为了保证结论的稳健性，本文对被解释变量的代理变量进行替换，选取所有专利授权数 ln*totalinnov* 和人均专利授权数 *pertotalinnov* 代替发明专利授权数，代入模型（1），结果见表 3 第（3）、第（4）列。*baseprice* 估计系数均显著在 1%的显著性水平下为负，*bubble* 估计系数显著均在 1%的显著性水平下为正，与前文结果吻合，并且控制变量的正负性和显著性也没有发现较大的变动。因此从这一角度来看，模型的稳健性较好。

模型（2）的估计结果见表 3 第（5）、第（6）列。*baseprice* 和 *bubble* 估计系数结果与之前相同，上文结论依然稳健。同时，*baseprice*×*finance* 估计系数在 1%的显著性水平下为正（0.5586），说明金融水平的发展缓解了基础房价上涨对创新活动的抑制作用，假设 3 成立；*bubble*×*finance* 估计系数在 1%的显著性水平下为负（-0.4369），说明金融水平的发展减弱了房价泡沫上涨对创新活动的促进效果，假设 4 也成立。

表 3　样本总体回归结果

	ln*innov* (1)	ln*innov* (2)	ln*totalinnov* (3)	*pertotalinnov* (4)	ln*innov* (5)	ln*innov* (6)
baseprice	-0.1120* (-1.7633)	-0.5017*** (-4.3697)	-4.3679*** (-5.0383)	-5.2959*** (-5.0018)	-0.7277*** (-4.7496)	-1.3083*** (-6.3542)
baseprice×*finance*	—	—	—	—	0.3830*** (5.0968)	0.5586*** (5.1395)
bubble	0.1213*** (4.8668)	0.0987*** (3.4526)	1.6278*** (4.7885)	1.5952*** (6.0620)	0.7443*** (6.8514)	0.8160*** (7.2119)

续表

	lninnov (1)	lninnov (2)	lntotalinnov (3)	pertotalinnov (4)	lninnov (5)	lninnov (6)
bubble×finance	—	—	—	—	-0.3653 *** (-5.7578)	-0.4369 *** (-6.5348)
finance	—	0.4077 *** (3.0593)	—	1.5527 (1.2639)	—	-0.0881 (-0.4317)
fdi	—	0.5054 *** (5.0379)	—	0.5054 *** (5.0379)	—	0.4482 *** (4.6327)
gov	—	-0.0364 (-1.2514)	—	0.3137 (0.3392)	—	-0.0535 * (-1.9082)
pergdp	—	0.1951 *** (7.5262)	—	0.1951 *** (7.5262)	—	0.2235 *** (8.8371)
car	—	0.0075 *** (3.2522)	—	0.4465 * (1.6774)	—	0.0050 ** (2.2022)
ln*populate*	—	0.0089 (0.0170)	—	0.0089 (0.0170)	—	-0.8243 (-1.5759)
cons	4.8770 *** (55.3621)	4.1419 (1.0155)	-3.6258 *** (-3.0105)	-160.70 *** (-4.2807)	4.9730 *** (49.7135)	11.4461 *** (2.7391)
Year	Yes	Yes	Yes	Yes	Yes	Yes
Province	Yes	Yes	Yes	Yes	Yes	Yes
N	588	542	589	543	542	542

注：Year 表示时间固定效应，Province 表示个体固定效应，括号内数值为采用稳健性标准误计算得到的 t 值，* 、** 与 *** 分别表示在 10%、5%和 1%水平下显著（下表同）。

4.2.2 内生性问题

导致内生性问题的原因可能有两点：一是地区技术创新活动与房价存在联立性，技术创新活动水平高的地区一般产业结构较为先进，物价水平也较高；二是模型可能存在遗漏变量。模型（1）是本文最关键的基准模型，关注了基础房价和房价泡沫对创新活动的不同影响，本文采取两种办法缓解模型可能存在的内生性问题：系统 GMM 估计和工具变量法。

张杰等（2016）提出可以通过两步系统 GMM 方法，在不另外寻找工具变量的情况下对动态模型的参数进行更有效的估计。本文参考张杰等（2016）的做法，在模型中加入各省（自治区、直辖市）的研发支出的滞后项 *L. RD*（取对数处理）和其增长率的滞后项 *L. RDgrowth*，其原因是考虑到由于研发过程的长期性，我国各省（自治区、直辖市）的创新活动往往具有动态延续效应，创新产出与前若干期的关系密切。在模型中分别引入上述两个滞后项进行动态效果的估计时使用目前在处理动态面板数据时具有明显优势的系统 GMM 估计方法。本文分别取 *RD* 和 *RDgrowth* 的 2~4 阶滞后项作为各自的 GMM 式工具变量，其他变量假定为外生变量，估计结果见表 4 的第（1）、第（2）列。根据估计结果，在引入 *L. RD* 和 *L. RDgrowth* 项后，*baseprice* 估计系数显著在 1%的显著性水平下为负，*bubble* 估计系数显著在 10%的显著性水平下为正，控制变量的结果波动较小。同时，各项检验结果支持了使用系统 GMM 估计的合理性：残差项不存在二阶自相关；Hansen 统计量拒绝了原假设，说明 GMM 估计使用的工具变量整体有效。综上所述，本文使用的基准模型稳健性较好，结论可靠。

运用工具变量法的难点在于对基础房价和房价泡沫分别选取合适的工具变量。在已有文献中，张杰等（2016）选取土地供应状况作为房价的工具变量，而余泳泽和张少辉（2017）选择了人均建设用地出让面积。之前的研究主要从房地产供给端出发，侧重土地供应情况对房价的影响，但没有考虑这些因素分别对基础房价与泡沫房价的影响，如果用于本文的研究可能会存在如下问题：整体房价序列和基础房价序列在理论上的单整阶数是不同的，大量学者将这种现象作为泡沫存在的统计学体现（Diba and Grossman，1988），导致整体房价的工具变量可能不适用于基础房价。例如，虽然土地的供应情况会影响到基础房价，但是这两者可能不是协整关系，在第一阶段回归中存在伪回归的担忧，得到的 F 统计量可能会偏高。因此，出于严谨的考虑，本文通过分析基础房价和房价泡沫各自的形成特点，重新选取了合适的工具变量。

事实上，基础房价的升高是房产作为普通商品价格的提高，来源于经济增长、社会生产效率进步和居民可支配收入的增加；而泡沫价格的升高是房产作为投资品价格的升高，来源于投资者情绪，以及房产价格对基础价格上涨的放大机制和反馈环效应等因素。本文从房屋建设成本端视角出发，选取当期房屋造价作为住房基础价格的工具变量。房屋建造价格包括钢筋、水泥等原材料成本，也包括工资、佣金等人力资源成本以及协调成本，这些要素价格的变化往往与正常的经济增长是同步的。从供给端出发，本文选取滞后一期的房企拿地价格作为住房泡沫的工具变量，由房企拿地的成本除以房企拿地面积得到。由于需求端房企融资政策利好，“不缺钱而缺项目”导致了企业高价抢地行为。地方政府通过计划经济式的土地供应模式和销售的限价限购，推升了土地资产价格不断上涨，房价节节升高。从某种意义上来说，地价泡沫是房价形成泡沫的重要原因，两者存在强烈因果关系（平新乔、陈敏彦，2004）。以上分析表明了当期建造成本和上一期地价分别对基础房价和房价泡沫的影响，但难以排除的是这两种工具变量仍有可能通过人口流动、经济增长等渠道影响地区的技术创新活动水平。参考余泳泽和张少辉（2017）等学者的做法，本文在计量方程中相应地控制了人均产值和人口水平等变量，如果在 OLS 和 2SLS 的两次回归中内生变量和上述控制变量系数没有发生明显变化，就可以认为排他性约束满足，最大程度上避免所选取的工具变量通过未考虑到的因素影响地区技术创新水平。

综上所述，本文选取当期房屋建造成本 *iv_lnconstr* 作为基础房价的工具变量、选取上一期地价 *iv_L. landprice* 作为房价泡沫的工具变量，满足了工具变量的相关性和外生性要求，数据来源于 Wind 数据库。由于两个工具变量对两个内生变量的影响过程是相对独立的，同时用两个工具变量对两个内生变量进行 2SLS 第一阶段回归的经济含义是不明确的。因此本文采取两次 2SLS 估计，分别解决基础房价变量和房价泡沫变量的内生问题，在每一组 2SLS 回归中只关注一个内生变量。表 4 的第（3）、第（4）列

为处理基础房价 *baseprice* 内生性问题后的估计结果，第（5）、第（6）列为处理房价泡沫 *bubble* 内生性问题后的估计结果。根据回归结果，在考虑变量存在的内生性问题后，基础房价 *baseprice* 和房价泡沫 *bubble* 的系数依然没有发生变化，仍然可以认为基础房价对创新活动有抑制作用，而房价泡沫对创新活动有促进作用。同时，控制变量的估计结果也没有发生大幅度的变化，满足了工具变量的排他性假设。*iv_lnconstr* 的 F 统计量达到 37.53，远高于经验值 10，不存在弱工具变量问题；*iv_L. landprice* 的 F 统计量达到 9.14，略低于经验值 10，应不存在明显的弱工具变量问题，但出于严谨的考虑，本文使用 LIML 方法再一次进行估计，得到的估计结果与 2SLS 仅有非常微小的变动，因此不用担心弱工具变量问题，本文结论不变。

表 4　内生性问题分析

	系统 GMM 估计		工具变量 2SLS 估计			
			第一阶段	第二阶段	第一阶段	第二阶段
	ln*innov* （1）	ln*innov* （1）	*baseprice* （3）	ln*innov* （4）	*bubble* （5）	ln*innov* （6）
baseprice	−3. 4976*** （−2. 9284）	−3. 2015*** （−2. 5989）	—	−1. 3050*** （−2. 9751）	0. 0659 （0. 2973）	−0. 3817*** （−2. 7356）
bubble	1. 1198* （1. 7091）	0. 8879* （1. 7037）	0. 0230** （2. 0732）	0. 1123*** （3. 6433）	—	0. 4167* （1. 9556）
L. RD	−0. 5503** （−2. 2400）	—	—	—	—	—
L. RDgrowth	—	0. 0156 （0. 3147）	—	—	—	—
iv_lnconstr	—	—	0. 1300*** （6. 1318）	—	—	—
iv_L. landprice	—	—	—	—	0. 1220*** （3. 0230）	—
finance	3. 3677*** （2. 6502）	2. 9228** （2. 2424）	0. 1029** （2. 0001）	0. 5086*** （3. 4199）	0. 9308*** （3. 6266）	−0. 2209 （−0. 8606）
fdi	0. 3276 （0. 3671）	0. 5116 （0. 5000）	−0. 1586*** （−4. 1518）	0. 3645*** （2. 8585）	0. 9383*** （5. 4078）	−0. 0021 （−0. 0092）
gov	0. 1692 （0. 8302）	0. 1810 （0. 9692）	−0. 1169*** （−11. 6661）	−0. 1270** （−2. 2558）	−0. 2312*** （−3. 8674）	0. 0614 （0. 9300）
pergdp	3. 5464*** （5. 7081）	3. 3489*** （6. 7449）	0. 0229** （2. 3022）	0. 2121*** （7. 4801）	0. 2455*** （5. 0052）	0. 0261 （0. 4155）
car	−0. 1094** （−2. 1386）	−0. 1236** （−1. 9719）	0. 0044*** （4. 9864）	0. 0122*** （3. 5944）	−0. 0146*** （−3. 6564）	0. 0138*** （3. 4581）
ln*populate*	1. 6775** （2. 2896）	1. 1189** （1. 9896）	3. 2476*** （20. 2218）	2. 4141* （1. 7690）	−3. 3811*** （−3. 3347）	1. 1417 （1. 3246）
cons	−10. 3248* （−1. 7045）	−11. 3096* （−1. 8026）	−25. 7319*** （−19. 5966）	—	25. 3122*** （3. 2201）	—
Year	Yes	Yes	Yes	Yes	Yes	Yes
Province	Yes	Yes	Yes	Yes	Yes	Yes

续表

	系统 GMM 估计		工具变量 2SLS 估计			
			第一阶段	第二阶段	第一阶段	第二阶段
	ln*innov* (1)	ln*innov* (1)	*baseprice* (3)	ln*innov* (4)	*bubble* (5)	ln*innov* (6)
F statistic	—		37.53	—	9.14	—
AR(2)-test	0.32	0.41	—	—	—	—
Hansen-test	0.49	0.56	—	—	—	—
N	513	513	527	526	447	447

4.3 进一步研究

4.3.1 整体房价与区域创新

之前学者们在探讨房价与创新活动的关系时，往往将整体房价作为研究对象，并且不同的学者研究结论不同（张杰等，2016；余泳泽、张少辉，2017；邵传林，2018）。本文认为，房价对科技创新的影响过程为：基础房价的上涨会抑制创新活动，而房价泡沫的扩大会促进创新活动，并且影响的程度受到地区金融发展水平调节。将基础房价和房价泡沫进行合并，就得到了整体房价对创新活动的影响。由于两种分效应的作用方向是相反的，因此从理论上看，整体房价对创新活动的影响是不确定的，并且很有可能与地区金融发展水平密切相关。因此本文将总体样本按照不同的金融发展水平进行分组回归，模型如下：

$$\ln innov_{it}=\beta_{10}+\beta_{11}totalprice_{it}+\beta_{12}\text{CONTROL}_{it}+\mu_i+\lambda_t+\varepsilon_{it} \quad (8)$$

其中，*totalprice* 代表了整体房价水平；由于分组本质上考虑了金融发展水平对被解释变量的影响，故在 CONTROL 中不再包括 *finance* 变量；其他变量设置与前文一致，系数 β_{11} 代表了整体房价对创新活动的影响。经过尝试和检验后，分组如下：高金融水平样本组包括 *finance* 变量均值排名 1~5 的所有样本，一般金融水平样本组包括排名 6~10 的所有样本，低金融水平样本组包括排名 11~31 的所有样本。本文进一步收集了北京、上海、广东、深圳四个一线城市的相关数据，将其和高金融水平样本组同时回归以检验回归结果的稳健性，结果见表 5。

表 5 样本分组回归结果

分组	低金融水平样本组	一般金融水平样本组	高金融水平样本组	北上广深样本组
	ln*innov* (1)	ln*innov* (2)	ln*innov* (3)	ln*innov* (4)
totalprice	0.1216*** (3.7756)	0.0811 (1.4272)	-0.2796*** (-2.8941)	-0.3707*** (-2.7713)
cons	31.2728*** (6.4304)	28.2730*** (3.3129)	-1.5427 (-0.1088)	-36.8992*** (-7.1533)
CONTROL	Yes	Yes	Yes	Yes
Year	Yes	Yes	Yes	Yes
Province	Yes	Yes	Yes	Yes
N	367	88	88	72

根据估计结果，随着地区金融水平的不断发展，房价上涨对创新活动的影响从促进（0.1216，低金融水平样本组）到无显著影响（0.0811，一般金融水平样本组）最后变为抑制效果（-0.2796，高金融水平样本组），这种抑制效果在一线城市更明显（-0.3707，北上广深样本组）。至此，本文的研究已经完全展示出了房价、金融发展和区域创新之间的作用关系，根据交互效应模型和分样本回归的结果可以绘制出三者的关系图（见图 2）。根据交互效应模型的估计结果，基础房价的上涨会抑制地区的创新活动，但是随着地区金融发展水平的提高，这种抑制效果会逐渐减小，而房价泡沫的上涨对区域创新的促进作用则随着地区金融水平发展而不断减小。基础房价的上涨对创新活动的影响如图 2 曲线①所示，房价泡沫的扩大对创新活动的影响如图 2 曲线②所示，将两条曲线纵向相加就得到了整体房价上涨对创新活动的影响。但是仅仅根据交互效应模型的结果是无法判断这种影响的方向的，需要进一步借助分样本回归的结果。结果显示，整体房价的上涨对创新活动的影响随着地区金融发展水平的上升呈现出从促进到无显著影响再到抑制的动态变化过程（见图 2 曲线③）。

这一发现可以解释为何以往学者在分析房价上升对创新活动的影响时会得到不同的结论，一个重要的原因就是研究使用的样本不同，其金融发展水平也就不同。例如，邵传林（2018）使用的是全国 285 个地级市的数据，其平均金融发展水平同样较低，得到了与本文相同的结论；而余泳泽、张少辉（2017）和王雪平、王小平（2018）等使用的是上市公司和企业的数据，这一数据的选择将样本区域确定在了公司较多的发达地区，其金融发展水平也较高，因此得到了房价上升抑制了创新活动的结论，其他学者在使用 35 个大中城市作为样本进行分析时也得到了相同的结论。

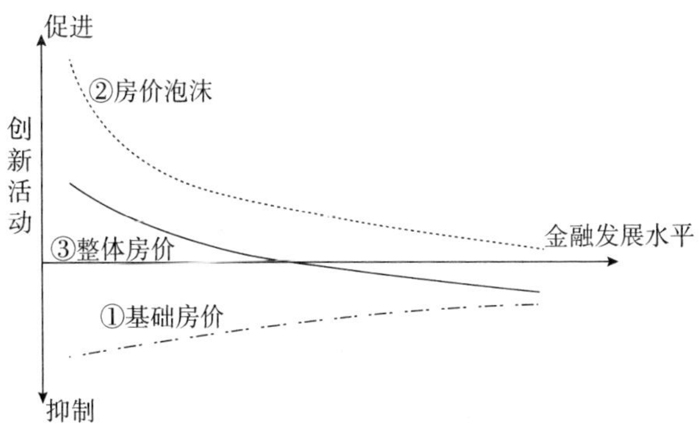

图 2　房价上涨对创新活动的影响（不同金融发展水平）

4.3.2　传导机制检验：成本效应的视角

前文分析提出基础房价的变动通过成本效应和替代效应影响区域创新，而房价泡沫的变动则通过收入效应和替代效应影响区域创新。可以发现，这一系列传导机制非常复杂，值得更加深入的探讨。这两种机制之间的差异为本文的检验提供了一个很好的切入点，即可以通过证明成本效应在基础房价的传导机制中存在而在泡沫的传导机制中不存在，进而支撑本文提出的传导机制。由于成本效应是通过人力资本进行作用的，本文从如下两个角度进行检验：一方面，探讨房价的上涨是否通过抑制人口流入进而抑制了区域创新；另一方面，在收入水平更高的地区，居民的消费能力更强，房价上涨的成本效应会被削弱，因此地区收入水平可能会影响房地产价格对创新活动的作用。但是由于只有基础房价的上升会产生上述成本效应，因此上述过程应该与房价泡沫的上涨无关。为了验证上述猜想，本文对模型（1）和模型

（2）进行修改，分析如下：

第一，将模型（1）中的被解释变量换为人口增速 *popgrowth*，并在解释变量中加入其滞后项，采用与上文相同的系统 GMM 估计方法，结果见表6。从表6第（1）列 *totalprice* 的估计系数在5%的显著性水平下为负（-0.0012）可以看出整体房价的上涨确实对区域人口有挤出效应。表6第（2）列对这种挤出效应进行了进一步分析，发现 *baseprice* 估计系数在1%的显著性水平下为负（-0.0015），但是 *bubble* 估计系数却并不显著，即基础房价的上升通过成本效应抑制了人口的流入，而房价泡沫的上升对其并没有显著影响。这与本文的预期是符合的，说明确实只有基础房价的上升会通过影响人力资本对创新活动产生抑制作用，而房价泡沫的上升没有这样的效果。

第二，将模型（2）中的调节变量 *finance* 替换为收入水平 *pergdp*，估计结果见表6。结果显示：*baseprice* 和 *bubble* 估计系数与前文完全相符，基本结论不变；同时关注交互项系数，发现 *baseprice×pergdp* 估计系数在1%的显著性水平下为正（0.0214），但是 *bubble×pergdp* 估计系数却并不显著，说明人均收入的上升确实可以缓解基础房价上升对创新活动的抑制作用，但是却相对独立于房价泡沫对创新活动的影响，与本文预期相符。

上述的分析进一步说明了房地产基础价格和泡沫的变动不仅对区域创新产生影响不同，而且传导的机制也不同，这对房地产行业相关政策的制定有着重要的启示作用。例如，如果仅仅通过强制调控的方式压低房价，可能吸引人才的效果不会太理想。原因在于这种做法本质上并没有对经济基本面进行调控，而只是通过强制措施削减了房地产泡沫。根据前文的分析，泡沫部分的变动对人力资本的影响并不十分显著，因为劳动力总是可以通过租房的方式降低生活成本，而租房成本是与经济基本面同步的，不会随泡沫的减少而下降。从另一个角度看，通过提供补贴的方式吸引人才，提高劳动力的收入水平，可能对人才的吸引效果会更明显。

表6　传导机制探讨

	popgrowth （1）	*popgrowth* （2）	ln*innov* （3）	ln*innov* （4）
L. popgrowth	0.5018*** （3.2907）	0.4441*** （3.4509）	—	—
totalprice	-0.0012** （-2.3675）	—	—	—
baseprice	—	-0.0015*** （-2.6599）	-0.5289*** （-5.1686）	-0.4858*** （-3.1158）
baseprice×pergdp	—	—	0.0414*** （5.0208）	0.0214*** （3.0087）
bubble	—	0.0008 （1.3228）	0.2492*** （5.4088）	0.2326*** （4.5238）

续表

	popgrowth (1)	popgrowth (2)	lninnov (3)	lninnov (4)
bubble×pergdp	—	—	-0.0259* (-1.7319)	-0.0130 (-0.9762)
finance	0.0032** (1.9744)	0.0037* (1.9598)	—	0.3014** (2.2171)
fdi	0.0054*** (3.0777)	0.0071*** (3.1869)	—	0.4442*** (4.3512)
gov	0.0007*** (3.2390)	0.0006*** (3.9294)	—	-0.0297 (-0.9968)
pergdp	0.0001 (0.2739)	-0.0006 (-0.9377)	—	0.3130*** (5.0546)
car	0.0001 (1.3714)	0.00011 (0.9543)	—	0.0061** (2.5401)
lnpopulate	—	—	—	0.4428 (0.8145)
cons	-0.0043* (-1.7888)	-0.0079** (-2.2513)	4.9730*** (49.7135)	11.4461*** (2.7391)
Year	Yes	Yes	Yes	Yes
Province	Yes	Yes	Yes	Yes
AR(2)-test	0.15	0.18	—	—
Hansen-test	0.23	0.22	—	—
N	513	513	588	542

5 结论

本文将房价分为基础价格和泡沫价格两个部分，分别分析了其与创新活动之间的关系，并对地区金融发展水平在上述过程中的调节作用进行分析。在实证部分，本文首先利用 2000~2018 年我国 31 个省（自治区、直辖市）的相关数据，通过理论价格模型对各省（自治区、直辖市）的房价泡沫进行测算，用得到的测算结果验证了房价泡沫上涨或基础房价上升对创新活动的影响，在通过稳健性检验并利用系统 GMM 估计和工具变量法解决内生性问题后，结论依然稳健。本文进一步在模型中加入对应的交互项验证了地区金融发展水平在上述过程中的调节作用，并通过分样本回归的方法得到了整体房价与创新活动之间的关系。本文主要的研究结论如下：①基础房价的上涨会抑制地区的创新活动，但是随着地区金融发展水平的提高，这种抑制效果会逐渐减小。②房价泡沫的上涨会促进地区的创新活动，但这种促进效果也会随着地区金融水平发展而不断减小。③整体房价对创新活动的影响与地区金融发展水平密切相关，在金融发展水平较低的地区，房价上升对创新活动起促进作用，而在金融发展水平较高的地区，房价上升对创新活动起抑制作用。

本文对房价、金融水平和区域创新三者之间的关系进行了系统梳理，对现有研究起到了很好的补充作用，并且解释了之前学者在分析房价上涨对创新活动的影响时结论不同的原因。研究结论对我国房地产行业健康发展、实施创新驱动战略以及如何提升地区整体创新水平有一定的参考价值。根据研究结论，由于各地区金融发展水平不同，政府对房价的调控不可采取“一刀切”的模式，需要“因城施策”才能够在对房地产行业进行调控的同时发挥其对创新活动的积极影响。一线城市和热点二线城市可以出台限购政策抑制房价快速上涨，缓解房价上涨对当地创新活动的抑制作用，同时也可以减小房价泡沫膨胀而带来的经济风险；三、四线城市应松绑调控政策，发布购房补贴，缓解楼市库存压力，从而发挥房价上涨对创新活动的促进作用和对地区生产总值的拉动作用。“一城一策”不仅可以对房地产行业起到调控作用，还可以推动各地区创新活动、带动地区经济持续增长，对行业和经济健康发展具有积极意义。

参考文献

[1] Abraham J. M., Hendershott H. Bubbles in metropolitan housing markets [J]. Journal of Housing Research, 1996, 7 (2): 867-895.

[2] Chaney T., Sraer D., Thesmar D. The Collateral Channel: How Real Estate Shocks Affect Corporate Investment [J]. American Economic Review, 2012, 102 (6): 2381-2409.

[3] Diba B. T., Grossman H. I. Rational Inflationary Bubbles [J]. Journal of Monetary Economics, 1988, 21 (1): 35-46.

[4] Dohmen T. J. Housing, Mobility and Unemployment [J]. Regional Science and Urban Economics, 2005, 35 (3): 305-325.

[5] Feiger G. What is Speculation [J]. Quarterly Journal of Economics, 1976, 90 (4): 667-687.

[6] Hamilton J. D. On Testing for Self-Fulfilling Speculative Price Bubbles [J]. International Economics, 1986 (27): 545-552.

[7] Harrison J. M., Kreps D. M. Speculative Investor Behavior in a Stock Market with Heterogeneous Expectation [J]. Quarterly Journal of Economics, 1978, 92 (2): 323-336.

[8] Hashmi A. R. Competition and Innovation: The Inverted-U Relationship Revisited [J]. Review of Economics and Statistics, 2013, 95 (5): 1653-1668.

[9] Helpman E. The Size of Regions [M]// Rines D., Sadka E., Zilcha I. Topics in Public Economics Theoretical and Applied Analysis, London: Cambridge University Press, 1998.

[10] Hirshleifer J. Speculation and Equilibrium: Information Risks and Markets [J]. Quarterly Journal of Economics, 1975, 89 (4): 519-542.

[11] Miao J. Wang P. Sectoral Bubbles, Misallocation, and Endogenous Growth [J]. Journal of Mathematical Economics, 2014 (53): 153-163.

[12] 陈志刚，吴国维，张浩．房地产泡沫如何影响实体经济投资 [J]. 财经科学，2018 (3): 93-106.

[13] 范剑勇，莫家伟，张吉鹏．居住模式与中国城镇化——基于土地供给视角的经验研究 [J]. 中国社会科学，2015 (4): 45-64.

[14] 高波，陈健，邹琳华．区域房价差异、劳动力流动与产业升级 [J]. 经济研究，2012 (1): 67-80.

[15] 高波，王辉龙，李伟军．预期、投机与中国城市房价泡沫 [J]. 金融研究，2014, 404 (2): 48-62.

[16] 高波，王文莉，李祥．预期、收入差距与中

国城市房价租金“剪刀差”之谜［J］. 经济研究，2013（6）：101-113.

［17］姜春海. 中国房地产市场投机泡沫实证分析［J］. 管理世界，2005（12）：71-84.

［18］陆铭，欧海军，陈斌开. 理性还是泡沫：对城市化、移民和房价的经验研究［J］. 世界经济，2014（1）：30-54.

［19］罗时空，周亚虹. 房价影响企业投资吗：理论与实证［J］. 财经研究，2013（8）：134-145.

［20］吕江林. 我国城市住房市场泡沫水平的度量［J］. 经济研究，2010（6）：28-41.

［21］平新乔，陈敏彦. 融资、地价与楼盘价格趋势［J］. 世界经济，2004（7）：3-10.

［22］邵传林. 住房价格是否阻碍了地区创新——基于中国 285 个地级市的空间计量研究［J］. 现代财经，2018（8）：83-97.

［23］王雪平，王小平. 房地产泡沫与企业技术创新［J］. 财会月刊，2018，844（24）：107-118.

［24］王重润，温礼瑶. 房价上涨、投资性房地产与企业创新［J］. 金融与经济，2019（24）：59-65.

［25］余泳泽，张少辉. 城市房价、限购政策与技术创新［J］. 中国工业经济，2017（6）：100-118.

［26］张莉，何晶，马润泓. 房价如何影响劳动力流动？［J］. 经济研究，2017（8）：157-172.

［27］张杰，杨连星，新夫. 房地产阻碍了中国创新么？——基于金融体系贷款期限结构的解释［J］. 管理世界，2016（5）：64-80.

论文执行编辑：皮建才

论文接收日期：2020 年 3 月 14 日

作者简介：

蒋彧（1980—），江苏常州人，南京大学金融与保险学系、中国特色社会主义经济建设协同创新中心副教授。主要研究领域为金融市场、金融计量学。E-mail：yujiang@ nju. edu. cn。

杜浩锋（1999—），男，汉族，南京大学国际经济与贸易系学生。E-mail：171098618@ smail. nju. edu. cn。

王一鸣（1999—），女，汉族，南京大学国际经济与贸易系学生。E-mail：MercuryWong. wym@ foxmail. com。

袁冬（1998—），男，汉族，南京大学金融与保险学系学生。E-mail：171098657@ smail. nju. edu. cn。

Housing Price, Financial Development and Innovation

Yu Jiang Haofeng Du Yiming Wang Dong Yuan

(School of Business, Nanjing University, Nanjing, China)

Abstract: The real estate industry is the pillar industry in China's economic system, and innovation is the core driving force for the steady economic growth in recent years. The relationship between the real estate prices and innovation activities has attracted more and more attention. This paper first divides the housing prices of 31 regions in China from 2000 to 2018 into housing bubble and real price and then investigates the relationship between housing price and innovation. Empirical results show that an the are hard, the rising in real price has significant negative effects on innovation activities, while the expansion of housing bubble has significant positive effects; an the other hard, the increase in financial development level can effectively weaken the impacts of housing bubble or real price on innovation activities. This paper further studies the influence of overall housing price on innovation activities. Results indicate that the increase in housing prices has a promoting effect on innovation activities when the financial development is at a low level, but the promoting effect gradually disappears and turns into inhibition as the financial development level improves. This paper sorts out and verifies the relationship among housing price, financial development and innovation, which provide theoretical reference for the policy formulations of China's real estate industry and the further promotion of innovation.

Key Words: Housing Bubbles; Base Housing Price; Financial Development; Innovation

JEL Classification: F293. 3

中间品贸易自由化与企业产能利用率

□ 谢沐芳　张胜利

摘　要：本文利用2000~2006年中国工业企业数据和海关贸易数据，基于超越对数成本函数法测度企业层面的产能利用率，并以中国加入世界贸易组织作为准自然实验，采用倾向得分匹配—双重差分法（PSM-DID）实证检验中间品贸易自由化对中国制造业企业产能利用率的影响及其作用机制。研究发现：中间品贸易自由化显著提升了企业的产能利用率，且具有持续效应；异质性检验表明，中间品贸易自由化对东部地区企业、技术密集型行业企业和民营企业产能利用率的促进作用更大；中介效应检验表明，中间品质量效应、中间品种类效应和成本节约效应是中间品贸易自由化提升企业产能利用率的重要渠道。本文从中间品贸易自由化视角证实了对外开放对企业产能利用率的有效促进作用，对于政府部门推进贸易自由化政策和供给侧结构性改革具有一定启示意义。

关键词：中间品贸易自由化；产能利用率；产能过剩；企业异质性

JEL 分类：F14

1　引言

产能过剩是困扰经济运行的痼疾，是亟待解决的重要经济问题。党的十九大报告明确强调深化供给侧结构性改革，坚持“三去一降一补”，其中“去产能”位居首位。中国政府一直致力于化解产能过剩，但当前产能过剩问题并没有得到根本解决，甚至有所加剧（席鹏辉等，2017；吴利学、刘诚，2018）。因此，在供给侧结构性改革背景下，如何有效化解中国产能过剩问题是亟待解决的重要议题之一。

当国内相关政策收效甚微，对外开放政策可作为次优策略以纠正国内市场失灵问题（Bhagwati and Ramaswami，1963；蒋灵多等，2019）。20世纪90年代以来，为加快市场经济体制改革和融入多边贸易体制，中国实施了以削减关税和非关税壁垒为主要内容的贸易自由化改革，这意味着中国对外贸易体制开始逐步从奖出限入为特征的单向出口贸易自由化向出口和进口双向贸易自由化转变（毛其淋、许家云，2017）。2001年中国加入世界贸易组织以后，中国的进口贸易自由化进入了新阶段，其中中间品关税税率从 2000 年的 15.53%下降到 2006 年的 8.56%[①]，这大大降低了企业的进口成本，使企业从国外获得更多种类的高质量中间投入品，有利于提高企业的生产率和产品质量，进而提升企业产能利用率（Yu，2015；Bas and Strauss-Kahn，2015）。因此，本文从中间品贸易自由化视角探讨对外开放对企业产能利用率的影响，旨在为政府有效治理产能过剩提供有益思路。

与本文相关的研究主要包括关于产能过剩的研究和关于中间品贸易自由化经济效应的研究。关于产能过剩的研究主要从以下三个角度展开：第一，产能利用率的测度及特征事实分析。产能利用率是测度是否存在产能过剩最直接、最常用的指标，其测算方法主要有峰值法（Klein，1960）、前沿面分析法（包括随机生产前沿分析法和数据包络分析法）（Kirkley et al.，2002）以及函数法（Nelson，1989）三大类。特征事实表明中国产能过剩问题在各个层面均存在，其中重工业企业产能利用率低于轻工业企业，国有企业产能利用率低于集体、私营和外资企业，西部地区企业产能利用率低于东中部地区企业（马红旗等，2018；余淼杰等，2018）。第二，产能过剩的成因。相比国外学者主要从宏观经济周期波动（Stiglitz，1999）或微观企业策略性行为（Nishimori and Ogawa，2004；Dixon and Rimmer，2011）等角度分析产能过剩问题，国内学者更多从市场失灵和政府干预角度分析产能过剩。由于信息不完全、不对称下的企业“投资潮涌”（林毅夫，2007；林毅夫等，2010），以及财政分权和晋升锦标赛体制下的政府不当干预（吴利学、刘诚，2018；徐业坤、马光源，2019），中国企业的产能利用率低于正常水平，存在严重的产能过剩。第三，产能过剩的治理。治理产能过剩需要政府和市场“两只手”相互配合：一方面，应加强政策干预，采取行政手段淘汰落后产能（国务院发展研究中心《进一步化解产能过剩的政策研究》课题组等，2015；Shen and Chen，2017）；另一方面，应依靠市场机制调节过剩产能，如扩大和创造需求、推动企业转型和产业升级以及推进企业兼并重组等（Baldwin et al.，2013；Tian，2016；李雪松等，2017）。

中间品贸易自由化的相关研究主要集中在以下方面：第一，中间品贸易自由化对企业生产率的影响。Fernandes（2003）、Schor（2004）、Amiti 和 Konings（2007）、Yu（2015）分别使用哥伦比亚、巴西、印度尼西亚和中国的微观企业数据发现中间品贸易自由化显著提高了企业的生产率，而且这种促进作用会随着企业加工贸易比重的降低而上升。第二，中间品贸易自由化对企业加成率的影响。De Loecker 等（2016）、Fan 等（2018）和祝树金等（2018）发现中间品贸易自由化不仅显著提高了企业加成率，而且能够通过成本降低效应和质量升级效应提高产品加成率，且对核心产品加成率的促进作用要显著大于非核心产品。第三，中间品贸易自由化对企业出口的影响。Bas（2012）、田巍和余淼杰（2013）研究发现中间

① 由笔者测算所得，测算方法详见后文。

品贸易自由化不仅能够促进企业出口参与，而且能够促进在位出口企业的出口强度和出口规模，相比于最终品贸易自由化，中间品贸易自由化对企业出口的影响更大。此外，学者们还从技术创新（Bustos，2011；Bas and Berthou，2017）、产品质量（Bas and Strauss - Kahn，2015；Fan et al.，2015）等视角对中间品贸易自由化的经济效应进行了深入的研究。

与已有研究相比，本文可能的贡献在于：第一，在研究视角上，现有关于产能利用率的研究主要集中在一国之内的因素，即使有少量文献涉及开放条件下的产能利用率，但研究主要局限于从出口、对外投资等角度考量，如 Baldwin 等（2013）、Tian（2016）、李雪松等（2017），鲜有文献从微观企业视角研究中间品贸易自由化如何影响企业产能利用率。本文将中间品贸易自由化与企业产能利用率纳入统一分析框架，深入探讨中间品贸易自由化对企业产能利用率的影响，不仅丰富了有关中间品贸易自由化与企业产能利用率的研究，同时也为中国企业产能过剩的治理提供了新思路。第二，在研究内容上，本文不仅从理论上探讨了中间品贸易自由化影响企业产能利用率的作用机制，还运用中介效应模型对相关机制进行了实证检验。

2 理论机制分析

通过对已有文献的梳理和总结，本文将中间品贸易自由化对企业产能利用率的影响机制概括为以下三个方面：

2.1 中间品质量效应

中间品贸易自由化有利于企业进口更高质量的中间品，通过直接提高最终产品质量和技术溢出效应，进而提升企业产能利用率。一方面，发展中国家企业对高质量中间品的需求难以在国内得到满足，从发达国家进口较高质量的中间品是其获得产品质量升级的重要途径（Kugler and Verhoogen，2012）。产品质量的提升能增强其与市场上同质产品的差异化和区分度，进而降低消费者对该产品的需求弹性，增加市场对该产品的需求，有效提高企业产能利用率（Bas and Strauss-Kahn，2015；Fan et al.，2015）。Khandelwal（2010）发现中间品贸易自由化能够促进出口产品价格（质量）的提升，尤其是来自发达国家的进口中间品。Manova 和 Zhang（2012）利用中国海关数据研究发现，出口价格更高的中国企业通常进口更多的高质量投入品。另一方面，由于知识的非竞争性特点，物化于进口中间品中的工艺秘密、技术诀窍和创新知识，可以通过技术溢出效应被发展中国家企业模仿和学习，提升企业的创新能力和技术进步，进而有利于企业产能利用率的提升。Keller（2002）利用 OECD 国家数据研究发现，20%的生产率提升来自进口投入品的技术溢出效应，而生产率的提升能够有效促进产能利用率的提高（Gu and Wang，2013）。

2.2 中间品种类效应

中间品贸易自由化可以通过增加进口中间品种类影响企业产能利用率。从供给侧看，中间品供给种类的增加降低了企业将过剩产能作为阻止潜在竞争对手进入市场策略的可能性。产业组织理论认为，在位企业为保护市场份额会储备部分冗余产能以遏制潜在竞争者进入，即生产能力的“先前承诺”（Nishimori and Ogawa，2004；Huisman and Kort，2015）。较低的中间品贸易自由化使中间品种类较少，“先前承诺”较为可信，而随着中间品贸易自由化的增大，中间品供给种类迅速增加，在位企业的既有生产设备与新中间品相匹配的可能性降低，“先前承诺”的威胁效果减弱，在位企业也就不会采用保持过剩产能策略。从需求侧看，中间品进口种类的增加意味着企业生产最终产品种类的增加（Goldberg et al.，2010），这有利于扩大消费者的选择范围，更好地满足国内外市场需求，进而提升企业产能利用率。杨光和孙浦阳（2017）通过理论模型发现中间品供给种类的增加提高了消费者的选择机会和厂商可以进入的市场，进而提高了企业的产能利用率。

2.3 成本节约效应

中间品贸易自由化不仅降低了中间投入品的进口关税，使企业可以以更低的成本获得国外中间投入品（Bas and Strauss-Kahn，2015），而且通过加剧本国要素市场的竞争程度导致国内中间品价格下降，进一步降低企业使用中间品的成本（Goldberg et al.，2010）。成本节约能为企业带来竞争优势，不仅使企业具有更充足的资金更新过时的机器设备、进行人员培训以及开展产品研发投资活动（Bustos，2011），而且使企业更容易克服将产品销售到更多目的地所承担的固定成本和沉没成本的约束，扩大企业市场规模，进而提升企业产能利用率。根据异质性贸易理论，企业的竞争力体现在其成本优势上，单位成本越低，企业跨越固定成本获得正利润的可能性就越高（Melitz and Ottaviano，2008）。De Loecker 等（2016）发现中间品贸易自由化带来的成本节约效应有利于增强企业在市场上的竞争力，而企业竞争力的提升有助于提高企业产能利用率。

3 指标测度与特征事实分析

3.1 产能利用率的测度

目前学术界通常采用产能利用率作为产能过剩的判断指标，本文参考 Nelson（1989）的做法，采用超越对数成本函数测算中国制造业企业的产能利用率。相比前沿面分析法，函数法的理论基础和统计技术还原了 Chamberlin（1947）首次界定产能过剩概念的初衷。假设企业的可变成本函数以超越对数形式表示：

$$\begin{aligned}\ln VC = {} & \alpha_0 + \sum_f \lambda_f FD_f + \sum_i \alpha_i \ln P_i + \frac{1}{2} \\ & \sum_i \sum_j \alpha_{ij} \ln P_i \ln P_j + \beta_Y \ln Y + \frac{1}{2}\beta_{YY}(\ln Y)^2 \\ & + \sum_i \beta_{Yi} \ln Y \ln P_i + \gamma_K \ln K + \frac{1}{2}\gamma_{KK}(\ln K)^2 \\ & + \sum_i \gamma_{Ki} \ln K \ln P_i + \gamma_{KY} \ln K \ln Y + \delta_T T \\ & + \frac{1}{2}\delta_{TT} T^2 + \sum_i \delta_{Ti} T \ln P_i + \delta_{TK} T \ln K + \delta_{TY} T \ln Y\end{aligned} \tag{1}$$

其中，FD_f 表示企业固有的个体特征；i 和 j 表示可变要素的种类；α_0 为常数项；VC、Y、K、L、M 和 T 分别表示可变成本、总产出、资本、劳动、中间投入和技术进步，短期内，假定资本存量 K 为固定要素，劳动力 L 和中间投入 M 为可变要素；P_L 和 P_M 分别表示劳动力和中间投入的价格。对于超越对数成本函数，可变要素的价格系数需满足线性齐次的参数限制：

$$\sum_i \alpha_i = 1,\ \sum_i \alpha_{ij} = \sum_j \alpha_{ij} = 0,\ \sum_i \beta_{Yi} = 0,$$

$$\sum_i \gamma_{Ki} = 0,\ \sum_i \delta_{Ti} = 0 \tag{2}$$

根据谢波德引理，对式（1）取对数微分得到可变要素投入的份额方程：

$$\frac{\partial \ln VC}{\partial \ln P_i} = \alpha_i + \sum_j \alpha_{ij}\ln P_j + \beta_{Yi}\ln Y + \gamma_{Ki}\ln K + \delta_{Ti}T \tag{3}$$

企业在生产决策时难以预测长期的价格和需求的变化（国务院发展研究中心《进一步化解产能过剩的政策研究》课题组等，2015），因此，我们主要估计企业短期产能利用率。假设企业总固定成本 TFC＝r×k，其中 r 为资本的价格。那么，企业的短期平均总成本为短期总成本与企业产出的比值为：

$$SRARC=(VC+TFC)/Y=VC/Y+(r+K)/Y \tag{4}$$

企业在短期内无法改变固定要素投入，只能通过调整产出使成本最小化，即 $\partial SRATC/\partial Y_m=0$，其中，$Y_m$ 表示短期平均成本最小化时的产出水平。对式（4）关于 Y_m 求导，可得到：

$$\frac{1}{Y_m}\frac{\partial VC}{\partial Y_m}-\frac{VC}{Y_m^2}-\frac{r\times K}{Y_m^2}=0 \tag{5}$$

式（5）中的$\frac{\partial VC}{\partial Y_m}$可表示为：

$$\frac{\partial VC}{\partial Y_m}=\frac{\partial \ln VC}{\partial \ln Y_m}\times\frac{VC}{Y_m} \tag{6}$$

对式（1）关于 $\ln Y_m$ 求导，可得到：

$$\frac{\partial \ln VC}{\partial \ln Y_m}=\beta_Y+\beta_{YY}\ln Y_m+\sum_i \beta_{Yi}\ln P_i+\gamma_{KY}\ln K+\delta_{TY}T \tag{7}$$

本文采用似不相关回归法（Seemiyoly Unrelated Regression，SUR）根据式（1）、式（2）和式（3）分行业估计可变成本方程的参数值，将各行业估计出的系数代入式（5）、式（6）和式（7）中，用迭代法求出各企业的潜在产出 Y_m，再根据产能利用率公式（$cu=Y/Y_m\times100\%$）求出各企业的产能利用率①。

在测算产能利用率时，所需的投入产出数据为：工业增加值（Y）②、固定资产净值年平均余额（K）、从业人数（L）、企业中间投入（M）、可变成本（VC）和技术水平（T）。其中，可变成本用本年应付职工工资和中间投入之和表示；技术水平用时间趋势表示。同时，利用工业品出厂价格指数、固定资产投资价格指数以及中间投入价格指数分别对工业增加值、固定资产净值年平均余额、中间投入及可变成本进行价格平减。所需的价格数据为：资本租赁价格（r）指固定资本在核算期内所提供服务的总成本，其测算参考韩国高等（2011）的研究；劳动力价格（P_L）用本年应付职工工资和从业人数的比值来表示，并用省份层面的 CPI

① 在数据预处理阶段，虽然我们已去除了关键指标缺失和不合理的样本，但在对产能利用率估计后，仍然存在一定的极端值。为了避免受极端值的影响，我们对产能利用率进行截尾处理，删除上下各 0.5%的样本。

② 工业企业数据库中缺失 2004 年的工业增加值，本文参考以往文献的做法，采用以下公式进行估算：工业增加值=产品销售额-期初存货+期末存货-中间投入合计+增值税。

对其进行平减；中间投入价格（P_M）使用两位数行业投入价格指数来衡量。

图 1 至图 4 为中国制造业企业产能利用率的核密度分布①。样本期内，中国制造业企业的产能利用率平均值为 87. 62%，与已有研究测算结果较为接近（国务院发展研究《进一步化解产能过剩的政策研究》课题组等，2015）②。从变化趋势看，中国制造业企业的产能利用率整体呈上升趋势，具体而言，2004 年之前产能利用率呈波动上升趋势，2004～2006 年逐渐下降，说明中国制造业企业产能利用率的演变过程并不完全是顺周期的，在经济高速发展阶段呈现明显的逆周期特征。分区域看，东中部地区的产能利用率高于西部地区，相比于西部地区，东中部地区的市场化程度更高，更容易充分发挥市场机制在利用分散信息、协调供需均衡、淘汰落后产能方面的高效率性，更能通过市场的优胜劣汰机制发挥对资源的配置作用。分行业看，资本密集型行业产能利用率低于劳动密集型和技术密集型行业产能利用率。资本密集型行业具有投资大、资产专用性强、产业关联度高等显著的行业特征，固定资本一旦投入便形成巨大的沉没成本，使企业在面临需求冲击时难以迅速退出，进而带来产能过剩。分企业所有制看，国有企业的产能利用率核密度在非国有企业的基础上整体向左偏移，说明国有企业的产能利用率明显低于非国有企业，而在非国有企业中，又以外资企业的产能利用率最高，这与马红旗等（2018）和余淼杰等（2018）的研究结论一致。国有企业的委托—代理制和天然的“投资饥渴症”更容易使其迅速响应地方政府干预，产生过度投资，导致较低的产能利用率。

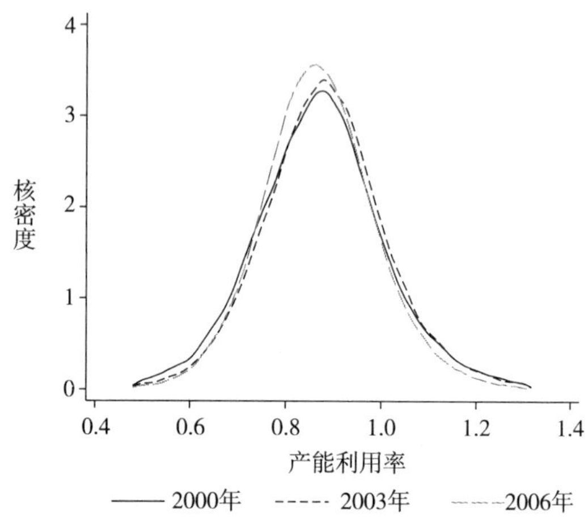

图 1　不同年份企业产能利用率核密度分布

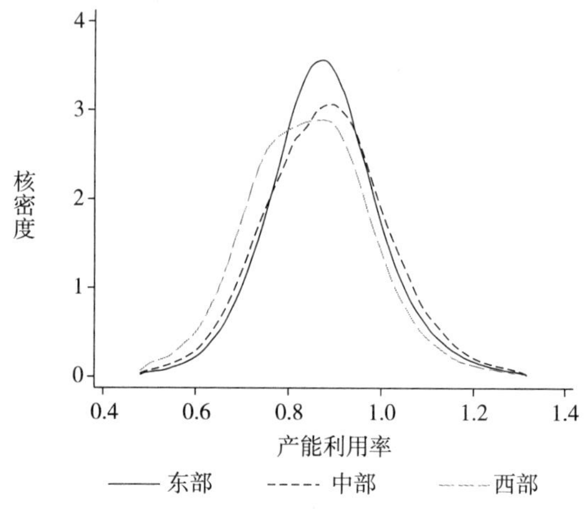

图 2　不同区域企业产能利用率核密度分布

① 此处以匹配前的中国工业企业全样本数据为基础进行分析。

② 相比于前沿面分析法，用成本函数法计算的数值偏高，但不同方法所得出的产能利用率数据不具有直接可比性，原因在于两者所基于的产能概念并不一致，前者将可变生产要素完全不受限制时，生产单位达到生产前沿面个体效率时的产出水平作为生产单位的产能，属于技术意义上的产能利用率；后者将既定产出价格、要素价格及技术水平条件下，生产单位在平均成本曲线最低点时对应的产出作为生产单位的产能，属于经济意义上的产能利用率。

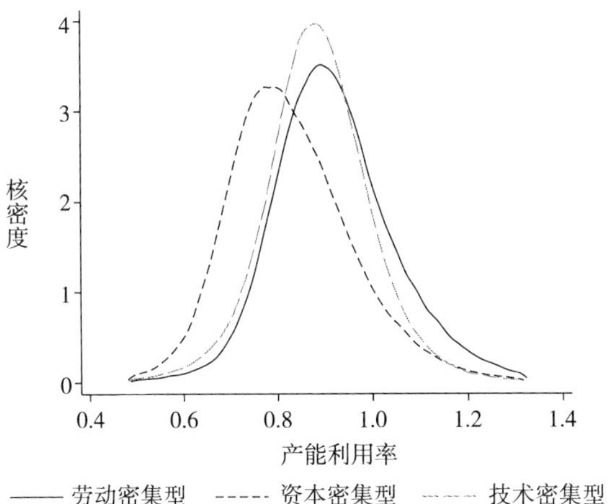

图 3　不同行业企业产能利用率核密度分布

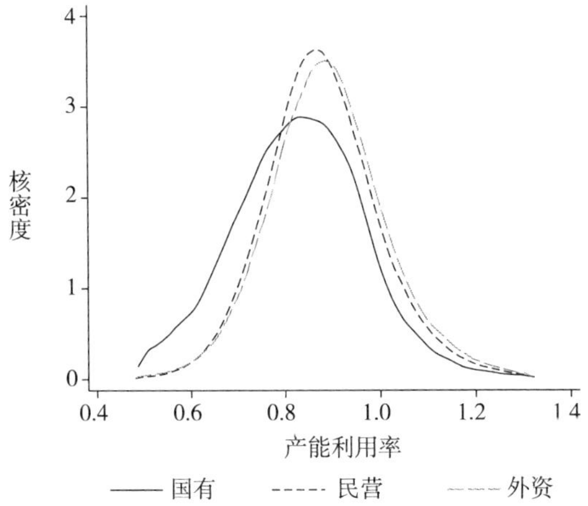

图 4　不同所有制企业产能利用率核密度分布

3.2　中间品关税的测度

根据 Amiti 和 Konings（2007）、Brandt 等（2017）的方法，构建行业层面的中间品关税指标：

$$\tau_{jt}^{input} = \sum_{w} \theta_{wt} \times \tau_{wt}^{output} \tag{8}$$

式（8）中，j 和 w 表示行业；t 表示年份；θ_{wt} 表示行业 j 中来自行业 w 的投入系数，可用 2002 年《中国投入产出表》计算得到；τ_{wt}^{output} 为行业 w 在 t 年的最终品关税，其计算公式为 $\tau_{wt}^{output} = \sum_{l} n_{lt}\tau_{lt} / \sum_{l} n_{lt}$，其中，$l$ 表示 HS6 位码产品，n 和 τ 分别表示税目数和进口关税税率。

由于样本期内 HS6 位码关税数据依照的协调编码版本不一致，根据联合国统计司提供的 HS 代码对应表将 2000 年和 2001 年的 HS96 代码调整为 HS02 版本；根据 Brandt 等（2017）提供的对应表，将国民经济行业代码（CIC）与 HS6 位码对应；根据 Brandt 等（2012）提供的对应表，将 CIC 与《中国投入产出表》行业对应，基于此计算行业层面的最终品和中间品进口关税①。

3.3　其他变量

资本密集度（*kl*）用企业固定资产合计与从业人数比值的对数值表示；企业生产率（*tfp*）采用 LP 方法测算得到；企业规模（*size*）用企业总资产的对数值表示；企业负债率（*debt*）用企业总负债与总资产的比值表示；政府补贴（*subsidy*）用企业补贴收入与工业总产值的比值表示；市场集中度（*hhi*）用 4 位数行业的赫芬达尔指数表示。为消除极端值对研究结论的影响，本文对企业层面的主要连续变量进行了 1% 分位数的 Winsorize 缩尾处理，计算出来的各主要变量的描述性统计结果见表 1。

① HS96 与 HS02 对应表的下载链接：https：//unstats. un. org/unsd/trade/classifications/correspondence-tables. asp；CIC 与 HS6 位码对应表的下载链接：https：//www. aeaweb. org/articles? id = 10. 1257/aer. 20121266；CIC 与 IO 行业对应表的下载链接：https：//feb. kuleuven. be/public/u0044468//CHINA/appendix/。

表1　主要变量的描述性统计

变量	含义	观测值	均值	标准差	最小值	最大值
cu	产能利用率	75523	0.9073	0.1202	0.6134	1.2544
treat	分组虚拟变量	75523	0.5011	0.5000	0	1.0000
post	时间虚拟变量	75523	0.8146	0.3886	0	1.0000
τ^{input}	中间品关税	75523	0.1067	0.0576	0	0.4953
kl	资本密集度	75320	3.8752	1.4050	0.3591	7.1666
tfp	企业生产率	75523	6.3799	1.1030	3.5284	9.1877
size	企业规模	75523	10.6605	1.4191	7.8816	14.5587
debt	企业负债率	75523	0.5293	0.2621	0.0181	1.2921
subsidy	政府补贴	75523	0.0011	0.0045	0	0.0347
hhi	市场集中度	75523	0.0197	0.0256	0.0011	0.1622
quality	进口中间品质量	75523	0.5432	0.1485	0.1248	0.8764
variety	进口中间品种类（对数）	75523	2.3405	1.4176	0	5.5530
cost	边际成本	75523	580.3028	3464.1880	0.2553	31035.1200

3.4　数据说明及特征事实分析

企业数据来自2000~2006年的《中国工业企业数据库》和《中国海关数据库》。本文的研究对象为制造业企业，因此仅保留2位数行业代码为13~42的企业；剔除从业人数少于8人，工业总产值、固定资产净值、中间投入、实收资本和总资产等关键指标为负、缺失或者等于0，以及不符合“通用会计准则”（Genorally Accepted Acccumting Primciples，GAAP）规定的企业；由于统计局在2002年采用了新的行业代码标准，为保持行业代码的一致性，我们根据2002年版的国标代码调整了2000~2002年企业的行业代码；将海关数据的产品编码统一调整为HS02版本；剔除中间贸易商企业；借鉴Upward等（2013）的两步匹配方法对工业企业数据库与海关数据库进行匹配：①使用企业名称作为关键变量进行初步匹配；②使用企业邮编加电话号码后7位作为辅助变量再次匹配。

关税数据来自世界贸易组织的Tariff Download Facility数据库和世界银行的WITS数据库①。其中，2001~2006年的HS6位码关税数据来自Tariff Download Facility数据库，2000年的HS8位码关税数据来自WITS数据库，通过取平均值的方式将HS8位码的关税数据合并为HS6位码。

图5是2000~2006年中间品关税和企业产能利用率之间的散点图和拟合线情况②。可以发现中间品关税与企业产能利用率之间呈负相关，初步反映了中间品贸易自由化有利于提升企业产能利用率。图6为中间品关税下降幅度与企业产能利用率变动的关系，横轴将中间品关税变动幅度由小到大分为1~4组，纵轴为企业2003~2006年企业产能利用率年平均值与2000~2001年企业产能利用率年平均值的变动幅度，可以发现中间品关税下降幅度越大，企业产能利用

① Tariff Download Facility数据库关税的下载链接：http://tariffdata.wto.org/ReportersAndProducts.aspx；WITS数据库关税的下载链接：https://wits.worldbank.org/。

② 采用箱体散点图避免企业样本过多造成散点稠密问题。

率的年平均值变动幅度也越大，说明中间品关税变动与企业产能利用率变动存在显著相关性。但上述结果仅是对典型事实的初步刻画，为得到更为可靠的结论，我们将进一步进行实证检验。

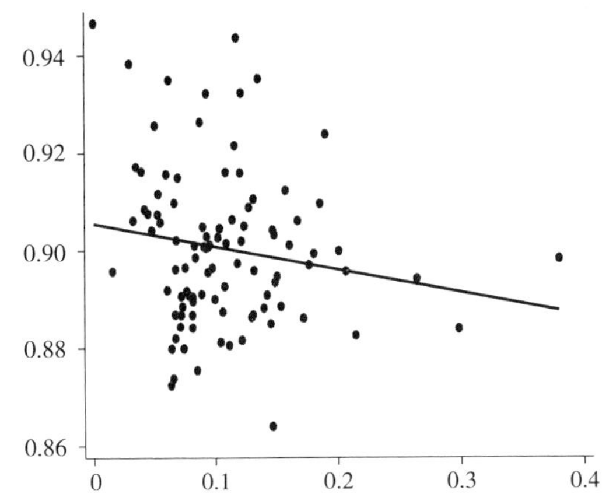

图 5　中间品关税与企业产能利用率的散点图及拟合线

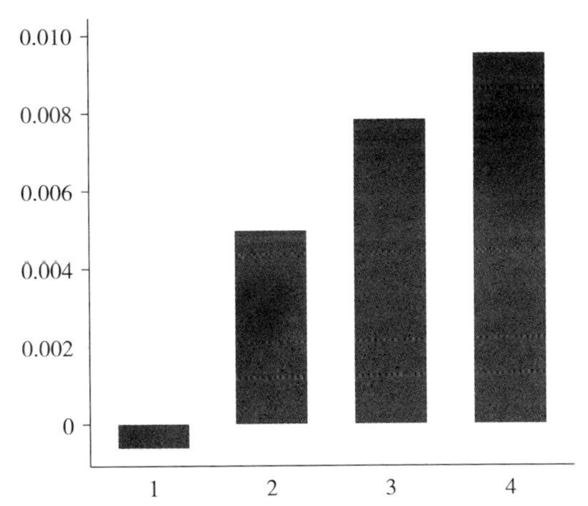

图 6　中间品关税下降幅度与企业产能利用率变动分组

4　模型构建与实证分析

4.1　实证模型设定

本文以中国 2001 年 12 月加入世界贸易组织作为外生政策冲击，采用倾向得分匹配与双重差分法（PSM-DID）考察中间品贸易自由化对中国制造业企业产能利用率的影响。1988 年起，中国海关对加工贸易企业进口中间品实行免关税政策，而对一般贸易企业则征收关税。2001 年加入世界贸易组织后，中国制造业一般贸易企业面临的进口中间品关税率迅速下降，而加工贸易企业一直享受保税政策，不受中间品贸易自由化的影响。因此，本文将加入世界贸易组织这一事件视为准自然实验，将加工贸易企业设为对照组，将一般贸易企业设为处理组。使用双重差分法的前提是样本分组应随机或近似于随机，但现实中企业贸易方式的选择可能并非外生、随机，而是受到自身特征的影响（Yu，2015），因此本文在采用双重差分法进行分析前采用倾向得分匹配对数据进行预处理，将一般贸易企业（处理组）与加工贸易企业（对照组）样本进行匹配，以匹配成功后（即综合特征最相近）的对照组企业的结果作为处理组企业的反事实结果，校正样本选择性偏差，确保双重差分结果的可靠性（Rosenbaum and Rubin，1983；Heckman et al.，1997）。

PSM 的具体步骤为：首先，采用 log*it* 模型估计出每个样本企业选择贸易方式的预测概率，即倾向得分：

$$\mathrm{log}it(treat_{it}=1)=\alpha+\beta X_{it-1}+\varepsilon_{it} \qquad (9)$$

其中，$treat_{it}$ 为企业贸易方式的虚拟变量；X_{it-1} 表示影响企业贸易方式的因素，即协变量；ε_{it} 表示随机误差项。

其次，将处理组和对照组的倾向得分值分别表示为 $\hat{p}_i$ 和 $\hat{p}_j$，根据最近邻匹配规则 $\Omega(i)=\min\|\hat{p}_i-\hat{p}_j\|$，$j\in(\mathrm{treat}=0)$ 为处理组企业匹配相应的对照组企业。经过倾向得分匹配校正选

择性偏差后，构建如下双重差分模型：

$$cu_{it}=\alpha_0+\alpha_1 treat_i\times post_t+\boldsymbol{\gamma}\mathbf{x}'_{it}+\varepsilon_{it} \qquad (10)$$

其中，cu_{it} 表示企业 i 在 t 时期的产能利用率；$treat_i$ 是企业所在分组的虚拟变量，$treat_i=1$ 为处理组（一般贸易企业），$treat_i=0$ 为对照组（加工贸易企业）；$post_t$ 是时间虚拟变量，$post_t=1$ 为 2002 年及以后，$post_t=0$ 为 2002 年以前；α_1 用来衡量中间品贸易自由化对企业产能利用率的因果效应；$\mathbf{x}'_{it}$ 是控制变量向量，具体包括资本密集度（*kl*）、企业生产率（*tfp*）、企业规模（*size*）、企业负债率（*debt*）、政府补贴（*subsidy*）、市场集中度（*hhi*）；ε_{it} 表示随机误差项；回归方程还控制了年份、2 位数行业和省份固定效应。

为了稳健起见，进一步参考现有研究（Bas and Strauss－Kahn，2015；毛其淋、许家云，2017）的做法，将式（10）中交互项 $treat_i\times post_t$ 的时间虚拟变量 $post_t$ 替换为企业的中间品关税税率 τ_{it}^{input}，得到拓展的 B-S 双重差分模型：

$$cu_{it}=\beta_0+\beta_1 treat_i\times\tau_{it}^{input}+\boldsymbol{\gamma}\mathbf{x}'_{it}+\varepsilon_{it} \qquad (11)$$

其中，τ_{it}^{input} 表示企业的中间品关税税率；β_1 是本文关注的核心变量，$\beta_1<0$ 表示中间品贸易自由化提高了企业产能利用率；其余变量的设定同模型（10）。

4.2 log*it* 估计结果分析

为保证倾向得分匹配法的有效性，应选取可能会引起样本偏差的变量作为协变量，本文借鉴 Bas 和 Strauss-Kahn（2015）、毛其淋和许家云（2017）等的研究，选取资本密集度、生产率、企业规模、负债率和政府补贴等变量作为协变量。表 2 为倾向得分匹配的 log*it* 估计结果，结果显示，所有解释变量的估计系数均显著为正，说明企业贸易方式的选择决定于企业自身特征，本文处理组与对照组的初始划分并非是随机的，存在样本选择问题。

表 2 log*it* 模型估计结果

变量	估计系数	标准差	z 值	P 值
kl	0.5844	0.0164	35.66	0.000 ***
tfp	0.1185	0.0077	15.42	0.000 ***
size	0.0334	0.0101	3.29	0.001 ***
debt	0.1476	0.0434	3.40	0.001 ***
subsidy	2.9328	1.0025	2.93	0.003 ***

注：*、** 和 *** 分别代表 10%、5% 和 1% 的显著性水平。

4.3 平衡性与共同支撑检验

为确保匹配结果的可靠性，我们进行了匹配平衡性检验，即检验匹配后的样本是否满足条件均值独立假设（Conditional Mean Independence，CMI），以确保构造一个拟自然实验环境。表 3 的结果表明，匹配后所有协变量的标准偏差均小于 5%，标准偏差较匹配前减少了 86%以上，所有 t 检验的结果均不拒绝处理组与对照组无系统差异的原假设。联合检验表明，基于匹配后样本估计的 log*it* 模型的 R^2 很小（$R^2=0$），表明此时匹配变量对于企业贸易方式选择的解释力很弱，即企业贸易方式选择对于匹配后样本而言是条件随机的。

表 3 平衡性检验结果

变量	匹配阶段	平均值		标准偏差（%）	标准偏差减少幅度（%）	T 检验	
		处理组	对照组			T 值	P 值
kl	匹配前	4.3784	3.3652	77.5		70.97	0
	匹配后	4.3755	4.3654	0.8	99.0	0.69	0.491
tfp	匹配前	6.1543	5.8745	16.8		15.3	0
	匹配后	6.1527	6.1711	-1.1	93.4	-0.99	0.322
size	匹配前	11.0330	10.4130	44.9		41.27	0
	匹配后	11.0300	11.0110	1.4	96.9	1.18	0.239
debt	匹配前	0.5144	0.5331	-6.7		-6.08	0
	匹配后	0.5143	0.5168	-0.9	86.7	-0.79	0.429
subsidy	匹配前	0.0015	0.0007	16.8		15.62	0
	匹配后	0.0014	0.0015	-2.0	88.1	-1.45	0.146
联合检验		Pseudo R^2	LR chi2	p>chi2	MeanBias	MedBias	
	匹配前	0.110	5100.03	0	32.6	30.9	
	匹配后	0	4.95	0.292	1.3	1.2	

倾向得分匹配法还需满足共同支撑条件以确保匹配后的样本具有良好的可比性。图 7 为样本匹配前后倾向得分的核密度，其中实线和虚线对应的重合区域为共同支撑域。匹配前，处理组和对照组的倾向得分的概率分布存在明显差异，且共同支撑域较小；匹配后，两组样本的分布具有较好的一致性，且共同支撑域足够大，说明本文的匹配效果较好，因此，在共同支撑假设基础上进一步证实了本文 PSM-DID 方法的可行性。

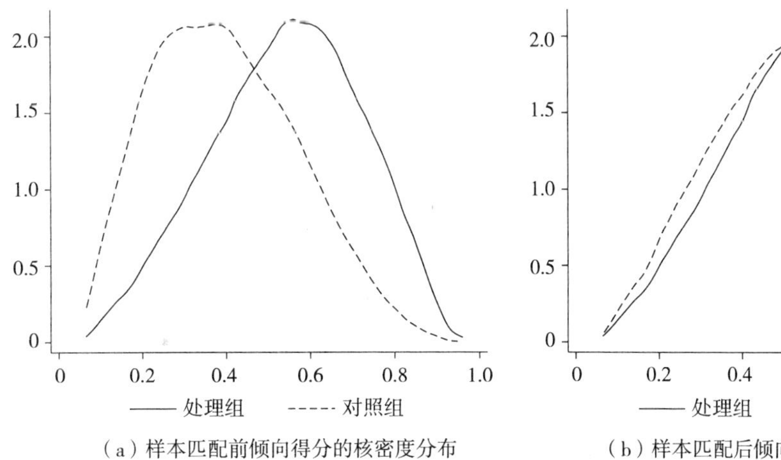

（a）样本匹配前倾向得分的核密度分布　（b）样本匹配后倾向得分的核密度分布

图 7 样本匹配前后倾向得分的核密度分布

4.4 基准回归结果

表 4 为中间品贸易自由化对企业产能利用率影响的估计结果，前两列和后两列分别为基于基准双重差分和 B-S 双重差分的估计结果，每类模

型分别只纳入固定效应，进一步纳入控制变量的回归结果。可以发现，无论是否加入控制变量，基于基准双重差分估计的 *treat×post* 系数均在 1%的显著性水平上为正，基于 B-S 双重差分估计的 $treat\times\tau^{input}$ 系数均在 1%的显著性水平上为负，说明中间品贸易自由化显著提升了企业的产能利用率，缓解了产能过剩。控制变量的结果基本符合预期，其中，*tfp* 和 *size* 的系数显著为正，说明企业的生产率越高，规模越大，其产能利用率越高；*kl*、*debt* 和 *subsidy* 的系数显著为负，说明企业资本劳动比、负债率和政府补贴越高，其产能利用率越低；*hhi* 的系数不显著，说明市场集中度对企业产能利用率无显著影响。

表 4 基准回归结果

	基准双重差分法		B-S 双重差分法	
	（1）	（2）	（3）	（4）
treatpost	0.0175***	0.0126***		
	（0.0014）	（0.0010）		
$treat\tau^{input}$			-0.0775***	-0.0441***
			（0.0218）	（0.0150）
kl		-0.0459***		-0.0458***
		（0.0006）		（0.0006）
tfp		0.0207***		0.0207***
		（0.0016）		（0.0016）
size		0.0491***		0.0491***
		（0.0004）		（0.0004）
debt		-0.0180***		-0.0179***
		（0.0018）		（0.0018）
subsidy		-0.0809**		-0.0808**
		（0.0360）		（0.0358）
hhi		0.0092		0.0062
		（0.0178）		（0.0179）
常数项	0.8792***	0.5435***	0.8586***	0.5362***
	（0.0058）	（0.0081）	（0.0072）	（0.0083）
固定效应	是	是	是	是
观测值	53060	52937	53060	52937
拟合优度	0.083	0.507	0.083	0.507

注：括号内数值为聚类在企业层面的标准误，*、** 和 *** 分别代表 10%、5%和 1%的显著性水平，所有回归组合控制了年份、2 位数行业和省份固定效应。

4.5 识别条件检验

4.5.1 平行趋势检验

对于本文而言，双重差分法要求在加入世界贸易组织之前，处理组和对照组的产能利用率维持基本平行趋势。此外，基准回归结果反映的是中间品贸易自由化对企业产能利用率的平均影响，无法反映中间品贸易自由化对企业产能利用率影响效应的年度变化趋势。因此，本文采用事件研究法（Event Study Approach）对 DID 识别策略的有效性进行检验，同时考察中间品贸易自由化的动态效应。具体而言，本文建立以下计量模型：

$$cu_{it} = \alpha_0 + \sum_{t=2000}^{2006} \alpha_t treat_i \times year_t + \gamma \mathbf{x}'_{it} + \varepsilon_{it} \tag{12}$$

其中，α_t 表示 2000~2006 年的一系列估计值，并以 2001 年作为基准年份，其他变量定义同模型（10）。图 8 为 95%置信区间下 α_t 的估计结果，可以发现，α_t 在 2000 年并不显著，说明处理组和对照组在入世前并不存在明显差异，满足平行趋势假设。估计系数 α_t 在 2002 年为正但并不显著，且在 2003~2006 年均显著为正，这意味着中间品贸易自由化对企业产能利用率的促进作用具有较长的持续效应，但存在一年的时滞效应。从系数值的大小看，中间品贸易自由化对企业产能利用率的影响呈先上升后下降的倒 U 形动态变化特征，且在入世后的第三年（即 2004 年）达到最大值。中间品贸易自由化有利于企业获取国外高质量中间品的技术溢出效应，能在较长时间内不断提升企业的生产工艺和技术，从而在长期内有利于企业产能利用率的提升，但中国关税较大的调整幅度集中在入世之初，2004 年以后中间品关税税率下降的幅度逐渐降低，因此随着时间的推移，中间品贸易自由化对企业产能利用率的影响也就较为有限。

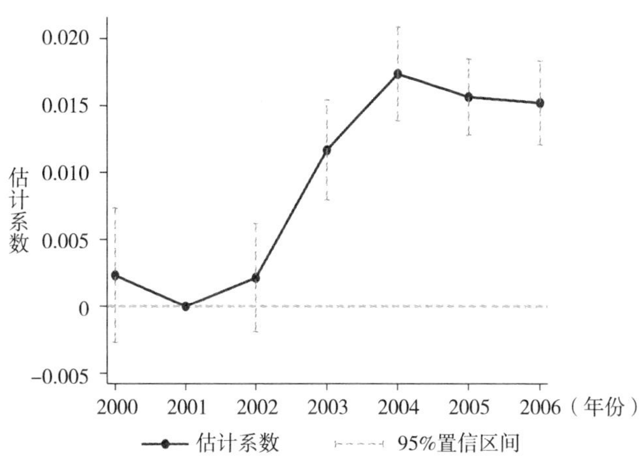

图 8　中间品贸易自由化对企业产能利用率的动态影响

进一步，本文从另外角度再次验证平行趋势假设，借鉴毛其淋和许家云（2017）的研究，使用 2000~2001 年的子样本，假设入世发生在 2000 年进行回归分析，检验结果见表 5。*treat*×*post* 的系数估计结果变化不大，系数估计值较小且不显著，这充分说明处理组与对照组企业在加入世界贸易组织之前的产能利用率随时间的变动趋势比较一致，不存在显著差异，满足平行趋势假设，进一步验证了本文双重差分模型的适用性。

表 5　平行趋势检验结果

	（1）	（2）
treatpost	0. 0020	0. 0031
	（0. 0026）	（0. 0021）
控制变量	否	是
固定效应	是	是
观测值	10060	10056
拟合优度	0. 115	0. 524

注：括号内数值为聚类在企业层面的标准误，* 、** 和 *** 分别代表 10%、5%和 1%的显著性水平，所有回归组合控制了年份、两位数行业和省份固定效应。

4. 5. 2　安慰剂检验

为了检验中间品贸易自由化对企业产能利用率的正向影响是否源于其他不可观测因素，本文通过随机分配处理组企业进行安慰剂检验。具体地，从 15467 个企业中随机抽取 7403 个企业作为处理组①，其他企业为对照组，重复抽取 500 次

① 样本通过倾向得分匹配后，剩余 15467 个企业，其中包含 7403 个处理组企业，8064 个对照组企业。

并基于模型（10）和模型（11）进行基准回归。图9为500个估计系数的分布及其相应的P值，可以发现，基于随机样本得到的估计系数呈均值近似为0的正态分布，大多数估计值的P值大于0.1，而本文的真实估计系数［表4第（2）列和第（4）列］在安慰剂检验中属于明显的异常值，说明中间品贸易自由化对企业产能利用率的正向影响并非源于不可观测因素。

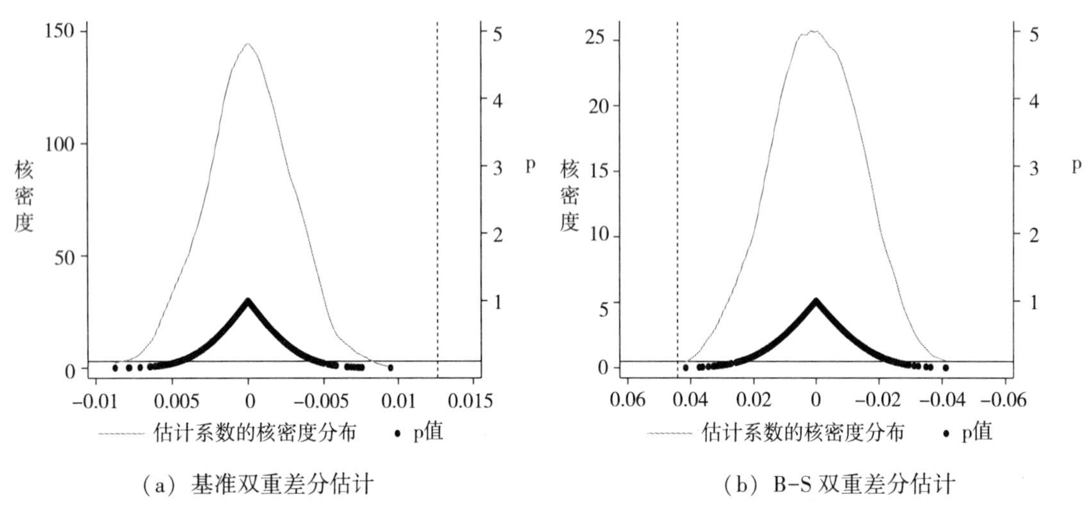

（a）基准双重差分估计　　（b）B-S双重差分估计

图9　安慰剂检验

注：垂直于横轴的虚线分别为表4第（2）列和第（4）列的估计值，平行于横轴的实线为0.1。

4.6　稳健性检验

为确保结果的可靠性，本文进行了如下稳健性检验：①更换被解释变量。考虑到当前中国要素市场化改革滞后，一系列要素价格可能无法反映各类生产要素的真实价格，本文采用随机前沿生产函数法再次测度企业产能利用率，该方法回避了成本函数法中价格因素对产能利用率估计的影响，从生产角度确定产出前沿面，把实际产出与前沿产出的比值看作产能利用率。根据表6第（1）、第（2）列可知核心变量的符号和显著性没有明显变化。②更换估计方程。基准模型实际上属于多期倍差法，可能会因存在序列相关问题而夸大交互项系数的显著性。我们借鉴Bertrand等（2004）的方法，采用两期倍差法进行稳健性检验，以入世时间为节点将样本划分为两个阶段，对每个阶段每家企业的变量取算术平均值重新估计。根据表6第（3）列可知估计结果与前文基本一致。③考虑到研究的时效性、研究结论的稳健性以及对当下的指导意义，本文采用1998~2013年的制造业企业数据进行稳健性检验[①]。表6第（4）列为基于1998~2013年样本的回归结果，中间品关税的估计系数在1%的显著性水平上为负，表

① 由于2008年之后的工业企业数据库缺失中间投入、固定资产净值年平均余额、本年应付职工工资等关键变量，导致我们无法估算出2008年之后采用超越对数成本函数计算的产能利用率，因此，此处采用随机前沿生产函数法测算1998~2013年的企业产能利用率。

明中间品贸易自由化提升企业产能利用率的基本结论并未随时间而发生改变。

表 6 稳健性检验

	更换被解释变量		两期倍差法	1998~2013 年
	(1)	(2)	(3)	(4)
treatpost	0.0292***		0.0128***	
	(0.0015)		(0.0012)	
$treat\tau^{input}$		−0.0764***		
		(0.0231)		
τ^{input}				−0.0346***
				(0.0127)
控制变量	是	是	是	是
固定效应	是	是	是	是
观测值	52937	52937	21348	1093388
拟合优度	0.333	0.333	0.516	0.223

注：括号内数值为聚类在企业层面的标准误，*、** 和 *** 分别代表 10%、5%和 1%的显著性水平，所有回归组合控制了年份、2 位数行业和省份固定效应。

4.7 异质性分析

前文的实证结果显示，中间品贸易自由化对企业产能利用率具有显著正向影响。但这一分析只是平均意义上的，不同类型的企业在面临中间品贸易自由化时可能具有不同的反应。为了进一步考察中间品贸易自由化与企业产能利用率之间的关系，本文分别从地区、行业和企业异质性切入，基于地区分布、行业要素密集度以及企业所有制视角，运用分组回归方法考察中间品贸易自由化影响企业产能利用率的横截面差异。

4.7.1 基于地区分布视角的检验

不同地区在地理位置、经济发展水平和政策支持等方面存在差异，中间品贸易自由化对不同地区企业产能利用率的影响可能存在差异。本文按照地区分布将样本划分为东部地区、中部地区和西部地区，具体估计结果汇报于表 7 的第（1）至第（3）列。中间品贸易自由化对东部地区企业的产能利用率产生了显著的正向影响，而对中部地区和西部地区企业的产能利用率影响并不显著。为稳健起见，用 B-S 双重差分法做进一步检验，估计结果见表 7 的第（4）至第（6）列，再次表明中间品贸易自由化对东部地区企业的产能利用率产生了更大的促进作用。原因可能在于，相比于中西部地区，东部地区拥有较高的市场化程度和良好宽松的营商环境，企业更容易与国外中间品供应商签订合约，能够从中获得更多样化和优质的中间投入要素，进而有利于企业生产更加丰富的最终产品，以便占领更多市场；同时东部地区企业对进口中间品的技术溢出效应的学习和吸收能力较强，这使得中间品贸易自由化对东部地区企业产能利用率的促进作用相对更大。

表 7 不同地区分布的估计结果

	基准双重差分法			B-S 双重差分法		
	(1)	(2)	(3)	(4)	(5)	(6)
地区分布	东部	中部	西部	东部	中部	西部
treatpost	0.0141***	−0.0010	−0.0041			
	(0.0010)	(0.0057)	(0.0077)			
$treat\tau^{input}$				−0.0532***	0.0993	−0.0101
				(0.0152)	(0.0933)	(0.1028)

续表

	基准双重差分法			B-S 双重差分法		
	(1)	(2)	(3)	(4)	(5)	(6)
地区分布	东部	中部	西部	东部	中部	西部
控制变量	是	是	是	是	是	是
固定效应	是	是	是	是	是	是
观测值	50072	1770	1095	50072	1770	1095
拟合优度	0.509	0.509	0.529	0.509	0.514	0.529

注：括号内数值为聚类在企业层面的标准误，*、** 和 *** 分别代表 10%、5%和 1%的显著性水平，所有回归组合控制了年份、2 位数行业和省份固定效应。

4.7.2 基于行业要素密集度视角的检验

中国各行业的要素密集度存在较大差异，中间品贸易自由化对不同要素密集度行业企业的产能利用率的影响可能存在差异。根据要素密集度将行业划分为劳动密集型行业、资本密集型行业和技术密集型行业，结果见表 8 第（1）至第（3）列①。中间品贸易自由化对资本和技术密集型行业企业的影响显著为正，对劳动密集型行业企业影响为负但不显著。进一步比较估计结果发现，中间品贸易自由化对技术密集型行业企业的影响最大，资本密集型行业企业次之，劳动密集型行业企业最小且不显著。表 8 第（4）至第（6）列的 B-S 双重差分法估计结果也再次表明中间品贸易自由化对技术密集型行业企业产能利用率产生更大的促进作用。这可能是因为，技术密集型行业企业对高新技术设备和关键零部件等高技术含量和高质量的中间产品的依赖程度较高，国内技术密集型行业企业自身研发能力与发达国家企业相比还存在较大差距，因此，技术密集型行业企业受中间品关税下降影响较大，能从中间品贸易自由化中获得更多优质且多样化的生产要素，进而促进产品品质提升，扩大市场份额，提升企业产能利用率。

表 8　不同行业要素密集度的估计结果

	基准双重差分法			B-S 双重差分法		
	(1)	(2)	(3)	(4)	(5)	(6)
行业要素密集度	劳动	资本	技术	劳动	资本	技术
treatpost	-0.0027	0.0118***	0.0195***			
	(0.0023)	(0.0011)	(0.0021)			
$treat\tau^{input}$				-0.0098	-0.0404***	-0.0631***
				(0.0385)	(0.0119)	(0.0141)

① 样本期内，劳动、资本和技术密集型行业的产能利用率均值分别为 0.9582、0.8766 和 0.8968，方差分别为 0.0229、0.0177 和 0.0114，资本密集型行业的产能利用率均值最低，劳动密集型行业的产能利用率均值和方差最高。资本密集型行业供给弹性较低，设备投资周期较长，资产专用性较强，产业退出壁垒较高，当遇到需求冲击时相对较难及时调整，容易出现较低的产能利用率。由于中国具有丰富的劳动力资源，中国的劳动密集型行业在国际市场上具有比较优势，在国际市场需求不断增加和自身竞争力不断提高的情况下，企业生产线超负荷，表现出偏高的产能利用率。

续表

	基准双重差分法			B-S 双重差分法		
	(1)	(2)	(3)	(4)	(5)	(6)
行业要素密集度	劳动	资本	技术	劳动	资本	技术
控制变量	是	是	是	是	是	是
固定效应	是	是	是	是	是	是
观测值	13134	26433	13370	13134	26433	13370
拟合优度	0.518	0.513	0.501	0.518	0.513	0.501

注：括号内数值为聚类在企业层面的标准误，*、** 和 *** 分别代表 10%、5%和 1%的显著性水平，所有回归组合控制了年份、两位数行业和省份固定效应。

4.7.3 基于企业所有制视角的检验

不同所有制企业在生产经营环境方面存在显著差异，中间品贸易自由化对不同所有制企业的产能利用率影响可能存在较大差异。根据所有制类型，将样本划分为国有企业、外资企业和民营企业，具体估计结果见表 9 第（1）至第（3）列。中间品贸易自由化对外资企业和民营企业的影响显著为正，对国有企业影响为正但不显著。进一步比较估计结果发现，中间品贸易自由化对民营企业的影响最大，外资企业次之，国有企业最小且不显著。表 9 第（4）至第（6）列的 B-S 双重差分法估计结果也佐证了这一结论。可能的解释是，国有企业由于其所有者、社会目标以及产权组织运作机制等方面的特殊性，相比非国有企业享有更多的政府补贴和银行优惠信贷，致使其对于中间品贸易自由化的成本节约效应并不敏感，出现对于中间品关税削减的反应惰性，因此，中间品贸易自由化对国有企业产能利用率的提升并不明显。外资企业基于跨国公司全球布局的生产网络更容易获得优质低价且多样化的进口中间品，因此受到中间品贸易自由化对企业产能利用率的影响相对较小。

表 9 不同企业所有制的估计结果

	基准双重差分法			B-S 双重差分法		
	(1)	(2)	(3)	(4)	(5)	(6)
企业所有制	国有	外资	民营	国有	外资	民营
treatpost	0.0054	0.0117***	0.0184***			
	(0.0050)	(0.0011)	(0.0058)			
$treat\tau^{input}$				−0.0227	−0.0319***	−0.0578***
				(0.0707)	(0.0115)	(0.0175)
控制变量	是	是	是	是	是	是
固定效应	是	是	是	是	是	是
观测值	1799	41134	5730	1799	41134	5730
拟合优度	0.519	0.518	0.540	0.521	0.510	0.540

注：括号内数值为聚类在企业层面的标准误，*、** 和 *** 分别代表 10%、5%和 1%的显著性水平，所有回归组合控制了年份、两位数行业和省份固定效应。

5 作用机制检验

5.1. 中介效应模型的设定

前文的机制分析表明，中间品贸易自由化可以通过中间品质量效应、中间品种类效应和成本节约效应影响企业的产能利用率，本文采用中介效应模型对这三个可能的渠道进行检验，构建如下计量模型：

$$cu_{it} = \beta_{10} + \beta_{11} treat_i \times post_t + \mathbf{p}_1 \mathbf{x}'_{it} + \upsilon_{1it} \quad (13)$$

$$firm\ \mathrm{var}_{it} = \beta_{20} + \beta_{21} treat_i \times post_t + \mathbf{p}_2 \mathbf{x}'_{it} + \upsilon_{2it} \quad (14)$$

$$cu_{it} = \beta_{30} + \beta_{31} treat_i \times post_t + \beta_{32} firm\ \mathrm{var}_{it} + \mathbf{p}_3 \mathbf{x}'_{it} + \upsilon_{3it} \quad (15)$$

其中，变量 $firm\ \mathrm{var}_i t$ 分别为进口中间品质量（$quality_{it}$）、进口中间品种类（$\mathrm{var}\ iety_{it}$）和边际成本（$cost_{it}$），υ_{it} 表示随机误差项，模型的控制变量与固定效应同模型（10）。借鉴施炳展和曾祥菲（2015）的做法，采用回归反推法计算企业进口中间品质量（$quality_{it}$）：

$$\ln q_{icl} = \chi_t - \sigma \ln p_{ict} + \varepsilon_{ict} \quad (16)$$

其中，$\chi_t = \ln E_t - \ln P_t$ 为时间虚拟变量，用以控制中国整体进口需求数量；$\ln q_{ict}$ 和 $\ln p_{ict}$ 分别表示企业 i 在 t 年从 c 国进口 HS 产品数量和价格的自然对数；残差项 $\varepsilon_{ict} = (\sigma - 1) \ln \lambda_{ict}$ 表示企业 i 在 t 年从 c 国进口 HS 产品的质量。产品质量可以定义为：

$$quality_{ict} = \ln \hat{\lambda}_{ict} = \frac{\hat{\varepsilon}_{ict}}{(\sigma - 1)} = \frac{\ln q_{ict} - \ln \hat{q}_{ict}}{(\sigma - 1)} \quad (17)$$

式（17）测量了企业 i 在 t 年从 c 国进口的某一 HS 产品的质量，进一步将质量指标进行标准化处理后在企业层面加总：$quality_{it} = value_{ict} / \sum_{ict \in \Omega} value_{ict} \times r\_quality_{ict}$，其中 Ω 为某一层面样本集合，$value_{ict}$ 表示进口层面价值量，$r\_quality_{ict}$ 表示标准化处理后的质量水平。

参照 Bas 和 Strauss-Kahn（2014）的做法，本文采用进口中间品贸易关系数目来衡量企业进口中间品种类（$\mathrm{var}\ iety_{it}$），将从不同来源国进口的同一 HS6 位码产品视为不同产品种类。借鉴许家云和毛其淋（2016）的方法测算企业边际成本（$cost_{it}$）：首先使用 De Loecker 和 Warzynski（2012）的结构方程模型计算企业加成率，具体公式为 $\mu_{it} = \theta_{it}^M (\alpha_{it}^M)^{-1}$，其中 μ_{it} 为企业加成率，θ_{it}^M 为中间投入产出弹性，依赖于对生产函数的估计，α_{it}^M 为企业中间投入占销售收入份额，由工业企业数据库计算得到。采用超越对数形式对生产函数进行参数估计：

$$\begin{aligned} \ln Y_{it} = {} & \beta_L \ln L_{it} + \beta_k \ln K_{it} + \beta_M \ln M_{it} + \beta_{LL} (\ln L_{it})^2 + \\ & \beta_{KK} (\ln K_{it})^2 + \beta_{MM} (\ln M_{it})^2 + \beta_{LK} \ln L_{it} \ln K_{it} + \\ & \beta_{LM} \ln L_{it} \ln M_{it} + \beta_{kM} \ln K_{it} \ln itM_{it} + \beta_{LKM} \ln L_{it} \\ & \ln K_{it} \ln M_{it} + \omega_{it} + \varepsilon_{it} \end{aligned} \quad (18)$$

其中，i 和 t 分别表示企业和年份，Y、L、K 和 M 分别表示企业产出、劳动力、资本投入和中间品投入，ω_{it} 为企业生产率，ε_{it} 为随机误差项。采用两步估计方法对式（18）进行估计。中间投入产出弹性估计值的表达式为：

$$\begin{aligned} \theta_{it}^M = {} & \beta_M + 2\beta_{MM} \ln M_{it} + \beta_{LM} \ln L_{it} + \beta_{kM} \ln K_{it} + \\ & \beta_{LKM} \ln L_{it} \ln K_{it} \end{aligned} \quad (19)$$

其次运用海关数据计算企业层面的产品价格 p_{it}；最后根据企业加成率的计算公式，即加成率是企业产品价格与边际成本之比（$\mu_{it} = p_{it} / cost_{it}$），推算企业边际成本（$cost_{it}$）。进口中间品质量（$quality_{it}$）、进口中间品种类（$\mathrm{var}\ iety_{it}$）

以及边际成本（$\cos t_{it}$）的基本统计描述见表 1。

5.2 检验结果分析

表 10 为中间品贸易自由化对企业产能利用率作用机制的检验结果。其中，表 10 第（1）列是对基准模型（13）的估计结果，因此与表 4 第（2）列的回归结果相同。表 10 第（2）至第（4）列是对模型（14）的检验结果，可以看出进口中间品质量和种类的估计系数显著为正，边际成本的估计系数显著为负，表明中间品贸易自由化可以显著提升企业进口中间品质量，增加企业进口中间品种类以及降低企业的边际成本。表 10 第（5）至第（7）列为模型（15）的估计结果，各中介变量的估计系数表明提高进口中间品质量、增加进口中间品种类和降低边际成本对企业产能利用率具有显著的促进作用，同时交互项系数估计值出现了下降，初步显示中间品质量效应、中间品种类效应和成本节约效应的存在。表 10 第（8）列进一步将三个中介变量同时纳入回归方程，交互项的系数估计值进一步下降，进一步表明中间品质量效应、中间品种类效应和成本节约效应是中间品贸易自由化提升企业产能利用率的三个可能渠道。

表 10 作用机制检验结果

	(1)	(2)	(3)	(4)	(5)	(6)	(7)	(8)
	cu	quality	variety	cost	cu	cu	cu	cu
treatpost	0.0126***	0.0136***	0.1540***	−0.0344***	0.0114***	0.0108***	0.0121***	0.0095***
	(0.0010)	(0.0016)	(0.0091)	(0.0014)	(0.0010)	(0.0009)	(0.0010)	(0.0008)
quality					0.0879***			0.0836***
					(0.0294)			(0.0021)
variety						0.0120***		0.0095***
						(0.0009)		(0.0005)
cost							−0.0155***	−0.0152***
							(0.0029)	(0.0024)
控制变量	是	是	是	是	是	是	是	是
固定效应	是	是	是	是	是	是	是	是
观测值	52937	52937	52937	52937	52937	52937	52937	52937
拟合优度	0.507	0.231	0.270	0.188	0.523	0.512	0.507	0.526

注：括号内数值为聚类在企业层面的标准误，*、** 和 *** 分别代表 10%、5%和 1%的显著性水平，所有回归组合控制了年份、2 位数行业和省份固定效应。

表 11 为运用 Sobel（1982）的方法测算的中介效应值。其中，a 为中间品贸易自由化对中介变量的效应，b 为中介变量对产能利用率的效应，c 为中间品贸易自由化对产能利用率的效应。检验显示，Z 值均在 1%水平以上显著，说明进口中间品质量、进口中间品种类和边际成本是显著中介变量。通过计算中介变量比重发现，进口中间品质量、进口中间品种类和边际成本的中介效应占总效应的比例分别为

9.49%、14.67%和4.23%①。

表 11 中介效应 Sobel 检验

中介变量	c	a	σ_a	b	σ_b	Z	效应比率
quality	0.0126	0.0136	0.0016	0.0879	0.0294	2.82***	0.0949
variety	0.0126	0.1540	0.0091	0.0120	0.0009	10.47***	0.1467
cost	0.0126	-0.0344	0.0014	-0.0155	0.0029	5.22***	0.0423

注：σ_a 和 σ_b 分别为估计系数 a 和 b 的估计标准误，$Z=a\times b/\sqrt{a^2\sigma_b^2+b^2\sigma_a^2}$，效应比率为 $a\times b/c$。

6 结论与政策启示

在当前全球贸易保护主义升温，国内产能过剩尚未彻底化解的背景下，研究中间品贸易自由化对中国制造业企业产能利用率的影响具有重要的理论价值和政策意义。本文利用 2000～2006 年中国工业企业数据和海关贸易数据，基于超越对数成本函数法测度企业层面的产能利用率，并以中国加入世界贸易组织作为准自然实验，采用双重差分法实证检验中间品贸易自由化对中国制造业企业产能利用率的影响及其作用机制。研究发现：第一，中间品贸易自由化显著提升了企业的产能利用率，缓解了企业产能过剩，且具有较长的持续效应。第二，异质性分析结果显示，中间品贸易自由化对东部地区企业、技术密集型行业企业和民营企业产能利用率的促进作用更大。第三，作用机制检验表明，中间品质量效应、中间品种类效应和成本节约效应是中间品贸易自由化提升企业产能利用率的重要渠道。

基于本文研究可得以下政策启示：一是在当前贸易保护主义、逆全球化思潮抬头的背景下，中国更应坚定扩大对外开放步伐，继续推进和深化贸易自由化改革，尤其是中间品贸易自由化，鼓励企业进口高质低价且多样化的中间品，以充分整合全球范围内高级要素资源和发挥技术溢出效应，进而通过淘汰落后产能、增加优质产能来提升企业产能利用率。二是政府在扩大对外开放的同时应进一步加快推进国内以市场为导向的体制改革进程，不断完善社会主义市场经济体制并推动企业完善市场化经营机制。

参考文献

[1] Amiti M., Konings J. Trade Liberalization, Intermediate Inputs, and Productivity: Evidence from Indonesia [J]. The American Economic Review. 2007, 97 (5): 1611-1638.

[2] Baldwin J. R., Gu W., Yan B. Export Growth, Capacity Utilization, and Productivity Growth: Evidence from the Canadian Manufacturing Plants [J]. Review of Income and Wealth. 2013, 59 (4): 665-688.

[3] Bas M., Berthou A. Does Input-Trade Liberalization Affect Firms' Foreign Technology Choice? [J]. The

① 本文的经验结果表明除了进口中间品质量、进口中间品种类和边际成本外，还存在中间品贸易自由化影响企业产能利用率的其他中间渠道，进一步全面深入分析中间品贸易自由化影响企业产能利用率的更多渠道是未来研究的方向。

World Bank Economic Review, 2017, 31 (2): 351-384.

[4] Bas M., Strauss-Kahn V. Input-Trade Liberalization, Export Prices and Quality Upgrading [J]. Journal of International Economics, 2015, 95 (2): 250-262.

[5] Bas M. Input-Trade Liberalization and Firm Export Decisions: Evidence from Argentina [J]. Journal of Development Economics, 2012, 97 (2): 481-493.

[6] Bertrand M., Duflo E., Mullainathan S. How Much Should We Trust Differences-in-Differences Estimates? [J]. The Quarterly Journal of Economics, 2004, 119 (1): 249-275.

[7] Bhagwati J., Ramaswami V. K. Domestic Distortions, Tariffs and the Theory of Optimum Subsidy [J]. Journal of Political Economy, 1963, 71 (1): 44-50.

[8] Brandt L., Van Biesebroeck J., Wang L., et al. WTO Accession and Performance of Chinese Manufacturing Firms [J]. The American Economic Review, 2017, 107 (9): 2784-2820.

[9] Brandt L., Van Biesebroeck J., Zhang Y. Creative Accounting or Creative Destruction? Firm-Level Productivity Growth in Chinese Manufacturing [J]. Journal of Development Economics, 2012, 97 (2): 339-351.

[10] Bustos P. Trade Liberalization, Exports, and Technology Upgrading: Evidence on the Impact of MERCOSUR on Argentinian Firms [J]. The American Economic Review, 2011, 101 (1): 304-340.

[11] Chamberlin E. H. The Theory of Monopolistic Competition [M]. Cambridge: Harvard University Press, 1947.

[12] De Loecker J., Goldberg P. K., Khandelwal A. K., et al. Prices, Markups and Trade Reform [J]. Econometrica, 2016, 84 (2): 445-510.

[13] De Loecker J., Warzynski F. Markups and Firm-Level Export Status [J]. The American Economic Review, 2012, 102 (6): 2437-2471.

[14] Dixon P. B., Rimmer M. T. You Can't Have a CGE Recession without Excess Capacity [J]. Economic Modelling, 2011, 28 (1): 602-613.

[15] Fan H., Gao X., Li Y. A., et al. Trade Liberalization and Markups: Micro Evidence from China [J]. Journal of Comparative Economics, 2018, 46 (1): 103-130.

[16] Fan H., Li Y. A., Yeaple S. R. Trade Liberalization, Quality, and Export Prices [J]. Review of Economics and Statistics, 2015, 97 (5): 1033-1051.

[17] Fernandes A. Trade Policy, Trade Volumes and Plant-Level Productivity in Colombian Manufacturing Industries [J]. Journal of International Economics, 2003, 71 (1): 52-71.

[18] Goldberg P. K., Khandelwal A. K., Pavcnik N., et al. Imported Intermediate Inputs and Domestic Product Growth: Evidence from India [J]. The Quarterly Journal of Economics, 2010, 125 (4): 1727-1767.

[19] Heckman J. J., Ichimura H., Todd P. E. Matching as an Econometric Evaluation Estimator: Evidence from Evaluating a Job Training Programme [J]. The Review of Economic Studies, 1997, 64 (4): 605-654.

[20] Huisman K. J. M., Kort P. M. Strategic Capacity Investment Under Uncertainty [J]. The Rand Journal of Economics. 2015, 46 (2): 376-408.

[21] Keller W. Trade and the Transmission of Technology [J]. Journal of Economic growth, 2002, 7 (1): 5-24.

[22] Khandelwal A. The Long and Short (of) Quality Ladders [J]. The Review of Economic Studies, 2010, 77 (4): 1450-1476.

[23] Kirkley J., Paul C. J. M., Squires D. Capacity and Capacity Utilization in Common-pool Resource Indus-

tries [J]. Environmental and Resource Economics, 2002, 22 (1): 71-97.

[24] Klein L. R. Some Theoretical Issues in the Measurement of Capacity [J]. Econometrica, 1960, 28 (2): 272-286.

[25] Kugler M., Verhoogen E. Prices, Plant Size, and Product Quality [J]. The Review of Economic Studies, 2012, 79 (1): 307-339.

[26] Manova K., Zhang Z. Export Prices Across Firms and Destinations [J]. The Quarterly Journal of Economics, 2012, 127 (1): 379-436.

[27] Melitz M. J., Ottaviano G. I. P. Market Size, Trade, and Productivity [J]. The Review of Economic Studies, 2008, 75 (1): 295-316.

[28] Nelson R. A. On the Measurement of Capacity Utilization [J]. The Journal of Industrial Economics, 1989, 37 (3): 273-286.

[29] Nishimori A., Ogawa H. Do Firms Always Choose Excess Capacity? [J]. Economics Bulletin, 2004, 12 (2): 1-7.

[30] Rosenbaum P. R., Rubin D. B. The Central Role of the Propensity Score in Observational Studies for Causal Effects [J]. Biometrika, 1983, 70 (1): 41-55.

[31] Schor A. Heterogeneous Productivity Response to Tariff Reduction: Evidence from Brazilian Manufacturing Firms [J]. Journal of Development Economics, 2004, 75 (2): 373-396.

[32] Shen G., Chen B. Zombie Firms and Over-Capacity in Chinese Manufacturing [J]. China Economic Review, 2017 (44): 327-342.

[33] Sobel M. E. Asymptotic Confidence Intervals for Indirect Effects in Structural Equation Models [J]. Sociological Methodology, 1982 (13): 290-312.

[34] Stiglitz J. E. Toward a General Theory of Wage and Price Rigidities and Economic Fluctuations [J]. The American Economic Review, 1999, 89 (2): 75-80.

[35] Tian X. L. Participation in Export and Chinese Firms' Capacity Utilization [J]. The Journal of International Trade & Economic Development, 2016, 25 (5): 757-784.

[36] Upward R., Wang Z., Zheng J. Weighing China's Export Basket: The Domestic Content and Technology Intensity of Chinese Exports [J]. Journal of Comparative Economics, 2013, 41 (2): 527-543.

[37] Yu M. Processing Trade, Tariff Reductions and Firm Productivity: Evidence from Chinese Firms [J]. The Economic Journal, 2015, 125 (585): 943-988.

[38] 国务院发展研究中心《进一步化解产能过剩的政策研究》课题组，赵昌文，许召元，袁东，廖博．当前我国产能过剩的特征、风险及对策研究——基于实地调研及微观数据的分析 [J]. 管理世界，2015 (4): 1-10.

[39] 蒋灵多，陆毅，纪珽．贸易自由化是否助力国有企业去杠杆 [J]. 世界经济，2019，42 (9): 101-125.

[40] 李雪松，赵宸宇，聂菁．对外投资与企业异质性产能利用率 [J]. 世界经济，2017，40 (5): 73-97.

[41] 林毅夫，巫和懋，邢亦青．"潮涌现象"与产能过剩的形成机制 [J]. 经济研究，2010，45 (10): 4-19.

[42] 林毅夫．潮涌现象与发展中国家宏观经济理论的重新构建 [J]. 经济研究，2007 (1): 126-131.

[43] 马红旗，黄桂田，王韧，申广军．我国钢铁企业产能过剩的成因及所有制差异分析 [J]. 经济研究，2018，53 (3): 94-109.

[44] 毛其淋，许家云．中间品贸易自由化提高了企业加成率吗？——来自中国的证据 [J]. 经济学（季

刊)，2017，16（2）：485-524.

［45］施炳展，曾祥菲．中国企业进口产品质量测算与事实［J］. 世界经济，2015，38（3）：57-77.

［46］田巍，余淼杰．企业出口强度与进口中间品贸易自由化：来自中国企业的实证研究［J］. 管理世界，2013（1）：28-44.

［47］吴利学，刘诚．项目匹配与中国产能过剩［J］. 经济研究，2018，53（10）：67-81.

［48］席鹏辉，梁若冰，谢贞发，苏国灿．财政压力、产能过剩与供给侧改革［J］. 经济研究，2017，52（9）：86-102.

［49］徐业坤，马光源．地方官员变更与企业产能过剩［J］. 经济研究，2019，54（5）：129-145.

［50］许家云，毛其淋．中国企业的市场存活分析：中间品进口重要吗？［J］. 金融研究，2016（10）：127-142.

［51］杨光，孙浦阳．外资自由化能否缓解企业产能过剩？［J］. 数量经济技术经济研究，2017，34（6）：3-19.

［52］余淼杰，金洋，张睿．工业企业产能利用率衡量与生产率估算［J］. 经济研究，2018，53（5）：56-71.

［53］祝树金，钟腾龙，李仁宇．中间品贸易自由化与多产品出口企业的产品加成率［J］. 中国工业经济，2018（1）：41-59.

论文执行编辑：皮建才

论文接收日期：2020 年 3 月 14 日

作者简介：

谢沐芳（1990—），浙江温州人，吉林大学东北亚研究院博士研究生。研究方向为国际贸易、产业经济。E-mail：xiemf1990@163.com。

张胜利（1989—），河南信阳人，浙江大学经济学院博士研究生。研究方向为开放条件下的产业转型升级。E-mail：zhang593835315@163.com。

Input Trade Liberalization and Firms' Capacity Utilization

Mufang Xie[1] Shengli Zhang[2]

(1. Northeast Asian Studies College, Jilin University, Changchun, China

2. School of Economics, Zhejiang University, Hangzhou, China)

Abstract: Using the Chinese industrial enterprise data during the period from 2000 to 2006, this paper estimates firm-level capacity utilization by employing Translog Cost Function. Based on the quasi-natural experiment of China's accession to the WTO, we analyze the impact of input trade liberalization on Chinese manufacturing firms' capacity utilization and the mechanism of that by using the PSM-DID method. The results show that input trade liberalization significantly improves firms' capacity utilization, and this impact lasts for a long period. Heterogeneity analysis shows that eastern region firms, technology-intensive industry firms and private firms are more affected by input trade liberalization. The mechanism analysis shows that the input quality effect, the input variety effect and the cost-saving effect are important channels for input trade liberalization to affect firms' capacity utilization. This paper verifies opening-up significantly improves firm's capacity utilization from the perspective of input trade liberalization, and provides a reference for advancing trade liberalization policies and supply-side structural reforms.

Key Words: Input Trade Liberalization; Capacity Utilization; Overcapacity; Firm Heterogeneity

JEL Classification: F14

土地托管、市场锁定与合约选择
——基于四川省成都市两个合作社的比较制度分析*

□ 邓宏图　马太超

摘　要：为深刻理解合约选择过程，在调研所得案例基础上，构建理论模型对土地托管制的合约性质做出了理论判断。案例分析从风险分担与激励效应两个维度刻画了不同合约形式（固定租金合约、固定工资合约、分成合约）被选择的经济逻辑。实地观察表明，两个合作社的成功均在于对终端市场的锁定，在分析中，锁定的经济诱因、影响因素和经济学含义以及土地托管制与锁定终端市场的内在联系均得到了逻辑一致的解释。比较研究发现，两个合作社在合约稳定性和扩展性方面存在显著差异，这导致二者将潜在盈利转化为现实利益的能力有所不同。

关键词：土地托管制；分成合约；市场锁定；合约选择；比较制度分析

JEL 分类：Q13，Q15

1　引言

在有关农村土地以及现代农业发展的研究中，学术界与决策者们均表现出对土地托管制的浓厚兴趣，产生了相当可观的研究性文献和政策文件。2014～2017 年连续四年的中央一号文件均对土地托管给予了持续的、高度的关注，并提供了权威的政策解释①。由此触发了笔者对土地托管制的经济思考。

本文拟对四川省成都市两个农民专业合作社展开比较制度（缔约）分析。这两个合作社分别是成都市双流区某农业合作社（以下简称双流合作社）和温江区某田园农庄（以下简称温江合作社）。双流合作社通过流转农户的土地获得大面积土地的经营权，在此基础上从事绿色蔬菜的种植。所生产的蔬菜定向销往成都市中小学校

* 本文得到国家社会科学基金重大攻关项目“全面建成小康社会背景下新型城乡关系研究”（17ZDA067）和亚洲开发银行［ADB］与国家农业农村部的项目“Yangtze River Green Ecological Corridor Comprehensive Agriculture Development Project［L3740-PRC，CS-TA-NPMO-2019-2］”的资助。

① 《关于全面深化农村改革加快推进农业现代化的若干意见》，2014 年；《关于加大改革创新力度加快农业现代化建设的若干意见》，2015 年；《关于落实发展新理念加快农业现代化实现全面小康目标的若干意见》，2016 年；《关于深入推进农业供给侧结构性改革加快培育农业农村发展新动能的若干意见》，2017 年。

和政府机关的食堂。与合作社存在合约关系的农户获得土地流转租金以及劳动工资，合作社与食堂则以事先约定的价格进行交易。温江合作社同样生产绿色蔬菜，在其同各经济主体的交易中主要涉及以下合约安排。其一，通过流转合同从不从事农业生产的土地承包人手里获得土地经营权；其二，对获得经营权的土地进行系统性整理与规划，形成一个个可交易的“经济块”（即面积不等的小块土地）。而后向成都市市民出售小块土地的经营权，参与交易的市民需向合作社交纳“俱乐部费”从而获得土地经营权。市民购买土地经营权的目的并不在于亲自务农，而是为了获得土地上的农产品。此外，市民务农的成本很高，因而购得土地经营权的市民会将土地委托给合作社经营管理。市民根据自身对各类绿色蔬菜的需要向合作社提出具体的托管任务要求，由合作社组织人员负责种植市民所需蔬菜，市民定期或不定期到所托管的土地上采摘，或专门由合作社负责配送所产蔬菜，交易价格介于合作社的生产成本和市场价格之间。

实地观察发现，两个合作社既具有一定的共性，也存在不容忽视的差异：首先，双流和温江两个合作社所生产经营的农产品都是绿色蔬菜；其次，它们均通过锁定终端市场而有效地降低风险，实现盈利。

尽管存在上述共性，但是两个合作社选择了不同的缔约结构。双流合作社相对封闭一些，当它的社员达到一定规模后即停止扩张，不再接受其他成员加盟。由于某种特殊的社会关系，其销售渠道仅限于成都市的中小学校和政府机关食堂，只要与这些食堂的合同关系稳定，终端市场的需求也就确定。进一步地，合作社的生产过程和产量目标也就基本确定，所有社员将根据合作社的盈利情况进行收益的分配。比较而言，双流合作社的缔约结构相对简单。温江合作社的情况则要复杂得多，主要因为它采用了托管合同下的“俱乐部制”。具体而言，温江合作社涉及如下合同结构：其一，合作社与农户间的土地流转合约；其二，合作社与成都市市民的土地托管合约和以此为基础的产品交易合约。

本文基本的判断是，温江合作社更市场化一些。为解决终端市场问题，它需要设计某种稳健的合同形式以确保有越来越多的客户与合作社展开交易。这样，通过与客户缔结托管制（合同），合作社实现了盈利。相反，双流合作社则具有一定的行政化色彩。尽管它与学校和机关食堂的缔约是市场化的，但这类市场化受制于它的社会关系，即它与政府的特殊关系（例如与政府教育部门的关系），因而本质上它受制于政府的行政垄断权，其终端市场本质上是由政府的行政权予以“确权”的。两者相比较，温江合作社更值得关注，托管制更值得研究，原因在于后者更具有市场一般性，更值得做经济学的深度分析。基于以上理论判断，本文要解决的关键问题是：温江合作社为什么选择了土地托管制？土地托管制的性质是什么？考虑到两个合作社均以事先锁定市场的方式完成交易，本文进一步探讨的是锁定终端市场的经济学含义。

在本文看来，上述三个问题是彼此联系着的。对土地托管制被选择的原因的探讨在一定程度上也是对托管制性质的分析。在温江合作社的案例中，对终端市场的锁定是以土地托管制为基础的，土地托管锁定了合作社与市民之间的交易。温江合作社将流转过来的土地平整分块并分别出租给有不同需要的城市居民，城市居民承租后再反向委托给合作社，并提出对蔬菜和相关服务的需求，合作社则对这些反向托管的土地进行实际的经营管理，委托方（市民）获得满意的蔬菜和相关服务后即意味着双方的第一轮交易结束，紧接着，双方进入新一轮交易中。当然，在新一轮交易中市民可以修改所委托的具体内容，向作为代理方的合作社发出新的生产“指令”。本文的观察表明，这些交易过程是持续的、可重复的。托管制是合作社和委托人共同选择的关系性缔约结构，共同锁定了对方的需求，从而使合作社的终端市场得以确定，既减少或消除了生产经营的不确定性，又满足了双方的特定需要，从而成为合作社不断盈利并持续拓展市场空间的组织（契约）基础。

本文第二部分回顾有关土地托管制的研究文献，由此引出本文分析的出发点；第三部分从分成合约角度考察土地托管制的经济逻辑，并得出相关理论命题；第四部分以实际案例验证所得命题的可靠性；第五部分探讨锁定市场的经济含义及其影响因素；第六部分重点分析不同合约间的稳定性和扩展性差异；最后是结语。

2 相关文献回顾与本文出发点

相当多的文献在合作社的产生方式（苑鹏，2008；张晓山，2009；孙亚范、余海鹏，2012）、运作模式（周春芳、包宗顺，2010；崔宝玉、谢煜，2014）和经营效率（黄祖辉等，2011；黄祖辉、朋文欢，2016；张红宇，2016）等方面进行了广泛而又不失深刻的研究。然而这些研究一方面缺乏对不同合作社的比较分析，另一方面存在单纯讨论合作社及其内部治理而忽视合作社与市场之间关系的倾向。在合作社与市场的关系中，风险分布是影响合约选择的关键变量。苑鹏（2013）对公司领办型合作社的风险分担问题进行了探讨，认为公司与农户之间的关系决定了双方各自承担的风险份额。邓宏图等（2014）指出，合约选择过程主要受制于风险分布和缔约各方谈判能力等因素所组合成的约束条件，最优合约是对一系列约束条件的最优反应。因此，风险分布以及缔约各方的风险偏好成为合约选择不可忽视的因素。本文第三部分将重点关注缔约各方的风险偏好对合约选择的制约，进而分析土地托管合约的性质。

土地托管制通常以某一合作经济组织为依托。在关于农业经济组织的现有文献中，学者多从组织模式的角度展开分析，如对“龙头企业+农户”模式的考察（周立群、曹利群，2001；郭晓鸣、廖祖君，2010），对不同组织模式的对比研究（聂辉华，2012；苑鹏，2013；邓宏图等，2017）等。随着经济实践的不断发展，土地托管制作为一种新的组织模式也日益受到学者的关注。衡霞、程世云（2014），刘强崇（2017）探讨了土地托管的多种可行模式；李登旺、王颖（2013），陈义媛（2017）侧重于考察土地托管制的动力机制；孙新华（2017）的研究强调村社组织在土地托管中的主导作用；孙晓燕、苏昕（2012），张新喜、湾晓霞（2015）则比较了土地流转与土地托管各自的优势以及存在的问题。在本文看来，上述对组织模式的研究固然富有启发性，但却忽略了对更为微观、具体的合约选择的研究。即便是在同一种组织模式之下，交易参与人也可能会采用不同的合约形式。本文注重从合约形式的选择入手，分析隐藏在各种可选模式背后的缔约结构及其经济逻辑。不同合约形式被选择的经济诱因是本文的一个主要研究内容。

本文认为，对不同合作社的比较分析更易于发现一些潜在特征变量。在对某一个合作社进行单独分析时这些潜在特征变量由于表现不明显而容易被研究者忽视。另外，合作社作为独立的市场主体，其行为时刻受市场的影响，剥离开市场去分析合作社是一种静态的分析，无法把握合作社的动态特征。因此只有将对合作社的分析同市场状况结合起来才能看清合作社的全貌，进而得出更符合客观事实的、可验证的经济学命题。本文从合作社与市场的相互关系这一视角出发，分析合作社与市场之间的互动以及在给定市场条件下合作社如何通过合约设计以及匹配相对应的治理机制来实现缔约各方的激励兼容。结合已有研究，本文第三部分将着重从个体风险角度考察土地托管合约的性质及其所具有的经济学含义。

3 土地托管制的经济逻辑：分成合约的视角与一般性理论解释

首先对托管制提供一般意义上的理论解释。新古典经济学从边际分析的角度指出分成合约使得劳动的供给量低于最优水平，进而得出分成合约低效的观点。Cheung（1969）较早地提出了与新古典经济学不同的解释。在张五常看来，当将正的交易成本引入分析时，分成合约是分散风险的有效合约安排。Stiglitz（1974）在张五常关于分成租佃研究的基础上构建了数理模型，就分成合约中的风险分担和激励效应进行了进一步的阐释。

在 Stiglitz 的分析框架中，存在工人和地主两类主体，前者拥有劳动但没有土地，后者拥有土地却缺乏劳动或不投入劳动，不同的要素禀赋引发了双方之间的合作。地主和工人就农业生产及农业剩余索取权的分配签订如下合约：工人收入 $Y_W=\alpha Q/L+\beta$，其中 $0\leqslant\alpha\leqslant1$。$Q$ 是平均而言的农业总产出水平，表示多个农业生产周期内单位土地面积的平均产量，L 是工人提供的总劳动，Q/L 是单位劳动的（平均）产出。理论上，上式涵盖了农业合约中的三种合约，一是分成合约，二是工资合约，还有一个就是固定租金合约。具体而言，$\alpha=0$ 表示固定工资合约，即地主以工资的形式购买工人的劳动力，土地产出物所有权归地主所有；$\alpha=1$ 表示固定租金合约，即工人在获得土地产出物所有权的同时向地主支付租金作为后者出让土地的酬劳；$\beta=0$ 表示纯粹的分成合约，即双方按一定比例分享土地产出物所有权。一旦给定 α 和 β 的具体数值，则地主和工人的合同形式便得以确定。当然，除上述单一的合约形式外，双方也可能选择混合合同（例如，分成制+固定工资制）。

与 Stiglitz 考察地主和工人两类主体的研究有所不同，在本文对于土地托管制的分析中，存在三类决策主体：市民、合作社和农户。不过，本文的基本分析思路与 Stiglitz 相同。

首先考虑市民与合作社之间的合约。通过土地流转方式从农户手中获得一定规模土地的经营权后，合作社以 10 平方米为交易单位对流转来的土地进行分块，并以土地托管的模式使其形成一个个“可交易的经济块”。市民通过向合作社交纳土地托管费来获得“合作社的土地”的使用权，然后将土地完全地托管给合作社经营。双方的托管合约规定市民有权选择土地上种植的农作物种类，由合作社负责农产品生产的全过程，土地上的所有产出均归市民所有，市民则以合约中规定的价格对合作社托管服务予以补偿。显然，在理论上，合约中规定的交易价格要低于市场价格，这是市民参与合作社托管合约的前提条件（市民的参与约束）；同时，该价格要高于合作社的生产成本，这是合作社与市民签订托管合约的约束条件（合作社的参与约束）。实际调查发现，市民与合作社的交易价格的确介于产品的生产成本与市场价格之间[①]。

为便于分析，本文将市民与合作社缔结的托管合约中“托管土地”的数量标准化为 1，Y_S、Y_d 分别表示合作社的利润和市民的收入，V_S、V_d 分别表示合作社（因）合作带来的满足感（满足程度）与市民的效用水平，本文将其看作是收入的函数，满足一阶导数大于零、二阶导数小于零；α 为分成比例，表示市场价格（p）与生产成本（c）的差额中合作社所得份额，T 表示参与托管合约的市民数量，β 表示市民支付给合作社的单位土地托管费，θ 为自然状态变量，用以衡量自然条件变化对产出水平的影响，$g(\theta)$ 表示产出的自然波动，满足 $g(\theta)>0$、$E[g(\theta)]=1$。当 $g(\theta)$ 取值为 1 时，表明自然环境处于正常状态，对农业产出没有负面影响。

对于合作社而言其收益可以表示为：

$$Y_S=[\alpha(p-c)g(\theta)Q+\beta]T^{②} \tag{1}$$

令 $x=\alpha(p-c)Q$，则 $Y_s=[xg(\theta)+\beta]T$。给定的取值设定，则显然 Y_s 是 x 和 β 的增函数。对于任意给定的 x，β 的取值越大则合作社的总收益越高。令 $\beta=\beta(x)$ 表示对于任意给定的 x 使得 Y_S 最大的 β 的取值[③]。

假定合作社能够选择混合合约[④]，如果 $\beta(x)$ 是 x 的凸函数，则根据凸函数的性质，不同合约的凸组合优于凸组合后的单一合约的结果（$t\beta(x_1)+(1-t)\beta(x_2)>\beta[tx_1+K(1-t)x_2]$），此时 $\beta(x)$ 曲线上的合约均严格劣于混合合约，因此只能得到位于横轴和纵轴上的曲线端点解，亦即角点解的情况，这与现实中观察到的多种合约形式并存的实际情况并不相符。为保证内点解的出现，必须抛弃 $\beta(x)$ 是 x 的凸函数的假定。由于 Y_S 是 x 和 β 的函数，因此 V_S 同样是二者的函数。对于合作社而言，其无差异曲线 V_S[⑤] 与预算线 $\beta(x)$ 的轨迹如图 1 所示。为便于理解，可将 x 和 β 分别看作风险性收入和

① 富农开心田园理事长介绍，2016 年蔬菜的平均生产成本为 6 元/千克，市场价格为 15 元/千克，市民自行前往基地采摘的价格为 10 元/千克，与本文关于交易价格介于市场价格与生产成本之间的分析相吻合。

② $\alpha=0$ 表示固定租金合约，即市民给予合作社一定租金作为合作社出让土地使用权的补偿。

③ β 是合作社收入的一部分，其最大取值无法超过土地总产出水平，因而介于 0 与 a 与 Q 之间。

④ 根据 Stiglitz（1974），混合合约是指，决策主体可将其拥有的要素无限细分到不同的交易当中。合作社可以选择混合合约意味着合作社可以与不同的主体签订多个具有不同分成比和租金的合约。

⑤ 为便于理解，可将 x 和 β 分别看作有风险和无风险的收入，二者之间存在不完全替代的关系，故无差异曲线凸向原点。

无风险性收入，抑或分成收入（由于自然波动性，会导致分成收入随自然状态的好坏而随机变化，因而具有一定的风险性成分）和固定性的工资或租金收入，二者之间存在不完全替代的关系。根据效用函数的一般特点，图中的无差异曲线将凸向原点。图 1 中的 c 图表明，在给定的可行合约集合之中，$\beta(x)$ 与 V_S 相切之点所决定的合约形式即为对合作社而言最优的合约安排。

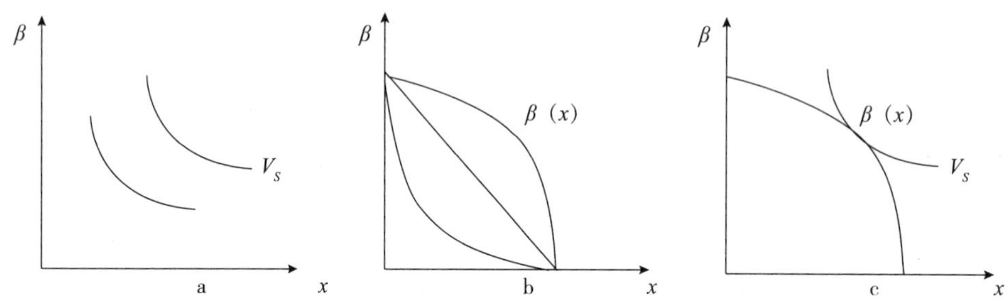

图 1　合作社的无差异曲线、预算线及均衡的决定

同理，对于市民个体则有：

$$Y_d=(1-\alpha)(p-c)g(\theta)Q-\beta$$

$$=\left[1-\frac{x}{(p-c)Q}\right](p-c)g(\theta)Q-\beta \qquad (2)$$

与合作社的情况恰恰相反，市民的收入 Y_d 是 x 和 β 的减函数。令 $\beta=\beta(x)$ 表示对于任意给定的 x 使得 Y_d 最大的 β 的取值。与对合作社的分析类似，在市民能够选择混合合约时，为满足内点解的要求，$\beta(x)$ 应为 x 的凸函数。对于市民而言，其无差异曲线与预算线 $\beta(x)$ 的轨迹如图 2 所示。最优的合约安排同样由预算线与无差异曲线的切点决定。如果市民与合作社均可以选择混合合约，为满足合作社与市民双方的预算约束，β 与 x 之间只能是线性关系。与此情形相对应，缔约双方的可行合约集及均衡的决定将由图 3 来体现。

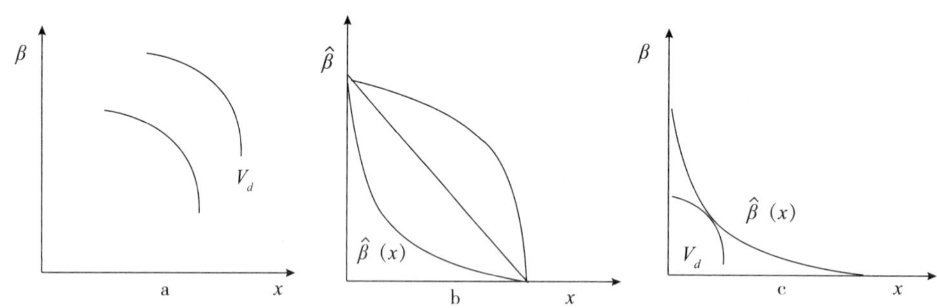

图 2　市民的无差异曲线、预算线及均衡的决定

在现实中，考虑到土地（在地理和区位上）的不可移动性，市民在不同位置的土地之间往返的转换成本较高，因此市民往往并不会选择混合合约。但合作社由于所经营土地的规模性和可分性，更倾向于选择混合合约。给定上述条件，则 $\beta(x)$ 是 x 的凹函数比较符合实际情

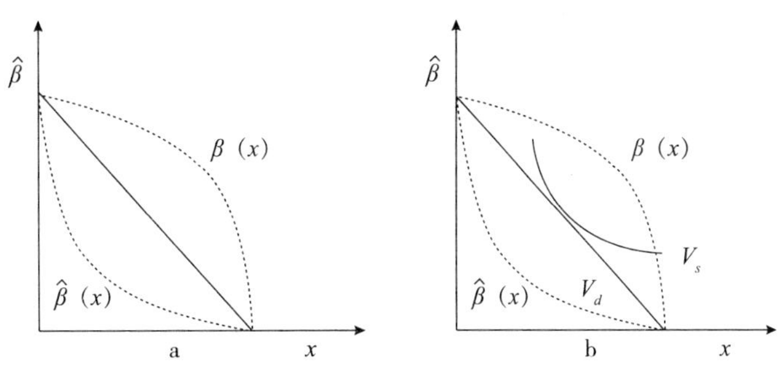

图 3　可行合约集及均衡的决定

况。此情形下的缔约均衡如图 4 所示。

图 4 显示，市民和合作社的风险偏好会影响均衡时缔约双方的分成比例及租金的决定，均衡时决策主体不同的风险偏好程度会得出不同的分成比例和租金大小。在图 4 中，无差异曲线的斜率可以表示为：

$$MRS = -\lim_{\Delta x \to 0} \frac{\Delta\beta}{\Delta x} \tag{3}$$

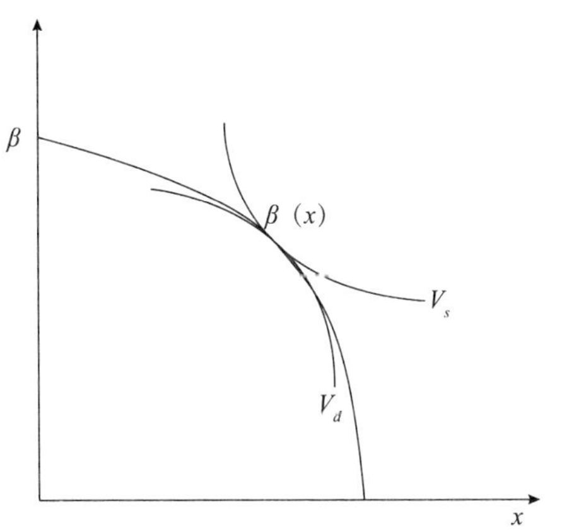

图 4　均衡的决定

式（3）表示风险收入和无风险收入的边际替代率，可以在一定程度上反映经济主体的风险偏好。在保持个体总效用水平不变的前提下，如果风险收入（可用 x 表示）增加 A 单位，个体所愿意放弃的无风险收入为 B 单位，且 B 远大于 A，则表明增加 A 单位风险性收入给个体带来的效用增量等于减少 B 单位无风险收入给其造成的效用损失，在 B 远大于 A 的情形下，数量较多的无风险收入与数量较少的风险性收入带来的效用水平变化的绝对值相等，表明个体对等量无风险收入的偏好低于等量的风险性收入的偏好，从而间接表明其喜好风险的特点。因此如果个体的风险厌恶程度越高，则其无差异曲线越平缓。

为分析方便，首先考虑极端情况。如果市民是风险中性偏好的，而合作社则极度厌恶风险，则均衡点将位于纵轴（如图 5a 所示），此时的均衡合约为固定“工资”合约[①]，即合作社只收取固定的费用（“工资”），市民承担全部的风险并享有全部的产出。类似地，如果市民极度厌恶风险而合作社是风险中性偏好的，则均衡点将位于横轴（如图 5b 所示），此时的均衡合约是固定租金合约，即合作社向市民支付固定的租金后享有全部的产出，然而这种情况只具有理论意义，现实中往往并不存在。在两个极端情况之外，更一般的情况如图 4 所示，此时的均衡是固定租金

① 此时，合作社相当于市民雇佣的“工人”，在为市民提供农业生产服务的同时收取固定的工资。

合约基础上的价格分成合约，即市民付给合作社单位土地以β的固定租金，然后双方以价格分成的方式分享土地产出的价值（交易价格与生产成本的差额部分由合作社获得，交易价格与市场价格的差额部分则由市民获得）。

由以上分析可以得出如下命题：

命题一：给定风险的存在，决策主体的风险偏好（对风险的喜好或厌恶程度）会影响合约形式的选择。

命题二：给定其他条件不变，最优合约是对风险偏好的最佳反应。极度厌恶风险的一方将选择能够给其带来稳定收入的合约形式（如固定工资合约、固定租金合约）以将收入风险降到最低；风险偏好相同或近似的合约双方将选择分成合约以共同分担风险。

合作社与市民之间的合约关系则更接近Stiglitz所分析的情况，只不过合作社成为Stiglitz分析中的“地主”。双方之间同样存在分成合约、固定工资合约和固定租金合约三种可选择的合约形式。因此前述对合作社与市民之间合约关系的考察同样可以用来分析合作社与社员（农户）之间的合约关系。在这一过程中，风险偏好仍然是影响合约形式选择的关键变量。

在合作社与农户之间的合约中，分散且以家庭为单位独立经营的农户往往比较厌恶风险，因而在与合作社的土地交易中，农户普遍选择将土地流转至合作社的土地流转合约，以获得较为稳定的租金收入。同时，农户与合作社的劳动合约中，厌恶风险的农户选择了固定工资合约，其目的同样在于降低自身所获收入的风险。

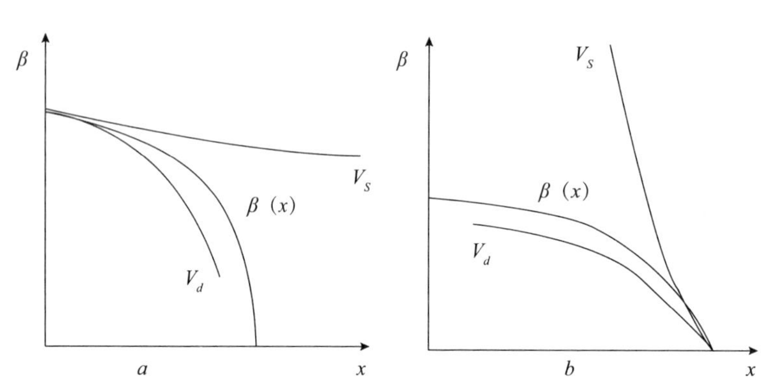

图5　不同风险偏好下的均衡

本节通过一般的经济学原理来分析合作社和市民所选择的土地托管合约的性质和可能存在的缔约结构。理论分析表明，托管制下的缔约结构与双方的风险偏好和实际存在的不确定性（风险分布）有关。在其他条件不变的情况下，个体越厌恶风险，越可能选择收益相对固定的合约形式，如固定租金合约（对地主而言）、固定工资合约（对工人或农户而言）。

4　风险分担与激励作用下的合约选择：命题一和命题二在案例中的验证

本节转向实际的案例研究以验证第三节的一般性分析，主要考察温江合作社和双流合作社的缔约结构，重点研究温江合作社，双流合作社研究将提供参照性意义。

实地调查发现，温江合作社的土地托管制是一种分成合约。更具体地说，是一种建立在固定租金基础上的价格分成合约。这是本文对温江合作社土地托管制的合约性质的基本判断。与温江合作社不同，双流合作社与客户的合约主要是商品价格合约。那么，温江合作社选择这样一种托管制的经济逻辑是什么？双流合作社选择商品价格合约的经济逻辑又是什么？更进一步地，究竟哪些因素决定了温江合作社在与市民交易中选择了上述合约安排？哪些因素决定了双流合作社在与客户的交易中选择了商品价格合约？

4.1　风险分担作用

农业生产较工业生产更易受到自然条件（气候、温度等）的约束（林光华，2013；黄宗智，2014；罗必良，2017；冯晓龙等，2017）。与工业的机械化、可复制程度高的生产特点相比，农业生产的生物特性以及自然作用的不可替代性更强化了自然条件对于农业的束缚。自然条件的变化具有随机性，随机就意味着风险（不确定性）①，自然风险的降低始终是农业生产的核心问题之一。给定风险的存在，使得理性经济主体的最优选择要实现风险的最优分担，即个体的风险偏好与风险分担比例的匹配。

双流合作社是由 80 多个社员共同建立的，发起人有一定社会声望，通过商业贸易方面积累了不少资金，有相当实力。他交际能力较强，通过私人关系建立等，获得了数百亩流转土地，每年向流转土地的承包户支付每亩 700~1000 元不等的租金。为壮大经营实力，他联合其他家境殷实或有交情的农户组建了合作社，主营蔬菜，拥有自己的品牌，制订产品标准，与成都市的中小学、政府机关食堂、社区超市建立了常年性定点销售的合约关系。为了稳住客户，双流合作社在产品质量上下功夫，坚持检测每单售货并向客户提供菜品质量信息。其实，这样的营销模式不仅双流合作社具备，其他合作社也有这种实力或潜力，双流合作社之所以能够拥有与机关食堂和中小学校食堂的常态化合约关系，取决于双流合作社特有的社会关系，它和政府的特有关系使其锁定了它的需求市场，这种由双流合作社和机关食堂、学校食堂的事前专用性的关系型投资决定的契约结构始终是稳定的和盈利的。调查发现，双流合作社和机关食堂、中小学校食堂所订合约是商品合约，这种合约对价格和数量均有规定，具体来说，要保证机关食堂和中小学食堂的足量的蔬菜供应，价格则要略低于市场的零售价格。在张五常的分析范式里，一般情况下，农业存在三种合约，即分成合约、工资合约和固定租金合约，但严格来说，这三种合约都是针对生产投入方即地主与雇员（或农场）就收益分配而采取的缔约结构。双流合作社与机关食堂和学校食堂的合约则主要是一种预期交易合约，具有某些“期货约定”的特征，它只是商品合约，这种合约只要对价格和交易量做出清晰厘定就可以了。显然，双流合作社只能占据成都蔬菜市场的一

① 严格讲，风险和不确定性具有不同的经济学含义，但在本文的分析语境下，将二者等同并不影响本文的分析逻辑。

部分，而不可能覆盖整个成都市，它的特殊之处在于这种商品合约的缔约当事人在事前的特殊的关系型投资。事实上，本文主要分析温江合作社所采取的托管合约，双流合作社只是本文分析的一个“参照”。

温江合作社的合约则要复杂得多。温江合作社主要涉及与两类主体的合约关系。其一是合作社与市民之间的土地托管合约。与普通农户相比，市民有更高且更为稳定的收入，可以通过资产多样化等多种形式分散风险，恩格尔系数（食物支出占消费总支出的比例）较小，这三个因素共同作用使得市民具备较强的应对风险能力；作为一种合作经济组织，合作社具备一定的资金实力，而且积累了大量从事农业生产的经验，在政策上也能得到政府部门针对合作社的专项补贴，因而具有一定程度的抗风险能力。合作社与市民风险偏好的相同或近似使得双方选择了固定租金基础上的价格分成合约：在市民向合作社支付租金 β 后，双方以价格分成的形式（分成比为 $\alpha/(1-\alpha)$）按比例分享交易盈余。租金 β 可以有两种解读：若双方风险偏好相同，租金（土地托管费）可以看作市民为获得土地使用权的一种纯粹的土地租金支出；若双方风险偏好不完全相同，则租金是对合作社承担风险的一种补偿（风险贴水），这部分租金可看作市民为获得合作社服务而支出的俱乐部费用，俱乐部费用的存在降低了合作社从事农业生产的资金需求、融资成本和资金风险[①]。可见，建立在固定租金基础上的价格分成合约实现了市民和合作社之间的风险共担。

其二为合作社与农户之间的“反租倒包”合约[②]。实地观察发现，合作社与社员之间存在两种合约：固定租金合约和固定工资合约。前者发生于农户（大部分成为合作社社员）与合作社的土地流转过程中，合作社以固定租金获得承包土地农户手中的土地经营权；后者发生于农户与合作社的雇佣关系中，合作社雇佣农户或社员从事托管土地的生产活动，合作社向农户或社员支付固定工资。如前所述，相对于一家一户的小农，合作社作为一种合作组织形式具有较强的抵抗风险的能力，以低收入为主的多个约束导致农户极度厌恶风险（仇焕广等，2014；叶明华等，2014）。因此，对于双方之间的土地流转合约，农户出于规避风险的考虑选择了固定租金合约；同样出于风险规避的考虑，农户在为合作社提供生产性服务时选择了固定工资合约。固定租金合约与固定工资合约的结合使得农户在农业生产中所需承担的风险降到最低。上述对温江合作社及其与市民和农户（社员）之间的合约关系的实地观察和分析与命题一和命题二吻合，即决策主体的风险偏好会影响其对合约形式的选择。

① 在本文看来，市民在交易发生前支付给合作社的土地托管费除具有“融资”功能外，还具有抵押品的作用。土地托管费作为一种抵押品可以约束市民的机会主义行为，进而促进合作社的专用性投资。

② 合作社与社员之间的合约类似“反租倒包”，所不同的是本文反租的主体是合作社而非村委会，但其运作模式和由村委会作为反租主体的反租倒包相同。

4.2 激励效应

根据前文的分析，如果市民风险中性而合作社厌恶风险，则当合约完全可执行时（即存在完全合同时），均衡合约将是固定工资合约，市民承担农业生产经营过程中全部的风险。然而，完全合同的假定在现实中难以实现，有限理性的存在使得合约不可避免地是不完全的（Williamson，1973，1979，2002）。从企业的产权理论看来，合约的这种不完全性主要来源于预见成本、缔约成本和证实成本（Hart，1995；Tirole，1999；Kvaly and Olsen，2009；Bolton and Faure-Grimaud，2010；Aghion and Holden，2011）。

考虑到合约的不完全性，市民与合作社之间的固定工资合约就存在天然的缺陷。一方面多数市民不具备从事农业生产的经验，对农业生产的相关信息掌握极为有限，难以对合作社的努力程度进行准确的测量和监督；另一方面，市民与合作社在空间上有一定距离，这也提高了市民的监督成本。经验、信息及空间距离的约束使得市民和合作社之间的固定工资合约严格劣于分成合约。本文认为，分成合约不仅具有风险分担效果，同时还有激励作用。通过价格分成合约，每生产一单位产出，合作社就能按合约规定的分成比例获得相应收益。托管合约将合作社“理性卸责”的激励降到最低（即具备激励相容性），使得合作社有足够积极性从事生产，同时发挥合作社在农业生产上的比较优势。

既然分成合约可以实现激励相容，那么温江合作社与社员之间为什么选择了固定工资合约而非分成合约呢？本文认为主要有三个原因。第一，作为独立的决策主体，合作社与单个农户一样，都有从事农业生产的经验。双方之间的信息不对称程度远低于市民和合作社之间的信息不对称程度，因此对合作社而言，监督和测算农户努力程度的成本相对较低。第二，合作社位于农村或与所经营土地距离较近，一定空间格局内的农村社会是典型的熟人社会。在熟人社会中，声誉机制对个体具有较强影响，好的声誉能够给个体带来持久且稳定的预期收入流，因此农户有较强的激励维持好的声誉。获取并维持好声誉的激励在一定程度上约束了农户的机会主义动机。上述两个层面分别从合作社和农户两个角度表明信息传递和声誉机制使得分成合约对农户的激励作用并不明显，但并不足以解释合作社与社员之间的固定工资合约为什么会被选择。在本文看来，最为关键的第三个原因仍在于农户的风险偏好。尽管城镇化的快速发展吸纳了大量的农村劳动力，但仍在从事农业生产的农户的收入依然远低于市民。收入约束是影响个体风险偏好的最重要的变量之一。较低的收入使得农户极度厌恶风险，对风险的厌恶程度远远超过了分成合约对农户的激励作用，因此固定工资合约作为最小化农户风险的合约安排被农户所选择。

在双流合作社的合约关系中，风险偏好同样是考察合约选择的关键变量。在合作社与食堂的合约关系中，由于学校和机关食堂对蔬菜需求的数量和结构相对固定①，因此需求价格弹

① 实际观察表明，食堂供应的饭菜种类相对固定，只有较小的、周期性的波动。

性小，这使得食堂的风险厌恶程度高于市民。在与合作社的缔约中食堂没有选择分成合约，主要原因在于分成合约既无法保证食堂获得稳定的蔬菜供给，又提高了食堂需要承担的风险。可以将食堂与合作社的合约看作商品价格合约，即食堂以事先预设的相对固定的商品价格购买合作社的产品和配送等服务，生产过程中的风险则全部由合作社承担（类似于农场或地主与雇农之间的合约，后者得到固定工资，则风险全由农场或地主承担，在经济含义上，本文可把此类商品价格合约看成是准固定工资合约①）。对于双流合作社与农户之间的合约而言，考虑到风险偏好的关键作用，合作社与社员之间涉及两种合约，即流转土地的固定租金合约和雇用劳动力的固定工资合约。

综上所述，在双流合作社的缔约结构中存在固定工资合约和固定租金合约两种合约形式。而在温江合作社运营过程中，固定租金合约、固定工资合约以及分成合约共同存在，组成了一个复杂但高效的合约体系，以土地托管制为表现的分成合约则处于这一体系的核心。给定决策主体风险偏好的不同和努力程度的不可观测性、不可证实性，使得最优合约的设计要实现风险承担与激励效应的权衡。这三种合约形式的同时出现，是对风险偏好和激励效应的最优反应，本质上则是交易成本节约的结果。

对两个合作社的实地观察表明，命题一和命题二与经验事实一致，证实了本文第三部分理论分析的结论。

5 合作盈余预期与终端市场锁定：命题一和命题二的拓展性含义

通过实地调查发现，两个合作社均通过锁定终端市场实现各自的利润②：双流合作社利用理事长与有关官员的私人或社会关系锁定成都市部分中小学和政府机关食堂，相当于垄断了这一部分市场的供给；温江合作社则以土地托管形式锁定了部分市民对绿色蔬菜的需求③。由此可见，能否获得稳定的终端市场对两个合作社的成功至关重要，本节即是对市场锁定的经济分析。

5.1 锁定产生的经济诱因

需求结构主要由收入决定。黄宗智、彭玉生（2007）和黄宗智（2010）敏锐地指出，人均收入提高引发需求结构变化，即由对产品数量的要求转变为对产品质量、安全等更高层次的要求，并将其称为“隐性的农业革命”。

双流和温江两个合作社对终端市场的锁定正是由“隐性的农业革命”所诱发和推动。从需求方而言，市民和学校、机关食堂对安全且

---

① 有必要强调，本文只是在经济含义层面上把此合约看成是准固定工资合约，但此合约并非真正的固定工资合约。为简便，下文称此类合约为准固定工资合约。

② 实地观察表明，双流合作社有质检设备，温江合作社有关于蔬菜品质的公证文件，质检和公证起到了信号发送的作用，供给方的主动信息披露使得生产过程更加透明化，同时赋予需求者更多的知情权，便于更好地锁定终端市场。

③ 为更好地锁定终端市场（市民），温江合作社还开展了以“中央厨房制”为核心的集休闲、观光、餐饮、住宿于一体的服务体系，市民可以前往村庄采摘蔬菜、自己动手做饭、租用民宿和享受田园风光。

优质农产品及其持续而稳定的供给有潜在需求；从供给方而言，合作社有获取稳定销路、培育稳定销售市场的需求。由此形成供求双方之间行动的互补性。为长期维持双方利益的互补性，通过合约设计将双方锁定在交易关系内便具有经济上的合理性。正是在这一含义上，作为分成合约的土地托管制被温江合作社和市民双方所选择，以政商关系为基础的交易合约为双流合作社和机关食堂所选择。

5.2 锁定程度的影响因素

锁定程度并非一成不变。实地观察发现，贸易半径和交易品自然属性是影响锁定程度的两个关键变量。

其一，贸易半径。隐性农业革命诱发的需求结构转型必须以供给结构的相应调整为前提，贸易半径则是决定供需结构能否匹配的重要变量。贸易半径是指供给方与潜在的市场之间的空间距离，会影响信息传递的效率。尽管技术进步使得信息传递速度日益摆脱空间距离的限制，但信息传递质量仍然受到空间的制约。给定其他条件不变，供给方发现市场、开拓市场并锁定市场的成本随着贸易半径提高而增加，相应地锁定终端市场的程度则随贸易半径提高而降低。本文分析的两个合作社均位于成都市近郊，贸易半径很小，锁定市场的成本较低。

其二，交易品自然属性。商品的自然属性决定其交易属性，进而影响合约选择及其稳定性。以西红柿和小米为例（邓宏图等，2017），西红柿易腐烂，小米可以储存很长时间，自然属性的差异使得前者的供给弹性更小。给定相应条件，小米生产者比西红柿生产者有更高的市场谈判力。将小米和西红柿抽象到一般，则有结论：产品越不易储存，其生产者的市场谈判能力越差。降低因自然属性导致的弱势谈判地位符合生产者的利益。锁定终端市场可以降低市场不确定性，提高生产者的谈判地位。因此，产品越不易储存，锁定市场的激励越强。

可见，“隐性的农业革命”引发了合作社与市民、学校和机关食堂的双向锁定，贸易半径与自然属性则共同影响经济主体锁定市场的能力和激励。给定其他条件不变，锁定市场的能力与贸易半径大小呈负相关，锁定市场的激励与产品的储存时间（自然属性）呈负相关。本文所分析的两个合作社均位于成都市郊区，贸易半径极小，且经营的产品均为不易储存的绿色蔬菜，贸易半径和自然属性的结合使得锁定终端市场成为两个合作社的理性选择。

5.3 锁定的经济学含义

前面分析了锁定产生的经济诱因及其影响因素，现在将对“锁定”本身进行分析。在本文看来，“锁定”被选择的背后蕴含着严谨的经济学逻辑。

首先，锁定意味着重复。一方面，根据无名氏定理，当参与人有足够耐心时，声誉机制得以发挥作用，重复博弈将引发双方的合作。在声誉机制下，决策主体愿意为了未来长期、稳定的收益放弃短期的机会主义行为。另一方面，锁定将交易双方的交易关系由单次交易转变为可重复性的交易，节约了单次交易中所需的信息搜寻、价格谈判等交易成本。

其次，锁定能够降低不确定性。在成功锁定市场后，经济主体可以由市场的需求反推生产过程，实现供给与需求的无偏对接，极大地降低甚至消除了销售上的不确定性。这意味着经济主体拥有稳定的销售渠道（终端市场），可以随产随销，以销定产，节约了为实现供需匹配所需的成本，同时也降低甚至取消了产品储存方面的支出。

除此之外，锁定能够激励对专用性资产的投资。Grossman 和 Hart（1986）指出，合约的不完全性将导致事前投资扭曲。然而在本文看来，该分析只适用于单次交易，一旦交易重复进行，声誉机制将约束交易双方的机会主义行为，提高专用性投资水平。

综上所述，对终端市场的锁定使得声誉机制得以发挥作用，进而降低销售的不确定性，提高专用性投资水平，进而提高未来交易的效率和预期收益。三者相互作用，共同维持交易关系的持续进行。

在本文看来，对终端市场的锁定与前述理论分析具有逻辑同构性。锁定本身并不改变两个命题的结论，相反恰恰强化了有关命题。命题一和命题二分析的是风险给定时，不同风险偏好对合约选择的影响，是交易双方在已经确立合约关系后对具体的合约形式的比较和选择。锁定则是合约关系的建立，先于具体合约形式的选择。只有在确立合约关系并选择适当的合约形式后，双方的交易关系才具备实际的效力。而且，对终端市场的锁定将交易双方纳入一种稳定的缔约环境中，降低了交易双方的缔约风险。显然，在其他条件不变时，经济主体倾向于选择不确定性程度更低的合约安排，因此锁定本身也是对风险（即缔约风险）的一种理性反应，从而是对命题一和命题二的一种拓展。上述分析表明，锁定与土地托管制存在着内在的联系。锁定的诱致因素一旦给定，则有助于锁定的合约形式自然会在双边交易中内生出来，温江合作社的土地托管制正是这样一种以锁定市场的形式实现供求双方风险共担、收益共享的合约安排。

6　两个合作社的比较制度分析

前述分析表明，决策主体的风险偏好是影响合约选择的关键变量。温江合作社与市民和农户的合约，以及双流合作社与机关食堂和农户的合约，均能够从风险偏好角度得到逻辑一致的解释。然而，两个合作社在锁定市场的模式方面则显著不同，由此引发二者在合约稳定性以及扩展性方面的差异。

为使对比更加清晰，表 1 罗列了两个合作社生产经营过程中所涉及的合约种类。如表 1 所示，在缔约结构中，两个合作社均有（准）固定工资合约和固定租金合约。此外，温江合作社与市民的交易由分成合约来完成，双流合作社与食堂的交易则由隐性合约作为保证。合约种类的不同源于锁定市场模式的差异。双流合作社通过理事长与政府官员的私人关系成功锁定成都市部分学校和政府机关食堂的需求，本文将其看作是合作社与政府官员之间的隐性合约①；温江合作社则以土地托管（即分成合约）形式锁定部分市民对蔬菜的需求。

需要特别说明的是，尽管双流合作社与食

① 隐性合约的存在表明双流合作社的缔约结构中内含隐性的政商关系，而且此类政商关系实际上是起作用的，有助于合作社锁定终端市场；温江合作社没有或至少没有明显的政商关系，或者说，在终端锁定方面，政商关系未起实质性或决定性作用。

堂的交易仍然是市场化的运作模式，但在这一过程中政治资本的“渗透”使得我们不得不关注政府部门（或政府官员）进入合作社缔约过程的现象。原因在于，尽管双流合作社完全可以通过与某些餐饮企业缔结合约来锁定市场需求进而获利，但笔者在实地调查中发现双流合作社在（合作）成员达到一定数量后便不再接受其他社员，其运作是封闭的。本文认为，这种人为的封闭性恰恰源于政治关联的有限性。与温江合作社相比，双流合作社更像政府的“后勤部门”，相对封闭，专为政府相关部门提供其所需要的绿色蔬菜。正如双流合作社负责人介绍的，他们并不想进一步扩大合作社的规模。这间接表明，一旦离开了相关政治资源的支持，合作社似乎无法进一步扩展到“外部”市场，这恰恰反映了当前部分合作社依托政治资源来获得专营权的“组织局限性”。本文无意于将双流模式上升为一般情况，但在当前“假合作社”“空壳合作社”存在的情况下，类似于双流合作社所引发的政商关系却不能轻易忽视。尽管双流合作社并非“假合作社”，但其所附带的行政色彩以及相对封闭化的运作模式则间接表明政治资本的特殊性。这种特殊性主要体现在合约的稳定性以及合约的扩展性两个层面。

表 1　两个合作社合约种类的比较

	固定工资合约	固定租金合约	分成合约	隐性合约
温江合作社	√	√	√	—
双流合作社	√	√	—	√

合约的稳定性。实地观察表明，两个合作社锁定终端市场的模式存在差异，锁定模式的不同直接影响合约的稳定性。具体而言，双流合作社与食堂之间合约的稳定性直接受到与其有关的政府官员职务变动的影响。政府官员职务的变动不以合作社的意志为转移，因此对于合作社而言属于不可控的外生因素，这种不确定性使得合作社与食堂之间的合约存在潜在不稳定性①。一旦官员职务发生变动，原有的私人关系对维系合作社与食堂之间的合约不再发挥作用，合作社不得不重新寻找终端市场。与双流合作社形成鲜明对照，温江合作社并不依靠政商关系，而是以市场化的土地托管制锁定终端市场，其对终端市场的锁定建立在严格的经济逻辑基础上，只要不发生大的变动（例如需求结构的急速调整），其终端市场就是稳定的，合作社与市民之间的合约关系也是稳定的。

合约的扩展性（可复制性）。合约的稳定性指既有合约关系的维持，而合约的扩展性则指新的合约关系的建立。双流合作社与食堂的交易是建立在人格化色彩甚浓的私人关系基础上的经济交易而非单纯的非人格化的经济交易，温江合作社与市民的交易则建立在纯粹的非人格化的经济交易的基础上。私人关系的扩展能力具有一定的限度，超过此临界值后私人关系不再起作用。因此对于双流合作社而言，其对终端市场的锁定有一个最大值。给定其他条件不变，当达到这一限度后合作社不再能够利用与政府官员的私人关系将合约结构扩展到其他

① 这种不稳定性受权力周期的影响，但未必一定会发生。尽管合作社的理事长可以通过一定的策略降低甚至消除这种不稳定性，然而，一方面本文的实地观察表明，双流合作社的理事长并没有考虑到这种不稳定性；另一方面，严谨的理论分析要求将这一不稳定性考虑在内。

终端市场。温江合作社以土地托管制为核心，没有政治资本的参与，因而可以依照严格的经济逻辑将合约关系不断扩展到其他的（市民）群体，理论上在锁定终端市场所需付出的平均成本不变的条件下，合作社可以将其合约关系扩展到所有成都市民①。

通过对两个合作社的比较分析发现，尽管二者均取得了成功，但两个合作社在合约关系的稳定性和扩展性层面存在显著差异。温江合作社比双流合作社具有更大概率获取更大的潜在市场空间。导致预期盈利能力差异的关键即在于土地托管制。以土地托管制为核心的分成合约实现了交易双方的风险共担和激励相容，从而确保了温江合作社的成功。

7 结语

本文从分成合约的视角详细考察了土地托管制，认为温江合作社的土地托管制是建立在固定租金合约基础上的价格分成合约。理论分析表明，合约选择的经济逻辑在于个体的风险偏好和激励效应，最优合约是对风险偏好和激励效应的最佳反应，在本质上则是对交易成本的节约。对双流合作社和温江合作社的比较制度研究发现，针对农户和终端需求者，双流合作社既采用了固定租金合约，也选择了准固定工资合约，而温江合作社则同时采用了固定租金合约、固定工资合约和分成合约。两个合作社所选合约形式的不同主要源于交易各方对风险偏好的差异，实际案例与理论分析的命题吻合。

双流合作社和温江合作社的成功均在于通过某类特定合约有效锁定了终端市场。本文就锁定终端市场的经济诱因、锁定程度的影响因素以及锁定的经济含义进行了分析。研究表明，“隐性农业革命”诱发了对终端市场的锁定，贸易半径和自然属性是影响锁定程度的关键变量。与此同时，不确定性程度的降低、专用性投资水平的提高是锁定带来的经济结果，并反过来强化了合作社对终端市场的进一步锁定。同样是锁定市场，与此相关的合约亦有不同。具有稳定性和扩展性的缔约结构会增强经济主体将潜在盈利转化为现实收益的能力。

近年来，土地规模化经营、新型城镇化的发展表明中国农业进入新的发展阶段，也预示着中国农业正经历深刻的结构性变化。需要指出的是，多种组织形态的并存和演变是转型期中国特有的经济现象，因此对不同组织形式、合约选择等的经验观察和理论研究有助于对现有理论进行检验、发展和创新。随着科技等的不断发展，中国农业生产将逐渐由劳动密集型向资本密集、技术密集转化，组织的作用不断加强，供给侧结构性改革、历年的中央一号文件等更是从政策层面表明了资本、技术尤其是组织在我国农业现代化以及乡村振兴战略中的突出作用，这意味着要进行相应的产权改革、组织创新和制度变革，以适应新时代我国农业新的变化。

① 先后于 2017 年 1 月和 7 月到成都市双流合作社、温江合作社调研。为了厘清合同细节，还通过电话问询的方式与上述两个合作社的理事长保持联系。双流合作社理事长表示，合作社目前有一百几十个社员，不会增加社员了，也没有扩大生产经营规模的打算，对现状非常满意。相反，温江合作社理事长一直在考虑扩大经营规模，让更多的市民参与到托管合约中来。温江合作社理事长表示还有很大的市场空间，要做出品牌，让更多成都市民吃上放心菜，享受休闲农业带来的福利。

参考文献

[1] Aghion , Holden R. Incomplete Contracts and the Theory of the Firm: What Have We Learned over the Past 25 Years? [J]. The Journal of Economic Perspectives, 2011, 25 (2): 181-197.

[2] Bolton P. Faure-Grimaud A. Satisficing Contracts [J]. The Review of Economic Studies, 2010, 77 (3): 937-971.

[3] Cheung S. N. S. Transaction Costs, Risk Aversion, and the Choice of Contractual Arrangements [J]. Uncertainty in Ecomorrics, 1978, 12 (1): 379-399.

[4] Grossman S, Hart O. The Costs and Benefits of Ownership: A Theory of Vertical and Lateral Integration [J]. Journal of Political Economy, 1986, 94 (4): 691-719.

[5] Hart O. Firm, Contract and Financial Structure, New York: Oxford University Press, 1995.

[6] Kvalpy O, Olsen T. E. Endogenous Verifiability and Relational Contracting [J]. The American Economic Review, 2009, 99 (5): 2193-2208.

[7] Stiglitz J. E. Incentives and Risk Sharing in Sharecropping [J]. The Review of Economic Studies, 1974, 41 (2): 219-255.

[8] Tirole J. Incomplete Contracts : Where Do We Stand ? [J]. Econometrica, 1999, 67 (4): 741-781.

[9] Williamson O. Markets and Hierarchies: Some Elementary Considerations [J]. The American Economic Review, 1973, 63 (2): 316-325.

[10] Williamson O. Transaction-Cost Economics: The Governance of Contractual Relations [J]. Journal of Law and Economics, 1979, 22 (2): 233-261.

[11] Williamson O. The Theory of the Firm as Governance Structure: From Choice to Contract [J]. The Journal of Economic Perspectives, 2002, 16 (3): 171-195.

[12] 仇焕广，栾昊，李瑾，等．风险规避对农户化肥过量施用行为的影响 [J]. 中国农村经济，2014 (3)：85-96.

[13] 陈义媛．土地托管的实践与组织困境：对农业社会化服务体系构建的思考 [J]. 南京农业大学学报（社会科学版），2017，17 (6)：120-130+165-166.

[14] 崔宝玉，谢煜．农民专业合作社："双重控制"机制及其治理效应 [J]. 农业经济问题，2014 (6)：60-67+111-112.

[15] 邓宏图，王巍，韩婷．转型期农业合作社的现实与逻辑：来自山东寿光的经验观察 [J]. 中国农村经济，2014 (7)：27-38.

[16] 邓宏图，马太超，徐宝亮．理性的合作与理性的不合作——山西省榆社县两个合作社不同命运的政治经济学透视 [J]. 中国农村观察，2017 (4)：2-16.

[17] 冯晓龙，刘明月，霍学喜，等．农户气候变化适应性决策对农业产出的影响效应——以陕西苹果种植户为例 [J]. 中国农村经济，2017 (3)：31-45.

[18] 郭晓鸣，廖祖君．公司领办型合作社的形成机理与制度特征——以四川省邛崃市金利猪业合作社为例 [J]. 中国农村观察，2010 (5)：48-55+84.

[19] 衡霞，程世云．农地流转中的农民权益保障研究——以土地托管组织为例 [J]. 农村经济，2014 (2)：66-70.

[20] 黄宗智，彭玉生．三大历史性变迁的交汇与中国小规模农业的前景 [J]. 中国社会科学，2007 (4)：74-88+205-206.

[21] 黄宗智．中国的隐性农业革命 [M]. 北京：法律出版社，2010.

[22] 黄宗智．"家庭农场"是中国农业的发展出路吗？[J]. 开放时代，2014 (2)：176-194+9.

[23] 黄祖辉，扶玉枝，徐旭初．农民专业合作社的效率及其影响因素分析 [J]. 中国农村经济，2011 (7)：4-13+62.

[24] 黄祖辉，朋文欢．农民合作社的生产技术效

率评析及其相关讨论——来自安徽砀山县 5 镇（乡）果农的证据［J］. 农业技术经济，2016（8）：4-14.

［25］林光华 . 农户收入风险与预防性储蓄——基于江苏农户调查数据的分析［J］. 中国农村经济，2013（1）：55-66.

［26］李登旺，王颖 . 土地托管：农民专业合作社的经营方式创新及动因分析——以山东省嘉祥县为例［J］. 农村经济，2013（8）：37-41.

［27］罗必良 . 论服务规模经营——从纵向分工到横向分工及连片专业化［J］. 中国农村经济，2017（11）：2-16.

［28］刘强崇 . 浅析土地托管的作用、存在问题及对策［J］. 现代农业，2017（11）：48-49.

［29］聂辉华 . 最优农业契约与中国农业产业化模式［J］. 经济学（季刊），2012，12（1）：313-330.

［30］孙亚范，余海鹏 . 农民专业合作社成员合作意愿及影响因素分析［J］. 中国农村经济，2012（6）：48-58+71.

［31］孙晓燕，苏昕 . 土地托管、总收益与种粮意愿——兼业农户粮食增效与务工增收视角［J］. 农业经济问题，2012，33（8）：102-108+112.

［32］孙新华 . 村社主导、农民组织化与农业服务规模化——基于土地托管和联耕联种实践的分析［J］. 南京农业大学学报（社会科学版），2017，17（6）：131-140+166.

［33］苑鹏 . 对公司领办的农民专业合作社的探讨——以北京圣泽林梨专业合作社为例［J］. 管理世界，2008（7）：62-69.

［34］苑鹏 ."公司+合作社+农户"下的四种农业产业化经营模式探析——从农户福利改善的视角［J］. 中国农村经济，2013（4）：71-78.

［35］叶明华，汪荣明，吴苹 . 风险认知、保险意识与农户的风险承担能力——基于苏、皖、川 3 省 1554 户农户的问卷调查［J］. 中国农村观察，2014（6）：37-48+95.

［36］周立群，曹利群 . 农村经济组织形态的演变与创新——山东省莱阳市农业产业化调查报告［J］. 经济研究，2001（1）：69-75+83-94.

［37］张晓山 . 农民专业合作社的发展趋势探析［J］. 管理世界，2009（5）：9-96.

［38］周春芳，包宗顺 . 农民专业合作社产权结构实证研究——以江苏省为例［J］. 西北农林科技大学学报（社会科学版），2010，10（6）：14-18+23.

［39］张新喜，湾晓霞 . 周口市农村土地托管现状及发展建议［J］. 现代农业科技，2015（1）：348-349.

［40］张红宇 . 我国农民合作社的发展方向［J］. 农村工作通讯，2016（19）：16-19.

论文执行编辑： 皮建才

论文接收日期： 2020 年 1 月 6 日

作者简介：

邓宏图（1966—），广州大学经济与统计学院教授，博士生导师，广州大学新结构经济学研究中心主任。主要研究领域为合同理论、农业经济学、新结构经济学、比较制度分析（经济史的结构与变迁）。

马太超（1992—）（通讯作者），中国社会科学院人口与劳动经济研究所国资博士后。主要研究领域为农业经济学、发展经济学。E-mail：taichaomadfdx@foxmail.com。

Trusteeship of Land, Market Locking-in and Contract Selection

—A Comparative Institutional Analysis about Two Cooperatives from Chengdu, Sichuan Province

Hongtu Deng[1,2]　Taichao Ma[3]

(1. Center of New Structural Economics, Guangzhou University, CONSE-GU, Guangzhou, China

2. School of Economics and Statistics, Guangzhou University, SOES-GU, Guangzhou, China

3. The Institute of Population and Labor Economics, Chinese Academy of Social Sciences, IPLE-CASS, Beijing, China)

Abstract: In order to deeply understand the contract selection process, based on the case studies obtained, a theoretical model is constructed to make a theoretical judgment on the contractual nature of the trusteeship of land. From the two dimensions of risk sharing and incentive effect, the case study describes the economic logic of different contract forms (fixed rent contract fixed wage contralt, and sharecropping contract). Field observations indicate that the success of both cooperatives lies in the locking of the terminal market. So in the analysis, the economic reasons, the influencing factors and the economic meanings of locking, as well as the internal relationship between the trusteeship of land and the locking of market, have been logically explained. The comparative study shows that there are significant differences in contract stability and contract expandability between the two cooperatives, which leads to differences in their ability to convert potential profits into real benefits.

Key Words: Trusteeship of Land; Sharecropping Contract; Locking-in of Terminal Market, Contract Selection; Comparative Institutional Analysis

JEL Classification: Q13, Q15

"互联网+"检查诊断平台：医疗资源配置结构性改革的路径
——基于北京市某医联体龙头医院改革的个案研究*

□ 梁金凤　陈　巍　吴家锋　刘　瑶

摘　要：现阶段我国医疗资源配置存在充裕与紧缺并存的结构性矛盾，亟须有效手段进行结构性改革并探索改革路径。基于北京市某医联体龙头医院利用互联网+技术搭建区域检查诊断平台和慢病管理系统，对其在医疗资源共享、推进分级诊疗等方面的成效进行观测，在此基础上，利用卫生经济学原理，对医疗资源供给与消费上存在的大规模与个性化并存的特点进行分析，并对上述平台及系统对于医疗学科共建和区域性人口健康大数据库建设等的推进效果进行检测。研究发现，利用互联网+技术建立检查诊断平台及相关体系，可调整区域内医疗资源结构性配置效率，为未来利用人工智能对健康大数据进行价值挖掘、智慧资源配置打下基础，对深化医疗系统供给侧改革的操作方案与路径设计具有一定的借鉴与启发意义。

关键词：医疗资源配置；"互联网+"检查诊断平台；医联体；分级诊疗；人工智能

JEL 分类：I18

1　研究背景：我国卫生资源的配置存在结构性矛盾

现阶段我国卫生资源的配置存在充裕与紧缺并存的结构性矛盾。有学者运用 Gini 系数、泰尔指数、变异系数、Malmquist 指数法和 Tobit 模型等定量分析了我国医疗资源配置现状（钱旦敏、张远鹏，2017），结果发现我国卫生资源空间配置量不均、效率利用不足的结构性失衡使人民群众就医需求长期得不到有效满足。这种结构性矛盾在空间上呈现"倒三角"式分布，体现在地域、城乡、医疗机构三个层面（李慧君、张建华，2013）。首先是国家地域层面，同经济发展水平相似，我国优质的医疗机构、

* 本文获得北京市社会科学基金项目"基于'互联网+'背景下的区域性医疗检查平台的构建对分级诊疗的影响"（17SRA003）资助。

医疗硬件配置、医疗人力资源集中在东、中部地区，经济发达区域的高于经济落后区域的。其次，在我国城乡二元结构和城市倾向的资源配置体制影响下，医疗资源配置也呈现“二元”特征，优质的医疗资源主要集中于城市（徐婷婷、杨若愚，2019）。另外，从医疗机构层面分析，不同级别医疗机构的资源配置亦不均衡。以北京市为例，有研究显示2011~2016年北京市的医院床位总数上涨25.60%，而基层医疗卫生机构床位总数却下降0.13%，说明北京市医院总体资源配置在不断完善，但基层医疗机构资源配置却出现倒退的现象（齐力、王静，2018）。

我国医疗资源配置失衡现象的原因有历史因素，也存在分级诊疗管理政策与资源配置价值导向不匹配的因素。现阶段是“按支付能力分配为主、按需（医方判断为导向的）分配为辅、平等分配逐渐显能”的分配格局。近年来，政府逐渐实行基本保险全民覆盖、基本卫生服务均等化、大病再保险等一系列新政，增强公共卫生服务的公益性。党的十九大以后，健康中国战略正式明确了我国医疗卫生工作的核心价值回归到“以人为本”和“健康至上”，以提高全民健康水平为目标，以农村和基层为重点，推动健康领域基本公共服务均等化，维护基本医疗卫生服务的公益性，逐步缩小城乡、地区、人群之间基本健康服务和健康水平的差异，实现全民健康覆盖，促进社会公平（巇怡，2019）。在这一战略背景下，我国目前卫生资源的投入与利用效率亟须进行结构性改革。结合卫生经济学的基本原理（富兰德等，2011），本文选择北京某三甲医院作为实证对象，通过搭建互联网+检查诊断平台，作为医疗资源配置结构性改革的重要路径，促进医联体区域内优质医疗资源共享，带动更大区域内医疗联动，为推动医疗公共服务的均等化讲好北京故事。

2 医疗资源配置结构性改革的国内外探索

2.1 国外“互联网+医疗健康”的改革实践

近年，在数字化浪潮的大趋势下，各行各业都在积极把最前沿的信息技术引入到传统产业体系中，其中重要的应用就是“互联网+医疗健康”。英国苏格兰地区建立的区域内共享影像归档和医疗信息的系统，是覆盖整个苏格兰地区的医疗信息管理系统，存储和管理所有病人的医疗信息数据，实现各类诊疗信息共享，在提供高效率、高质量临床诊疗服务的同时节约了医疗费用（贺天忠、鲁定元，2009）。2000年，加拿大成立了名为Infoway的机构以推动国家以及区域卫生信息网的建设。Infoway宣布计划建立全国性的电子健康档案系统、药品信息系统、实验室信息系统、系统影像系统、公共卫生信息系统和区域医疗系统；建立用户、医疗服务机构的统一识别系统以及基础架构和标准的研究，并在2009年为50%的加拿大人建立电子健康档案，计划2020年覆盖到全部人口（徐健，2018）。日本2002年推出IPv6商用服务，2007年启动了“新一代网络NWGN（New Generation Network）”国家重大项目。在医院信息化应用方面，IPv6技术主要用于电子病历共享和远程医疗（病理诊断、手术指导、会诊）等方面。如在十胜地区建立起基于IPv 6的远程医疗系统，为地方医院、大学附属医院甚至一般家庭提供医疗支援、远程手术指导、远程会诊以及家庭监护等服务。美国奥巴马政府 2009 年 HITECH 法案推动健康信息技术发展，又通过积极推动“智慧地球”，将物联网计划确定为国家战略，在医疗、宽带与能源三大领域开展物联网技术的应用（张之沧、闫国年，2015）。

2.2 我国医疗资源配置结构性改革的顶层制度设计

2015 年 12 月 18 日中央经济工作会议作出“供给侧结构性改革”的重要部署，强调减少无效和低端供给，扩大有效和中高端供给，促进要素流动和优化配置，从而实现高水平的供需平衡。党中央、国务院先后颁布《关于城镇医疗卫生体制改革的指导意见》《关于印发全国医疗卫生服务体系规划纲要（2015~2020 年）的通知》等纲领性文件。

上述改革思路为我国医疗系统供给侧结构性改革指明了方向：第一，医疗资源配置的结构性改革是医疗供给侧结构性改革的主要内容；第二，医疗资源配置结构性改革的重点要素包括增加供给有效量、调整供给结构均衡、提高供给使用效率三个方面，从而实现医疗资源合理配置。

在国家政策的引导下，近年来各地陆续出台对上述重点三要素的改革措施。例如北京市陆续启动以大型三级综合性医院为龙头，二级医院和社区卫生服务中心为协同的区域性医联体建设，并在医联体内实行双向转诊绿色通道、专科对口帮扶、远程会诊等模式。不断增加医护人才队伍培养力度，扩大医务人员规模。创新卫生人力资源共享机制，建立多点执业、有效引导优质医生资源向基层下沉。实行医药分开、医耗联动综合改革，取消药品耗材加成、降低大型仪器检查费、提高能体现医务人员劳动价值的医疗服务收费（周明华、谭红，2020）。在政策制度层面对医疗供方市场实施准入机制、价格机制、竞争机制以及创新机制的结构性改革，是对资源配置的存量、结构和使用效率三大重点要素结构障碍的逐个击破。

2.3 我国“互联网+”在医疗健康领域的应用发展

在我国，2015 年《国务院关于积极推进“互联网+”行动的指导意见》提出“健康中国云”计划，指出建立医疗信息共享服务平台，利用移动互联网实现基础医疗服务，充分利用互联网、大数据等手段推动便民惠民服务，成为“互联网+”在医疗领域具体的实践指导。2017 年人工智能技术在我国正式拉开应用序幕，目前医疗领域的应用包括机器人流程自动化、个性化就医、影像学诊断、电子病历挖掘、远程医疗、精准医疗等。2018 年 4 月国务院办公厅出台了《关于促进“互联网+医疗健康”发展的意见》鼓励医疗服务产业向信息化方向发展。

国内互联网巨头先后发布人工智能医疗产品，腾讯发布“腾讯觅影”，利用人工智能医学影像技术进行早期食管癌辅助筛查；阿里健康、万里云发布医疗人工智能系统“Doctor You”，半小时内阅览九千张 CT 影像；百度研究院发布“神经条件随机场”人工智能算法，对肿瘤病理切片的检测准确率甚至超过专业病理医生。用前沿信息技术实现医疗劳动力资源的可替代、可超越，节省人力，优化医疗资源，而且大大提高了医疗供给侧的服务效率和技术水平。

在政策支持下，5G 发展背景下互联网、云计算支撑的大数据快速发展，并渗透到医疗服务行业的各个领域，其优势在于信息共享技术使区域内医疗机构的硬件资源共享成为了可能，避免患者在不同医院就诊时不必要的重复检查和治疗，实现区域医疗机构内的医疗资源互联互通，可形成区域性医疗大数据平台架构，为人工智能技术实现区域性智慧医疗提供了前所未有的基础。这无疑会为我国医疗服务供给侧，尤其是对资源配置的供给量、结构以及利用效率带来革新性的改变。

3 "互联网+"在医疗资源配置结构性改革的应用：个案分析

3.1 案例选择

案例研究的目的是形成理论（Eisenhardt, 1989；王凤彬等，2019），因此，所选取的案例应当具有典型性和启发性。根据"理论抽样"原则（Eisenhardt, 1989），选取北京市某三甲医院作为研究对象，原因如下：①研究的典型性。一方面北京医疗对区域性的辐射范围广、影响效果深。2013 年国家卫计委发布的数据表明，当年外地来北京市就医的流动人口日均达到 70 万人，是名副其实的"全国看病中心"。另一方面，大医院的龙头作用将很大程度上决定区域医联体的协作是否成功（孔晓琳、施从先，2019）。本文研究案例是基于北京某三级甲等综合性医院，是集医、教、研、防为一体的区域医联体内的龙头与核心医院，临床专科齐全，在此情境下，研究北京某医联体龙头医院的改革样本更具典型性。②研究的新奇性。近年来，北京不断改进医疗保险政策促进医疗资源均衡配置，先后出台了《北京市人民政府办公厅关于进一步推进基层医疗卫生机构综合改革的若干意见》（京政办发〔2013〕66 号）、《北京市社区卫生服务提升工程实施方案（2016—2020 年）》（京卫基层〔2016〕21 号）、《北京市分级诊疗制度建设 2016—2017 年度的重点任务》（京卫医〔2016〕113 号）、《医药分开综合改革实施方案》（京政发〔2017〕11 号）（以下简称"医药分开改革"）、《北京医耗联动综合改革实施方案》（京政办发〔2018〕50 号）等一系列具有鲜明地方特色的医改方案，增强了基本医疗卫生服务的公益性。与全国绝大部分地区选择调整财政补偿比例推动医改落地不同，北京医改政策聚焦于"价格"，通过取消药品加成、设立医事服务费和调整医疗服务价格同时实施，取得了良好效果。依据梁亮亮（2019）对"医药分开改革"的研究，发现改革 1 个月后，北京市药费和药占比呈下降趋势，大医院人满为患的长期战时状态松动，基层卫生服务的作用逐渐发挥，符合分级诊疗制度的导向（吴勤德，2020）。北京地区以"医药分开"和"医耗联动"为撬点并聚焦于价格的医改政策背景对本案例的研究具有新奇性特征。③研究资料的可得性。学术界和医院实践者普遍认可，医联体、分级诊疗在提升我国资源配置效率上有正向影响，但缺乏检验实证研究。笔者长期在三甲医院从事医疗管理的实践工作，负责龙头医院医联体平台的设计与实施，为开展深度的纵向单案例研究提供了便利。

3.2 医院情况介绍

该医院是北京市一家集医疗、教学、科研、预防为一体的综合性三级甲等医院，分为两个院区，设 59 个临床和医技科室，总床位 1900

张，年门急诊量约 380 万人次，年收治住院病人 8.9 万余人次，手术约 3.4 万例次。医院拥有包括 1.5T 和 3.0T 磁共振成像系统、PET-CT、超高端双源 CT、全数字直线加速器、数字减影血管造影 X 线机、数字化彩色超声波诊断仪、平板数字胃肠造影机、全自动生化流水线等多种大型先进的医疗检查设备。

2012 年 11 月 7 日，该医院成立医疗联盟，是北京市医院管理局 2012 年推行分级诊疗模式以来的首个试点（宋志清、柴冬丽，2017）。医院学科技术优势突出，拥有一个国家级重点学科和 8 个国家临床重点专科，10 个国家或北京市级的诊疗及临床质控中心，7 个临床研究基地或研究所等机构，学科和专科特色在北京乃至全国皆具有影响力。近年来，该院先后承担国家科技攻关项目、863 计划、973 计划、科技部重大专项、国际合作重点项目、国家自然科学基金、国家 SARS 防治紧急科技行动项目、卫生部等各级科研项目及课题，年均获得各类科研经费五千余万元，获得国家级、省部级等各级奖项共计 40 余项，同时承办了 4 个医学专业核心期刊。

该院的医疗资源配置、医疗服务能力和医学科研实力，促使该院成为所在区域医联体内的龙头与核心医疗单位，开展具有较高难度的医疗技术，承担疑难复杂危重疾病的诊疗，并对所有下级医疗机构进行业务指导。核心医院引导医疗联盟分级功能，使医联体按照既定的整体运营模式，最大限度地利用联盟成员的医疗技术力量、医疗设备条件，充分发挥医疗资源的共享作用，引导患者分级有序就诊。

该区域医联体内还有 1 所非核心三甲医院、2 所二级医院和 6 家一级医院或社区卫生服务中心。非核心三甲医院和二级医院，开展常规诊疗技术，承担一般疑难复杂疾病、常见病多发病的诊疗；社区医院主要承担基本的诊断检查、常见病多发病的治疗，以及慢病管理和康复治疗等任务。

3.3 实证研究设计

（1）研究目的：通过在龙头医院搭建大数据医疗数据共享平台，提升医联体医疗资源配置效率，推动医疗公共服务质量提升。

（2）研究思路：三级甲等医院如何外延自身优质资源，如何在提高自身诊疗水平和效率的同时帮助下级医疗机构，如何实现对患者的全流程健康医疗服务，利用互联网进行远程医疗是一个选择的手段，目前国内已有多种实践和探索，但是必须采用全新的模式来开展远程医疗，减少医疗资源重复配置带来的浪费。北京市某大型三级医院为龙头的医联体率先开展探索实践，通过互联网、云计算信息技术，搭建医联体内"互联网+检查诊断"平台（见图 1），推进远程诊断体系建设，实现医疗资源共享、结果互通、技术互扶。

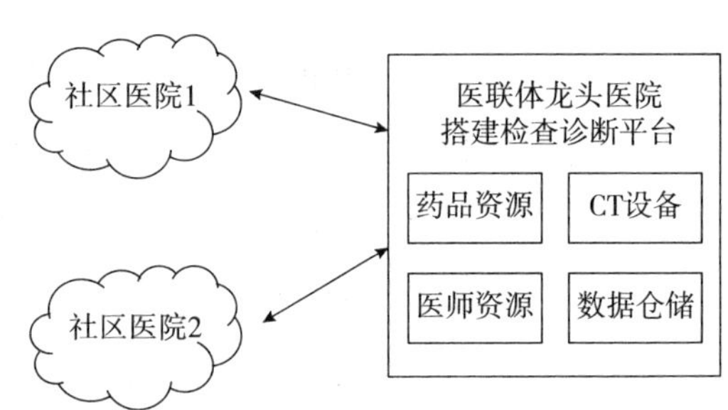

图 1 医联体内互联网+检查诊断平台

（3）具体做法：

①设置标准。据何思长和刘志会（2016）的研究划分标准，该医院医联体属于半紧密型医联体。医疗机构资产所属关系不变，龙头医

院与各医疗机构签订经营管理合同，负责被托管方的运营管理（何思长、刘志会，2016）。鉴于龙头医院与不同医疗机构主体之间的信息化系统标准不统一，尤其是基层医院积累了数量庞大的非标准化数据，对海量数据的挖掘和统计分析，工作量非常大、对技术要求也很高，要实现医联体平台的互联互通与数据共享，首要解决的是标准化各医院的数据，保证处理异构系统与数据时达到同质化与一致性要求（彭欣元、周焕，2016）。医疗信息标准通常包含三个维度：标准体系与标准化指南（如 HL7、CDA）、术语标准（如西医中医诊断手术 ICD 等）、信息模型标准（DICOM 或规范化文档等）。

②建立平台。利用“互联网+”和人工智能等技术结合，对患者就医需求进行智能匹配，基于分级诊疗机制推荐最优医院、科室和医生，减少患者奔波或排队等候时间，提高患者就医体验。通过信息共享优化医疗和人力资源配置，补齐基层医疗机构短板，实现在存量医疗资源不变的基础上，放大医疗资源效能，为政府节省了财政支出，实现医患双赢。通过远程诊断体系、慢病管理体系和学科共建体系，形成以医联体龙头医院为中心的互联网生态圈，对医联体向紧密型方向发展起到了极好的示范效果。建设以医联体龙头医院为核心的互联网+检查诊断平台和相关配套体系，可有效促进医联体区域内优质医疗资源共享，放大分级诊疗优势，加强区域内医疗联动，为人工智能对区域性健康大数据库价值的挖掘和共享扫除障碍，为构建区域性智慧资源配置蓝图打下基础，为医疗资源配置结构性改革提供了可操作性的方案借鉴。

③数据处理。大数据采集与清洗。将检查检验数据、诊疗数据、体检数据、互联网舆情数据、物联网数据以及 App 等多个渠道的原始数据，通过结构化与半结构化的数据抽取与清洗，经过回归分析与数据模型进行归约化，利用神经网络贝叶斯转换等深度学习与策略搜索算法，产生可用于管理分析与决策的多维度衍生数据。

多维数据仓库。通过索引分级和 Hadoop 分布式存储技术，将检查、化验、超声、放射影像、病理、病程等诊疗信息和区域性人口健康数据叠加，产生名副其实的医疗健康大数据（徐峰、戚桂杰，2012）。面向患者会形成健康管理视图（患者信息数据库：身份信息数据、基本生理参数、诊疗数据、体检数据等）；面向医生形成诊疗视图（医疗资源配置数据库：床位分布数据、医师执业分布数据、按病种诊治优势分布数据、大型仪器设备使用数据等）；面向医院行政职能部门形成业务流程视图（医疗机构运营时序数据库：服务量、手术量、CMI、次均费用、人次人头比、病种手术成功率、药占比、双向转诊等医院运营数据等）；面向各级医院管理与决策者形成管理视图（衍生数据库：医师评价、患者就诊满意度、停车场车位信息、医疗机构路况等）。区域性系统化数据库的建立，可为优化医联体内医疗资源分配提供客观科学依据，为紧密型医联体的建设提供核心管理数据支持，并为将来采用人工智能、数理统计等方法手段对数据进行处理分析，进而为医疗资源智能、科学化配置提供有力支撑（见图 2）。

基于平台的远程应用系统。随着互联网+检查诊断平台的运行和医联体内业务一体化不断成熟，由点成线、由线成面，累积形成医疗联盟区域内的诊疗数据仓库和人口健康数据。

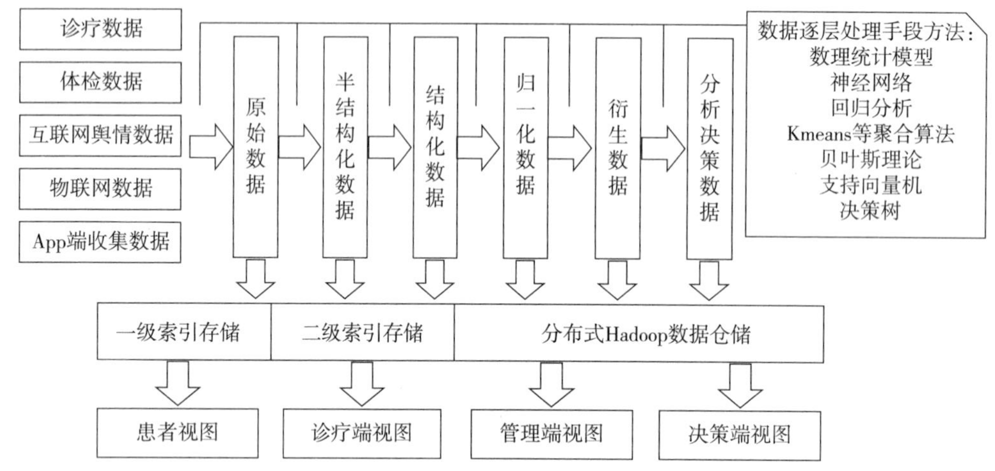

图2 区域性健康大数据库

根据平台和配套体系以及数据标准化集中化的成果，该医院基于互联网、全息无损诊断级远程医疗技术，建设了配套的远程诊疗应用系统。采用多点交互、统一资源调度平台和具有低延迟、高分辨（从1080P至4K高清）的视频传输设备，利用Internet网络和5G通信网络连通医院本部和外部医疗机构，建设远程检查诊断平台，包含电生理、影像、超声等医技平台和会诊平台等。通过远程会诊、远程影像、会诊资料录制、远程教育、远程监护等几个主要模块，实现门户网站、专家查询、远程新闻、资料下载、视频会诊、影像会诊、远程医学求助、远程教育培训、远程医疗咨询等多种功能，为基层医院开展远程医疗和远程教育等服务提供了技术平台及有效的资源共享。

3.4 建设平台与配套体系后的结果与产出

（1）医学检查结果互联互通。在"互联网+"检查诊断平台建立的基础上，利用该三级综合甲等医院优质的硬件条件成立区域检查中心，与医联体内的基层医院共享影像学、血液检查的硬件资源，开设化验检查直通车，并让检查结果互联互通。当基层医院医生根据患者病情做出需要进一步检查的判断时，不再受限于基层医院单薄的医疗资源，而是直接与上级医院检查中心网络对接，开具相应检查单，患者按预约时间到上级医院做检查，检查结果通过网络实时下行传送到基层医院的诊疗系统。同时患者在社区医院拍摄的X光片也可上行传送到三级医院，由三级医院影像诊断医师实时远程读片，完成放射诊断报告，并回传到社区卫生服务中心。

（2）放大分级诊疗优势。在分级诊疗的探索中，资源配置的结构性失衡导致分级的"诊"和"疗"推行困难，而互联网+检查诊断平台的搭建实现了三大机制盘活资源配置存量，放大了分级诊疗优势。①硬件设备共享机制：互联网+检查诊断平台利用互联网技术，打破体制壁垒，整合现有大型仪器设备的利用分布，提高使用效率，降低医疗服务单位成本，解决长期以来优势医疗卫生资源过多集中于大型三级医院，区域内医疗服务供给结构严重不平衡的问题，为推动区域内卫生资源配置的宏观管理提供了新思路，使分级诊疗的实施不再被硬件资源配置不均所限。②卫生人力资源共享机制：在“互联网+”检查诊断平台确保医联体内各级医院检验检查的质量和互认的基础上，才能使多点执业、双向转诊、专科对口帮扶、远程会诊等模式真正有效，才能引导优质医生资源向基层下沉，达到患者分级诊疗且卫生人力资源共享的和谐局面。③医疗保障协同机制：国务院办公厅《关于进一步深化基本医疗保险支付方式改革的指导意见》指出“医保支付是基本医保管理和深化医改的重要环节，是调节医疗服务行为、引导医疗资源配置的重要杠杆”。

（3）破解医疗机构间的结构性矛盾。对医联体内联盟医疗机构，利用“互联网+”检查诊断平台，建立医联体内慢病管理体系和学科共建体系。慢病管理体系由三级医院专科专家领衔组建，参与医联体内高血压、冠心病、慢阻肺、糖尿病、脑卒中的慢病垂直管理，并建立了“专科+全科”的医疗服务模式。学科共建体系是建立医联体内三级医院专家援助机制，以科主任为主的专家与成员单位合作，固定专家查房、业务指导关系。包括制定成员单位人员培训制度，针对接诊病人特点，制定轮转及培训计划；制定专科诊疗规范，通过多种形式进行培训考核，有效地提升成员单位学科建设。

（4）破解地域间的结构性矛盾。对外省联盟医疗机构，在“互联网+检查诊断”平台保障作用下，不断外延优质医疗资源的服务功能，实现跨省资源共享。目前已与全国 30 个省份的医院联通，与河北、山东、河南、内蒙古、广西、重庆等省（自治区、直辖市）近 30 家医疗机构单独签订远程医疗合作协议，可开展特色专科远程临床会诊、远程诊断、多学科联合交互会诊、远程教学查房、远程典型病例讨论等多种业务。其中，远程会诊涵盖远程影像（放射、超声）、远程病理、远程心电图、远程手术指导和远程紧急救治等多个内容。在数字信息技术的助力下，医疗资源共享打破了省级地域限制，对将来彻底解决医疗资源二元化、“倒三角”式分布矛盾带来契机。

4 效果评估

4.1 优化医学诊疗效能

“互联网+”检查诊断平台的模式可以实现在已有优质医疗资源的基础上，建立医疗机构垂直领域内全新的服务模式，放大医疗资源效能，实现医患双赢。一方面加强医联体内学科联系，通过信息共享优化人力资源配置，补齐基层医疗机构人才短板，建立医联体内医技人员统一管理模式，有助于建立成本与产出评价体系，帮助医院平衡学科发展，落实人才培养计划，建立以区域医疗为发展、医改任务为导向，科学、高效、可持续发展的人力资源管理体系。另一方面从资源配置经济学角度分析，“互联网+”检查诊断平台减少了各级医疗机构为了扩大规模而盲目购置大型医疗设备造成的浪费，为政府节省了财政支出，解决了基层医疗机构培养医技人员所承担的人力成本问题（医技专业人员培养周期长、职业风险高、技术难度大）。充分利用此技术能进一步提高三级医院成熟医疗检验检查系统的使用效率，解决因患者分流而带来的医疗资源闲置的情况。同时，医疗资源的共享能减少人口跨区域就诊，节省社会资源，有利于维持社会稳定。截至2018年，该医联体内实现下转住院患者10016人次，上转住院患者1039人次，下转患者数是上转的9.6倍；派出29位副高以上专家每年到基层出诊3000余次，每年诊疗患者8.5万余人次；免费接收进修医务人员58名，举办培训62次共计4130人次；化验检查直通车接受化验1048人次，核磁、CT等检查229人次；远程会诊放射298次、心电图374次、动态心电图318次。因此，通过信息技术可实现优质医疗资源下沉、均质化配置，逐步推进慢病管理一体化、医疗一体化、信息一体化、品牌一体化，促进紧密型医联体的建设。

4.2 增强患者就医体验

人工智能在区域性健康大数据方面的应用不仅仅局限于医学专业领域，而且对提高医疗机构人性化服务标准，增强患者就医获得感也大有帮助。例如可以根据医疗机构专业特色、号源信息、接诊量、交通信息、停车场分布等数据与患者的求医需求进行智能匹配，帮助患者推荐最合适的就诊医院、就诊科室以及就诊医生，大大提高患者就医体验，对分级诊疗也能起到促进作用。目前，每天有120~150例患者可以在基层医院"拍片"，由大医院"出报告"。根据上下互通的检查结果，基层医生可完善诊疗、联系上级医院网络远程会诊或转诊等步骤，保证患者及时有效的救治。

4.3 加强区域性医疗联动

"互联网+"检查诊断平台的搭建形成了人力、硬件资源共享的基础，作为分级诊疗体系的重要参与者，医联体内设立检查中心的三级综合甲等医院应当与基层医疗机构在制度的保障下建立长期、稳定的合作联系，加强区域内医疗联动。

在"互联网+"检查诊断平台上预约转诊并接收检查的人群中，仅高血压、糖尿病、脑卒中、冠心病、慢阻肺、肾功能不全六种慢病患者，已达36692名，这些患者健康档案也被纳入云平台资料库中。该平台还通过APP，使患者或家属可在手机上随时随地地查询受检或经治的全部门急诊电子病历、处方和诊断证明书等诊疗资料，98%以上的检验检查报告均可通过该APP查看，注册用户总量超过10万，月活跃用户数近3万，月启动次数28万次。

通过"互联网+"检查诊断平台可把检查检验和诊疗数据还给患者，这对健康管理产生了积极影响，通过后台数据分析发现患者开始有意识地对检查检验报告或历史就诊记录进行整理和对比，并开始关注血压、血糖等个人健康数据，且患者的就医依从性（如复诊复检率等）显著提高。从系统中提取的患者登录位置分布显示，患者集中于该医院所在医联体的覆盖区域，这符合区域医疗和医联体分级诊疗的功能定位，平台通过数据向院外的流动，减少了患者向院内的流动，通过数据的开放增加患者在社区医疗就诊的便利性，进一步推动患者向基层医疗机构的转移。信息多跑路，患者就能少跑腿"互联网+"检查诊断平台的应用切实增强了老百姓对医疗服务的获得感。

因此，"互联网+"检查诊断平台支持下的远程诊断体系、慢病管理体系和学科共建体系，形成医联体龙头医院为中心的互联网生态圈，对医联体向紧密型方向发展起了极好的示范效果。

4.4 社会经济效果

Van Doorslaer（2006）主要从卫生筹资公平、医疗服务可及性等方面研究医疗卫生资源配置的公平性。多数研究选择贫富阶层作为研究对象，或者对多个国家的医疗卫生资源配置进行对比分析（Lairson et al.，1995；Wagstaff，2001）。医疗服务行业具有市场化与公益性的双重属质，服务业属性明显有市场化特征，公益性具有经济学中的正外部性，医疗服务是知识密集型服务，具有信息不对称特性等（朱恒鹏等，2017）。国际上普遍认为，收入是影响医疗卫生资源配置的一个重要因素。经济发展水平的提高带来了人均 GDP 和居民收入水平的提高，相应地也会提高人们对医疗服务质量的要求，从而促进医疗卫生资源的增长（Kleiman，1974）。这些性质决定了医疗服务供给侧的特点，首先医疗机构具有很强的地域性特征，不同省份或同省份内存在明显的医疗资源分布不均现象，虽然医疗服务也具有一定的价格调节的市场因素（如二级医院和社区医院的诊疗费、服务费比三级医院要低，又如患者可以对到哪家医院就医进行选择或放弃），但市场无法调节在地域布局上的资源不平衡；其次公益性服务存在正外部性，即除了服务消费主体（医院或医生作为供给者给患者作为消费者）之外，还给政府投入、医保基金支付等带来额外的正外部性收益，受益者不必为此支付或全部支付费用，且医疗机构或医护人员产生的劳动价值和溢出价值未通过市场完全实现，比如诊疗费、手术费、治疗费、检查化验费、药费等医疗服务或产品的价格全是由政府的物价管理部门定价，不能受市场“无形之手”影响，这导致医生或医疗机构的个体收益少于社会收益。长期的价格背离会对良性经济活动产生抑制，所以社会应该对服务提供者进行补偿，使服务提供方的收益与社会效益趋于一致（朱恒鹏等，2017）。

政府政策在医疗资源配置中也起重要的作用（Gupta et al.，2003）。我国长期坚持优先发展以公益性为主导公立医院为医疗服务供给主体的原则，并通过财政收入对公立医院进行差额补偿，而不能完全放开医疗服务价格并由市场自动调节；医疗服务中信息不对称和道德风险又会造成公立医院内的激励难题，甚至会产生政府、医保中心、医疗机构、医护执业者和消费方患者多方都不满意的状况。医疗服务结构的供给侧结构性改革，如创新应用“互联网+”的新型服务模式正是为解决上述问题的探索与尝试。“互联网+”产生了区别于以往政府主导或强力干预下的医疗资源供给与分配机制，带来了新型的商业模式，亦作为传统医疗机构和医疗服务供给的补充。

“互联网+”模式本质上是一种平台结构（双边市场或多边对手交易），在互联网+医疗检查和诊断平台上，可集中优势资源，并提供多种可供选择的服务，有效地减少医疗机构、政府投入（含医保基金付担）、医生护士以及患者等多方的成本支出，提高了大型检查化验设备的资源利用率、提升了医疗服务质量并减少了医疗投入成本。至 2019 年底，本文研究的案例医院平均住院日连续 3 年持续降低（8.5 天、8.2 天、7.8 天），患者人均药占比也连续下降（36.1%、31.9%、29.2%），住院耗材占比连续下降（46%、42%、40%）。此外，新平台和新模式还弥合了因信息不对称给患者带来的不信任和焦虑，通过平台上稀缺及优质医疗资源共享，合理分配不同层级医疗资源的消费配比，如利用分级诊疗分流普通患者与疑难危重患者或需高技术含量处置的疾病病种，解决在医疗服务过程中多个参与者之间存在的复杂的交叉正外部性带来的对医疗活动长期良好运行的阻力。

从经济学角度看，“互联网+”检查诊断平台可以汇集服务提供方和消费方的信息总和，借助医疗信息或人口健康大数据的共享交换，以及平台服务的医疗检查检验结果与传统医疗机构之间的互认等成果的实现，平衡地域之间医疗资源的差异性，理论上存在最优成本效率结构（方新和蹇明，2017），有利于政府价格管理部门通过大数据得到更准确的医疗活动成本，为医疗改革提供方向和路径参考。如近三年来，北京地区连续进行的医药分开综合改造、医耗联运综合改造、国家药品集中带量采购等改革举措，都是围绕医疗服务的成本、价格以及结构进行的调整或模式变革。“互联网+”检查诊断平台、分级诊疗等模式可自动调整平台参与方的不同需求弹性，交叉互补地兼顾各方需求与利益，从而保证政府投入、医保基金支付、医疗机构、医生、患者等各方都满意的良性循环，同时提高了患者满意度和得到更多优质就医诊疗服务的获得感，互联网+检查诊断平台及相关配套体系建立产生了良好的社会经济效益。

5 政策建议

5.1 做好紧密医疗体政策设计

“互联网+”技术已进入下半场，5G背景下人工智能技术的应用发展迅速，但目前在医疗领域的应用一直遭遇医疗行业的高壁垒限制和特殊性障碍，重点体现在国内医疗卫生机构信息化建设过程中存在“孤岛数据、共享障碍、标准不一、联而不通”，亟待国家出台互联网+检查诊断平台发展的指导政策，使医联体区域内的数据采用一体化储存和规范化管理，并且病种数据数量大、质量高，解决健康大数据孤岛问题，为下一步人工智能对区域性健康大数据库价值的挖掘和共享扫除障碍，为构建区域性智慧资源配置蓝图打下基础。

5.2 指导基层医院数据挖掘工作

“互联网+”检查诊断平台建立的人口健康信息数据库和诊疗信息数据库更规范，数据质量更高，大大利于人工智能对这些健康大数据的挖掘，不仅是与现有医学人才的智慧竞争，更可以助力人类智慧在慢性病模型、疾病诊疗指南、病种临床路径、临床药理试验、流行病学监测、病种监控预测等多个医疗科研领域取得突破和成果。从优化医疗资源配置目的出发，人工智能可挖掘区域性医疗供给侧大数据，分析检查设备的有效使用率与服务半径、医师资源的欠缺或冗余、药品使用情况、医疗资源配置经济学指标等；同样可研究区域性医疗需求侧大数据，分析当地人口密度、交通运输能力、病种区域性、时序性变化、经济学指标等。进一步对供需侧数据进行匹配，得出与医疗需求最适配的医疗资源配置方案和预测指导，实现医联体内区域化的医疗绩效评价，获得疾病谱与社会因素的关联关系，让国家政府对医疗资源配置的宏观决策达到量化级别，从根本上解决卫生资源在空间配置量不均、效率利用不足的结构性失衡矛盾。

5.3 增强基层医院的服务能力

国家深化医药卫生体制改革的目的之一就是实现分级诊疗，分级诊疗的优势在于常见病、多发病在基层医疗机构诊治，服务半径短，医疗价格低，报销比例高，可极大地降低患者的就医负担。而疑难病、复杂病的诊治可通过三级综合甲等医院与基层联动的预约挂号、预约床位及双向转诊机制，缩短在大医院住院候床时间，节约患者时间和费用，迅速转入上级医疗机构就诊。当患者经治疗后诊断明确、病情稳定后，也能及时转回基层医疗机构进行康复治疗。但是，实践中“患者宁可放弃基层医院收费低、报销比例高，也要选择大医院就诊”的现象广泛存在。可见，医保报销比例的差异化政策对患者没有起到多大的引导作用，现行的医疗保障制度对分级诊疗的正向引导不大。通过“互联网+”检查诊断平台扭转患者分流受医疗资源分配不均掣肘的局面，同时通过各种机制建设努力实现基层医院均质化、高水平化，才能发挥医疗保障制度的“话语权”和“付费权”。这样才能回归到医保控费能正常发挥的正向杠杆作用，加强医疗成本管理，提高医疗供需双方的适配度，对实现分级诊疗发挥积极作用。

5.4 加快紧密型医联体推广

“互联网+”、大数据和云计算的广泛应用，引爆了人工智能的大发展，其在医疗资源配置、劳动力资源效能提高和医疗服务体验改善方面实现巨大突破，未来可期。目前虽然医疗宏观政策打造的区域性医联体格局在医药卫生体制改革探索中取得了巨大成就，但人工智能对区域性医疗数据挖掘产生的效能有限，也仅能辐射至以三级医院为龙头的医疗联盟内单个中心节点的智慧资源配置。随着紧密型医联体试点政策出台，国家未来将医联体模式推开成为必然，本文案例可复制可推广，在政策导向的促进下，在人工智能技术日新月异发展的助力下，再由单个中心节点向多个片区发展，可形成一张更大区域的智慧资源配置网络，乃至全国统一的智慧资源配置。

6 结语

本文以案例实证分析的方式对北京某医联体龙头医院进行探讨是一种尝试，尽管本文力争做到研究的规范性和科学性，但也难免存在一些局限性。首先，本文选取的案例资料是基于技术的半紧密型医联体，并不能代表所有半紧密型医联体，未来还可继续研究其他类型的半紧密型医联体在医疗资源配置结构性改革方面的路径选择。其次，研究仍存在一些亟待解决的关键问题，主要包括：①基于互联网检查诊断平台虽然建成，但龙头医院尚未对医共体内成员单位进行人、财、物的统一管理，尤其是对基层医生的服务质量、绩效分配与激励管理有限，未来要加强紧密型医共体建设。②北京“医耗联动综合医改”后，核磁共振、CT等价格大幅下调，刺激了医生与患者更多的大型检查的需求，导致医联体龙头医院的核磁共振等科室预约检查时间延长。因此，医院的医技检查服务量并未发现医疗价格改革对医疗资源配置结构性改革的显著改善。下一步，还将继续关注上述研究问题，找出解决问题的具体路径。

参考文献

［1］ Eisenhardt K. M . Building Theories from Case Study Research ［J］. Academy of Management Review, 1989, 14 (4): 532-550.

［2］ Gupta S. , Verhoeven M. , Tiongson E. R . Public Spending on health care and the poor ［J］. health economics, 2003, 12 (8): 685-696.

［3］ Kleiman E . The Determinants of National Outlay on Health ［M］// Perlman M. The Economics of Health and Medical Care. Palgrave Macmillan UK, 1974.

［4］ Lairson D. R. , Hindson P. , Hauquitz A. Equity of Health Care in Australia ［J］. Social Science & Medicine, 1995, 41 (4): 475-482.

［5］ Van Doorslaer E. , Masseria C. , Koolman X. Inequalities in ccess to edical are by ncome in eveloped ountries ［J］. Canadian Medical Association Journal, 2006, 174 (2): 177-183.

［6］ Wagstaff A . Measuring quity in ealth are inancing-eflections on (and lternatives to) the orld Health Organization's airness of inancing ndex ［J］. Policy Research Working Paper Series, 2001, 72 (s1-2): 49-63.

［7］ 方新，蹇明．考虑提前期压缩的 Newsvendor 型产品供应链契约协调模型［J］．管理工程学报，2017，62（3）：174-182.

［8］ 何思长，刘志会．医联体发展状况评价基于文献计量法分析［J］．现代医院管理，2016，54（6）：2-6.

［9］ 贺天忠，鲁定元．西方现当代空间理论研究动向与启示［J］．湖北职业技术学院学报，2009，24（9）：54-58.

［10］ 孔晓琳，施从先．浅析分级诊疗下区域门诊协作网络的构建［J］．江苏卫生事业管理，2019，39（7）：817-820.

［11］ 李慧君，张建华．我国医疗卫生资源效率分析基于两阶段的 Malmquist-Tobit 方法实证［J］．中国卫生经济，2013，27（10）：32-34.

［12］ 彭欣元，周焕．医联体背景下区域医疗信息化平台建设中存在的问题及对策［J］．现代医疗卫生，2016，127（1）：147-148.

［13］ 钱旦敏，张远鹏．基于秩和比法（RSR）的我国医疗卫生信息资源配置现状调查［J］．中华医学图书情报，2017，15（1）：28-34.

［14］ 齐力，王静．北京地区医疗卫生资源配置现状调查研究［J］．医院数字化管理，2018，32（7）：173-176.

［15］ 舍曼·富兰德，艾伦·古德曼，迈伦·斯坦诺．卫生经济学（第六版）［M］．北京：中国人民大学出版社，2011.

［16］ 宋志清，柴冬丽．北京朝阳医院医疗联盟的发展与实践［J］．中国医院管理，2017，43（7）：67-68.

［17］ 峗怡．卫生资源配置决策的非正式制度的影响研究基于对隐性优先分配规则的思考［J］．中国行政管理，2019，45（2）：99-103.

［18］ 王凤彬，王骁鹏．超模块平台组织结构与客制化创业支持——基于海尔向平台组织转型的嵌入式案例［J］．管理世界，2019，78（2）：141-200.

［19］ 吴勤德．我国分级诊疗制度的研究热点与演化历程分析［J］．中国全科医学，2020，72（10）：1229-1238.

［20］ 徐健．加拿大电子健康档案建设新进展及其启示［J］．医学信息学杂志，2018，36（1）：122-124.

［21］ 徐婷婷，杨若愚．国内外卫生资源配置研究进展［J］．中国公共卫生管理，2019，23（2）：56-67.

［22］ 徐峰，戚桂杰．基于适应性结构理论的组织 IT 采纳研究［J］．现代管理科学，2012，28（5）：36-38.

［23］ 朱恒鹏，杜创，付明卫，等．互联网+医疗/教育商业模式的经济学原理［C］．北京：中国会议，

2017（2）：29-38.

［24］张之沧，闾国年．智慧地球概念解析［J］．自然辩证法研究，2015，89（11）：117-122.

［25］周明华，谭红．健康中国视角下我国中医人力资源配置公平性分析［J］．中国医疗管理科学，2020，32（2）：13-16.

论文执行编辑：皮建才

论文接收日期：2020 年 4 月 6 日

作者简介：

梁金凤（1962—），首都医科大学附属北京朝阳医院党委副书记、纪委书记，教授，硕士。主要研究方向为医院管理、绩效管理、人力资源管理。E-mail：Ljf_1381@126.com。

陈巍（1974—），首都医科大学附属北京朝阳医院院绩效办副主任，工程师，硕士。主要研究方向医院管理、绩效管理。E-mail：1982163604@qq.com。

吴家锋（1977—），首都医科大学附属北京朝阳医院门诊办公室主任，硕士。主要研究方向医院管理。E-mail：wujiafengyisheng@126.com。

刘瑶（1984—），任职于首都医科大学北京朝阳医院督导办公室，主管护师，硕士。主要研究方向医院管理。E-mail：cyyyliuyao826@126.com。

"Internet plus" Examination and Diagnosis Platform: The Path of Structural Reform of Medical Resources Allocation

— Case Research on the Reform of a Leading Hospital of a Medical Consortium in Beijing

Jinfeng Liang　Wei Chen　Jiafeng Wu　Yao Liu

(Beijing Chaoyang Hospital Affiliated to Capital Medical University, Beijing , China)

Abstract: At present, there are structural contradictions in the allocation of medical resources in China, which are both abundant and short. It is urgent to carry out structural reform by effective means and explore the path of reform. Based on the employment of "Internet+" technology to build a regional inspection and diagnosis platform and chronic disease management system in a leading hospital in the medical consortium in Beijing, the results about sharing medical resources and promoting grading diagnosis and treatment are observed. On this basis, using the principles of health economics, this paper analyzes the characteristics of large-scale and individualized coexistence in medical resource supply and consumption, and tests the effect of the above platform and system on medical discipline co-construction and regional population health database construction. It is found that the establishment of inspection and diagnosis platform and the related system by using Internet+ technology can adjust the efficiency of structural allocation of medical resources in the region, and lay the foundation for the future use of artificial intelligence to excavate the value of healthy big data and the allocation of intelligent resources. It has certain reference and inspiration for deepening the operation plan and path design of the supply side reform of the medical system.

Key Words: Medical Resource Allocation; Internet Plus Examination and Diagnosis Platform; Medical Consortium; Hierarchical Diagnosis and Treatment; Artificial Intelligence

JEL Classification: I18

工作场景中的跨文化对话：从分歧到合作的意义建构过程*

□ 刘畅唱　贾良定　杨椅伊

摘　要：本文基于对德、日、墨三国四地的中国海外分公司的案例研究，发现文化差异在特定触发条件下会形成管理挑战，以对抗、阻滞或分离的形式威胁组织功能的正常运行。面对文化冲突，管理者通过“跨文化对话”与不同文化背景的组织成员一起经历悬置假设、表达假设、反思假设和变革假设的过程，实现对引发分歧文化假设的重构、扩张或合并，最终达成既共担责任又容纳差异的“和而不同”的结果。其中，发挥作用的机制为“意义建构”，以“意义解构”和“意义重组”两种形式令对话参与者对已有信念结构进行协商，变革原本“不可通约”的隐性假设，发展出容纳更广阔视域的解释框架，促使对话参与者由文化差异引起的分歧走向合作。

关键词：文化冲突；跨文化对话；意义建构；和而不同；企业国际化

JEL分类：F23，F51，L20

1　引　言

“一带一路”背景下，“走出去”的中国企业不可避免要面对工作场所中的文化差异。一方面，它可能成为影响跨文化组织知识传递、群际沟通或并购双方合作的障碍（Moore，2016）；另一方面，它也能成为资源和财富（Perretti and Negro，2007），令组织或个体能够“用全世界的知识进行创造”（野中郁次郎和德冈晃一郎，2010）。虽然学术界对于文化差异引发的冲突及因此导致的组织管理失败已进行了大量研究（Moore，2016；Graebner et al.，2017；Sarala et al.，2016），但对于如何令文化冲突变得“更具建设性”的积极面研究却并不充分（Liu et al.，2018）。

* 本研究受国家自然科学基金重点项目“中国企业专业化管理研究”（编号：71632005）、南京工业职业技术大学重大培育项目、引进人才科研启动项目（编号：YK18-07-01；YK18-07-04）资助。

存在文化差异的工作情境常令组织成员发现其习惯的解释框架不足以理解当前的情境，来自不同文化背景的个体或群体的观点或行为常令人困惑。根据 Weick 等（2005）的理论，当组织处于“混沌”情境时，是意义建构令组织（Organizing）过程能够正常进行。“意义建构”是对合理化人们行为的、可接受的意义的持续回溯性发展（Weick et al.，2005）。意义建构往往诉诸组织假设、期望、惯例和传统（Weick，1993；Weick et al.，2005），而这些与个体固有文化密切关联的成分常常是形成文化冲突的根源。由此可见，令文化冲突具有建设性的可能存在于形成超越特定文化的、对不同文化背景的组织成员都具有包容性和解释力的意义建构。然而当前文献对跨文化情境下意义建构理论适用性的研究较为缺乏（Liu and Morris，2014）。

Weick 等（2005）认为沟通是实现“意义建构”的核心。Tjosvold 等（2014）也提出心智开放的沟通对于跨文化冲突“更具建设性”具有关键作用。然而，由于跨文化冲突中的个体或群体往往情绪化地附着于自己认同的文化，将捍卫己方文化作为身份认同的一部分（Hajro，2015），因此在跨文化冲突中进行“心智开放的沟通”是非常困难的。

由此提出研究的重要问题：在跨文化冲突下有效的沟通是如何发生和展开的？它如何及为何能令跨文化冲突具有建设性？它如何实现跨文化情境下的意义建构？如何令冲突各方从分歧走向合作？

为了回答上述问题，本文以中国企业的国际化为背景，对中国跨国公司在德国、日本、墨西哥三国四地的海外分公司展开案例研究，结果发现：①文化差异造成人们隐性假设不同，在特定的触发条件下引发冲突，形成管理挑战；②通过“跨文化对话”这种特殊的沟通形式，参与者经历悬置假设、表达假设、反思假设和变革假设的过程，实现对原有假设的重构、扩张或合并；③悬置假设是跨文化对话的起点，也是进入跨文化对话的首要条件；④跨文化对话发挥作用的机制是意义建构，包括意义解构和意义重组两部分。通过意义建构，跨文化对话的参与者能够发展出“更好的故事”（Weick et al.，2005），具有更强的文化包容性和解释力，令对话参与者能够采用新的视角和解释框架来看待彼此原有的分歧，从而带来合作的行动。

本文对跨文化管理的理论和实践均有启发。首先，本文阐明了“跨文化对话”的发生和展开过程及作用机制，说明了“如何”以及“为何”这种特殊的沟通形式能够令具有不同文化背景的组织成员从分歧（一种离散的状态）走向合作（一种会聚的结果）。其次，本文既承认文化的历史根源，同时也给个体在特定情境下的能动行为留下空间，解释了跨文化对话是令文化差异这把“双刃剑”发挥积极作用的有效途径。再次，本文从“意义解构”和“意义重组”两个方面丰富了“意义建构”的理论机制，将“意义建构”理论拓展到了跨文化的情境中，为理解“缺乏共有历史和传统”（Weick et al.，2005）的组织成员如何共享不同隐性假设提供了更适切的理论解释。最后，本文对企业的跨文化管理实践，特别是对回应“一带一路”号召“走出去”的中国跨国公司的管理实践具有较好的启示作用。

2 理论基础与文献综述

2.1 意义建构理论

意义建构是对合理化人们行为的、可接受的意义的持续回溯性发展，是组织（Organizing）的重要过程（Weick et al.，2005）。意义建构的展开是一个序列，其中关注身份的人们与其他行动者一起在互动的社会情境中提取线索，并回溯性地建构出貌似有理的意义，同时对环境施加一定的秩序（Weick et al.，2005）。意义建构对于人们的行动具有决定性作用（Weick et al.，2005），正是通过意义建构才能将身份和行动的意义具体化（Mills，2003）。

意义建构始自混沌（Weick et al.，2005）。意义建构通常发生在当前的情况与人们期待的情况不同或没有明确的行事方法时。在上述情形中，人们体验到一种感知的转变——继续沉浸在习惯的行动中是一种不明智的表现。为了理解这种混乱，人们首先会寻求能够令其继续行动的理由。这些理由来自一些诸如制度约束、计划、期望以及前人的固有传统（Weick，1993；Weick et al.，2005）。在组织经历明显变化的时候（比如来自不同文化的管理者试图用新的实践取代组织成员习惯的实践，用新的规范取代旧的规范等），组织成员经常会发现他们现有的解释框架不足以理解当前的情境（Søderberg，2003）。此时，特别需要发展出能够"包含过去经验和未来期望的，能够与其他成员产生共鸣的、能够捕捉到彼此感受和想法的解释"（Weick，1993）。

从意义建构的视角很容易理解文化差异给组织管理带来的困难。因为组织成员在不同的文化背景提供了不同的意义解释框架，从自己习惯的解释框架去审视异文化背景成员的行为和观念，常常会发现是难以理解甚至荒谬的。根据意义建构理论，无法理解造成的意义缺失会将组织置于脆弱的境地（Weick，1993），这也正是文化差异给组织管理带来的困难所在。值得进一步探究的问题是：如何在缺乏共有历史和传统的跨文化工作场所中，实现能够超越特定文化的、对不同文化背景的组织成员都具有包容性和解释力的意义建构？它将如何发生和发展？当前文献对跨文化情境中的意义建构研究相对较为稀缺（Liu and Morris，2014）。

由于意义建构强调人们努力使事物能够被自身和他人所理解，因此沟通是意义建构和组织（Organizing）的核心部分（Weick et al.，2005）。"沟通是理解情境的持续过程。在沟通中，人们集体地探寻关于他们自己和影响他们的事件的意义"（Taylor，2002）。

2.2 跨文化沟通

现有文献对工作场所的跨文化沟通研究主要集中在跨文化冲突管理、谈判和跨文化沟通能力三个领域，代表性研究如表 1 所示。

表1　跨文化沟通领域的代表性研究

作者（年代）	主要研究发现	研究层次
	跨文化冲突管理	
Gross 和 Guerrero（2000）	不同的冲突类型引发不同的感知：整合策略是最理想也最有效的；当由他人采用时，控制策略是不可取的，但当与整合策略一起使用时，对某些参与者是有效的；服从策略是中性的，伴随一些例外；回避策略是无效也不适宜的；妥协策略是相对中性的	个体层次
Tjosvol 等（2014）	伴随自由表达观点的心智开放的讨论，以及倾听和建立互利的关系是降低冲突的讨论的前因	组织层次
	跨文化谈判	
Tung（1982）	要想与中国公司的谈判取得成功，对美国公司而言非常关键的是：①获得跨文化谈判的经验并且向其他公司学习；②建立与中国公司的长期关系；③无论在哪个行业运营都要了解中国国家政策；④对文化知识有真诚的兴趣；⑤采取适当的态度	组织层次
Adair 等（2001）	①美国和日本的谈判者展示出不同的行为；②日本的跨文化谈判者根据美国的习俗调整他们的谈判行为；③跨文化谈判者，特别是日本的，在表达明晰和澄清方面比同一文化下的谈判展示了更多努力；④美国的谈判者直接表达，日本间接表达；⑤跨文化谈判比同文化内谈判带来更多的联合收益	个体
Liu 等（2005）	对沟通经验质量进行多维度概念化，形成三个维度：清晰性、响应性、舒适性。高水平的沟通经验质量带来更好的谈判结果，跨文化谈判与文化内谈判相比沟通经验质量更低。沟通经验质量的积极效应在跨文化谈判中比在文化内谈判更为典型	个体
Liu 等（2013）	多文化经验宽度对谈判结果的积极效应被本地身份中介；多文化经验深度对谈判结果的积极效应被全球身份中介；本地身份与谈判结果的正向关系被文化内条件加强；全球身份与谈判结果的正向关系被跨文化条件正向调节	个体
	跨文化沟通能力	
Kim（2015）	同步性是跨文化沟通能力的一个维度；个性化、协调性、包容性和保密性是能增强同步性的能力要素	个体
Koester 和 Lusting（2015）	对跨文化沟通能力进行了理论化和测量，使用自评法测量了“适宜性”维度	个体
Adair 等（2016）	互依性自我建构与沟通注意力成正向关系，并且依赖于沟通情境；情境依赖的沟通者有更高的文化智力	个体

资料来源：作者整理。

从上述三个领域的代表性文献来看，虽然大量文献强调沟通对于缓解文化冲突以及对促成积极谈判结果的作用，但对于沟通如何影响跨文化协作的动态过程的研究还比较稀缺。在沟通的类型上对跨文化谈判进行了较多研究，但对于组织内部旨在促进合作关系的沟通研究较少。

在跨文化冲突管理领域的研究中，Tjosvold 等（2014）认为心智开放的沟通互惠对于克服冲突是至关重要的，但由于冲突情境容易激发各方对自己文化身份的强烈认同，往往更不容易开展心智开放的沟通（Hajro，2015）。因此，需要进一步明确“心智开放的沟通”究竟是如何得以在文化冲突的情境下开启和发展的。

2.3　对话

对话是一种特殊的沟通形式，具有关系性

和生成性的特征，较为符合 Tjosvold 等（2014）对能够解决跨文化冲突的“心智开放的沟通”的定义。Gergen 等（2004）认为对话是“交谈式的协作”，是关系组织存亡的重大问题。仅仅是人们之间的交谈并不能构成真正的对话。他们认为，对话最核心的特征并不是“说”或者“表达”，而是在关系中进行。正是在关系的母体中，个体间意义建构才能够形成。没有持续性的关系，沟通行为就失去了沟通的地位。Bohm（2013）将对话看作一种“涌现出新事物的沟通形式”，参与者们“必须表现出不带评判的好奇心，带着尽可能新鲜且清晰地看待事物的目的”。Isaacs（1993）将对话定义为“持续地对构成日常经验的过程、假设和确定性的集体探究”。综合来看，“对话”这种沟通形式具有以下几个特点：

（1）对话将个体领域和集体领域联结起来。在理解对话时，大量学者的起点在于将对话中的话语视为个体心智的表达和反思。在这个意义上，对话是主体间性的联结或同步。集体行动从私人意义中派生而出。参与对话的个体同时进行更高水平的心理过程，即对社会过程的反思（Gergen et al.，2004）。也就是说，发生在个体领域的思考是公共对话的重要组成部分。

（2）对话中蕴含着新知识涌现的机会。Nonaka 和 Takeuchi（1995）提出了“社会化（Socialization）、外部化（Externalization）、联结化（Combination）、内部化（Internalization）”的 SECI 模型，核心思想就是“知识是通过隐性知识和显性知识之间的互动创造出来的”。他们进一步指出，知识创造来自“对话产生的新概念的创造”。

Harikkala-Laihinen 等（2018）研究表明，对话能够经由解冻（Unfreezing）、移动（Moving）、再冻结（Refreezing）三个阶段促进组织成员对于文化整合的积极性。对话通过提供一个产生文化凝聚力的平台促进跨国并购整合过程中对组织成员集体情感的管理，并且由于对话具有合作性与投入性的特征，因而能够成为一种克服文化冲突的有效沟通方式。但目前对于“对话”这种特定的沟通实践如何在跨文化工作情境下发生和开展的研究并不充分（Graebner et al.，2017；Harikkala-Laihinen et al.，2018），因此很难从理论上明确“如何”以及“为何”可以通过对话令具有不同文化背景的组织成员从冲突走向合作。

2.4 文献评述小结

由前述文献回顾可知，在跨文化的组织情境中，成员可能面临复杂的、不确定的、不熟悉的，甚至与既有认知矛盾的工作要求和组织规范，从而需要“意义建构”以确保组织功能的正常运行。但文化差异令跨文化情境下的“意义建构”必然包含彼此沟通、学习和创造的内容，否则无法形成“包含过去经验和未来期望的，能够与其他成员产生共鸣的，能够捕捉彼此感受和想法的解释”（Weick，1993）。意义建构理论需要在跨文化情境下进一步推进和发展，而沟通是意义建构的重要途径，因此本文旨在解决以下问题：当面临文化差异引起的分歧时，组织成员如何开展心智开放的沟通？意义建构是如何在这个过程中发挥作用？如何及为何文化冲突可以具有建设性？由于本文关注不同文化背景的个体在特定情境下的互动过程，旨在回答关于“如何”（How）的问题，因此本文适宜采用质性研究方法（Yin，2014），通过在 M 集团的案例研究对前述问题做出回答。

3 研究方法

3.1 研究对象及适用性

本文在 M 集团内完成观察和访谈的数据收集过程。作为一家大型跨国公司，M 集团主要生产汽车零部件，自 2005 年 12 月在香港证券交易所上市以来，M 集团已成为全球乘用车零部件的重要供货商，在美国、德国、泰国、墨西哥设立了生产基地，并拥有位于东京、慕尼黑、底特律的销售和设计中心。M 目前整体销售额的 94%来自跨国汽车制造企业，资金 65%来自海外，50%的集团高管和 25%的员工来自海外，海外分公司管理团队当地化达 90%。

选择 M 集团作为本文的案例来源基于以下几个原因：

（1）理论抽样原则。根据理论抽样原则，样本的选取是为了提供最有可能服务于将实质性主题理论化所需要的信息（Glaser，1992）。理论抽样的逻辑是针对一个实质性的主题发展理论，在整个研究中，发展理论的承诺为抽样设定了条件。本文旨在发展解释令文化冲突具有建设性的跨文化对话过程的理论，M 集团在逾十年的跨国经营中积累了可用于服务该理论目的的案例，能够为研究的理论化提供必需的信息。

（2）与研究问题的适切性。为了发展解释令文化冲突具有建设性的跨文化对话过程的理论，我们选取案例的组织需要有一定的跨文化管理经验，以满足研究过程取向的需要。另外，案例中的工作场所分布应该位于不同的文化情境（不同东道国），这样更有可能为发展概念范畴的不同维度找到充分的变异。这两方面的条件 M 集团都是具备的：它的跨文化管理始于 2008 年，有逾十年的历程。从时间跨度上来看能够为执行质性研究的案例选取提供较为充足的原始材料，并且 M 集团的国际化经营布局也比较广泛，在美国、德国、日本、墨西哥、泰国都有分公司或分支机构，跨文化管理者的工作情境可以位于不同的文化区域，在样本分布的空间跨度上满足抽样选取的条件。

（3）数据的可得性。M 集团的高管团队对本文的研究非常感兴趣也非常支持，同意对研究者的访谈、实地观察、档案调研等数据收集给予充分的配合，并希望研究者将研究结果和发现提供给集团人力资源部门研读参考。在 2014~2016 年，M 集团向研究者开放了“全球人力资源训练营”的集会，以及针对特定海外分部的培训项目，并允许研究者阅读人力资源部门对各海外分部中层以上的绩效评价、上下级评价等材料，为研究者提供了很大的便利。

3.2 数据来源

从 2015 年 5 月至 2017 年 3 月，本文作者和研究团队成员多次赶赴 M 集团总部（嘉兴）和主要生产基地（宁波）进行访谈、调研。在集团总部于 2015 年和 2016 年召开全球人力资源会议的时间里，本文作者实地观察了部分培训项目，并在会议日程间隙对相关人员进行了访谈。对于在境外工作的受访者，本文作者后续使用 Skype 访谈了 3 人/次。同时，使用 M 集团内部全球视频电话体系访谈 4 人/次（都是之前面对面访谈过的受访者）。为保证数据信度在与受访者直接接触访谈的过程中和之后，我们又根据焦点事件中涉及的其他关键人物与人力资源部门协商了新的访谈计划，力争对案例研究中的焦点事件取得两名或以上当事人的访谈信息，从而尽可能获得对事件全貌的多源信息以形成证据三角（Patton，2002）。除了实地观察和访谈之外，本文作者还收集了集团人力资源部门提供的文档资料，并辅以网络数据等，在收集的数据形式方面也符合证据三角的多源信息要求。在数据收集和分析的过程中，本文作者将事件叙述和模型框架及相关解释与企业受访者交流反馈，并结合学术和实践两方的意见对概念和模型进行不断修正，提高研究的客观性和一致性。具体数据来源情况如表 2 所示。

表 2　数据来源

访谈数据		
数据来源	受访者	数据整体描述
集团总裁办	CEO、总经理助理	2 位，共 4 次访谈；共计访谈时间 280 分钟；访谈记录共计 6.7 万字
集团人力资源部	CHO、人力资源专员	2 位，3 次访谈；共计访谈时间 100 分钟；访谈记录共计 1.2 万字
集团各海外运营部	跨文化管理者（中、高层）	9 位；其中（曾）驻德国 3 位、（曾）驻墨西哥 2 位、驻日本 1 位、（曾）驻泰国 2 位；驻美国 1 位；驻外时间均超过 1 年；15 次访谈；共计访谈时间 920 分钟；访谈记录共计 15.6 万字
集团财务部	财务人员	2 位；分别（曾）在德国慕尼黑和爱尔森堡工作；2 次访谈；共计访谈时间 45 分钟；访谈记录共计 0.8 万字
集团外事部	翻译	4 位；分别（曾）在德国慕尼黑和爱尔森堡、日本、墨西哥工作；4 次访谈；共计访谈时间 230 分钟；访谈记录共计 3.4 万字
集团德国慕尼黑分公司	德方总经理（德国籍）	1 位；1 次访谈；共计访谈时间 60 分钟；访谈记录共计 0.5 万字
集团墨西哥分公司	墨西哥生产经理（墨西哥籍）	1 位；1 次访谈；共计访谈时间 60 分钟；访谈记录共计 0.4 万字
集团美国分公司	美国副总经理（美国籍）	1 位；1 次访谈；共计访谈时间 60 分钟；访谈记录共计 0.5 万字
总计	23 人	31 次访谈 | 共 1755 分钟，访谈记录 29.1 万字

档案数据		
数据来源	数据名称	数据整体描述
集团总裁办	《海外运营巡视记录》《会议纪要》	集团高层对各海外分公司巡视发现和意见（节选）；集团高层与各海外分公司高管会谈纪要（节选）
集团人力资源部	《人事测评报告》《绩效考核报告》《培训记录》《企业内刊》《员工关怀简报》	对驻外管理人员的测评报告；对驻外管理人员的考核报告；跨文化培训项目设置和效果报告；企业发行的内部刊物；集团各地员工的活动、表彰和工作生活纪实
企业网站	年报、中报、全球布局、职业发展	上市公司年报和中报；企业在全球的布局和发展；企业的人力资源管理概况
外部网站	新浪财经、新华财经、网易汽车、新浪汽车、中国汽车工业协会网、海外网德国频道	对 M 集团海外投资和并购的媒体记录和评价；对集团海外分公司东道国发展的记录和评价

续表

观察记录		
时间	事件	记录文字
2015 年 9 月 3~5 日	集团全球人力资源培训	0.9 万字
2016 年 10 月 26~29 日	集团全球人力资源培训	1.2 万字

资料来源：作者整理。

3.3 数据分析

数据分析始于数据收集期间，在原始数据、文献、逐渐浮现的构念之间不断迭代（Miles et al.，2014）。其间，作者一直与合作者、国内外学者共同讨论可能的理论模型，并以备忘录的形式记录。基于数据分析、理论比较后的数据收集和再分析，本文实现了对原始数据的层层聚合，厘清了构念之间的关系并发展出理论模型。数据分析过程如下：

（1）描述关键事件。完成于扎根调研和档案数据分析期间，与合作者共同整理数据并讨论。这部分主要考察“谁做了什么和说了什么”“行为是如何变化的”“事件是如何发展的”等，建立关键事件小结。

（2）发展一阶构念。对基于访谈文档形成的数据进行编码，并保持与合作者的讨论。以意义建构理论（Weick，1993；Weick et al.，2005）和对话研究（Isaacs，1993，2001；Bohm，1998，2013）的相关文献作为理论工具组织数据归类。同时，对逐渐浮现的主题之间以及各主题与文献之间进行持续比较和验证，以形成本文概念上的一阶构念。

（3）将一阶构念持续比较和修正，发展出更抽象的核心二阶构念。在文献、一阶构念以及理论范畴之间反复迭代，直至恰当的逻辑模式逐渐浮现出来。例如，在分析跨文化对话过程时，本文根据已有的对话研究，将一阶构念“停止说服”“搁置评判”归类到“悬置假设”的范畴中。经过这一步骤，本文还发展出“表达假设”“反思假设”“变革假设”等二阶构念。

（4）建立理论模型。在此阶段将二阶构念归纳为三个高阶维度并建立理论模型。第一个维度是“文化冲突”；第二个维度是“跨文化对话”，说明将冲突导向合作的沟通过程如何展开；第三个维度是“和而不同”。进一步，将原始数据与事件叙述进行二次比对，辨别概念之间的关系和逻辑，并在持续修正中发展本文的理论模型。

（5）数据分析验证。一方面，从研究设计阶段到研究写作期间，本文多次借助研讨会、沙龙等形式将形成中的构念、理论框架、模型等阶段性结论持续与国内外同行讨论并形成备忘录；另一方面，作者将事件叙述和模型框架及相关解释与企业受访者交流反馈，并结合学术和实践两方的意见对概念和模型进行不断修正，提高研究的客观性和一致性。

本文数据结构及原始数据示例如表 3 所示。

表 3 数据结构及示例

一阶构念及原始数据示例	二阶构念	高阶维度
A. 文化假设 1（不确定性规避）：［数据示例］“生产周期是可以调整的。如果不是这种机动和灵活性，我们凭什么跟别人竞争?”［张平，德国慕尼黑］“生产是有它的规律的，不可能有任意的灵活性。”［Frank，德国慕尼黑］ B. 文化假设 2（工作导向差异）：［数据示例］“我们工作的目的是为了生活。中国人热爱工作，他们的生活就是工作。”［墨西哥工人，墨西哥］ C. 文化假设 3（文化身份）：［数据示例］“日本（汽车）部件企业现在竞争不过中国企业，而我却在为中国公司工作。”［池田，日本］	文化差异	文化冲突
D. 情境/结构性因素：［数据示例］“首先，这种临时通知的加班是不能安排的；其次，如果安排加班，应该提前至少两周通知。除了支付加班工人工资和额外的加班补贴以外，工厂必须事先提供完善的周末加班涉及的通勤、餐饮等一系列相关事项的详尽方案。”［德国工会成员，德国爱森堡］ E. 个体因素：［数据示例］“日本（汽车）部件企业现在竞争不过中国企业，而我却在为中国公司工作……我太太也曾经嘲笑我是‘叛徒’，虽然是玩笑话，但我不想再这样下去了。”［池田，日本］	触发条件	
F. 对抗：［数据示例］“起初我们吵架是有翻译在场。但是因为谈着谈着‘火药味’太重，翻译夹在中间就不敢翻了。于是后来就干脆不要翻译在场了。”［张平，德国慕尼黑］ G. 阻滞：［数据示例］“绩效（考核）啊、奖惩啊这些措施，在这里效果也不好……”［卢军，墨西哥］ H 分离：［数据示例］日本分公司的池田提出辞职	管理挑战	
I. 停止说服：［数据示例］“我提醒自己要缓下来，不要一直强调自己是正确的，要搞清楚为什么他会这么想。”［张平，德国慕尼黑］ J. 搁置评判：［数据示例］“我就想能不能把这些问题放一放，聊点别的，先搞清楚他为什么这么想，他最关心的究竟是什么?”［李进，日本］	悬置假设	跨文化对话
K. 陈述背景：［数据示例］“张（平）给我讲了他刚到 M 工作时的情况，那时候 M 规模还很小……我觉得十年时间 M 发展到现在这样真的很不可思议。我们德国有很多超过百年历史的企业，但是很少有企业有这样爆炸式的发展……他说有几次国外客户的订单交期也是非常紧张，那时候企业的条件比现在差很多，但国内工厂还是加班加点最后成功交付了……难怪他会有这样‘疯狂’的想法（指接受订单），因为在他看来就是这种‘疯狂’把 M 带到了现在的规模……”［Frank，德国慕尼黑］ L. 内隐思考过程显性化：［数据示例］“说实话，我以前从没有把这两个问题联系在一起考虑过……我一直都认为是外来的竞争导致了日本部件企业的衰落，我几个在日本最大的部件企业工作的朋友都受到了裁员的冲击……”［池田，日本］	表达假设	
M. 重新认识对方：［数据示例］“我强调开拓市场，并不排斥控制风险。之前总认为 Frank 过于保守了……这样看来接下这个单子的风险确实还是蛮大的。”［张平，德国慕尼黑］ N. 重新省察自己：［数据示例］“我没有想过恰恰是竞争不足导致了日本（汽车）部件企业的衰落。”［池田，日本］ O. 重新看待观点差异：［数据示例］“我们 M 集团在世界越来越多的国家有了生产基地和分公司，我们要好好思考什么概念能够把这些不同国家的员工都包容进来，而且又不跟他们自己的国家/民族的身份产生冲突?”［李进，日本］	反思假设	
P. 重构假设：［数据示例］“我原来认为他们（墨西哥工人）责任心太差、工作缺乏主动性。但现在觉得他们需要更多的指导，也需要更多的时间来适应我们的要求，我应该更有耐心。”［陈诚，墨西哥］ Q. 扩张假设：［数据示例］“而我作为一个汽车部件设计师，我在 M 设计的产品大多数也都在为日本的车厂配套，从这个意义上来说，我的工作仍然是为了我们的车厂能够生产更好的汽车产品而服务的。”［池田，日本］ R. 合并假设：［数据示例］“为什么不能够把他们的计划性和我们的灵活性结合起来呢?我后来就跟他们（工会代表）探讨有没有这种可能性。”［陈诚，德国爱森堡］	变革假设	

续表

一阶构念及原始数据示例	二阶构念	高阶维度
S. 共担责任：[数据示例]“我跟 Frank 说：‘这次这件事，我错了。这个责任应该由我来承担。’没想到他跑到客户那里，也不知使了什么办法，竟然迫使客户同意支付这笔额外的费用，帮公司挽回了巨大的损失。”[张平，德国慕尼黑] T. 共同尝试：[数据示例 1]“后来我们的订单不断增加的情况下，我和工会讨论出一个方案，就是每周延长 2 个小时的工作时间，一年减少 1 天休假。这在德国是非常难得的！我和工会现在正在探讨怎么建立一套兼顾灵活和有序的预案……我们还在探讨怎么恢复这里的社区传统，他们教会了我很多东西。”[陈诚，德国爱森堡]；[数据示例 2]“……M 集团爱森堡工厂成立社区共建基金会……整修出了新公园 BBQ 区域，举办了盛大的亲子游园会……”[M 集团员工关怀简报]	责任同担	和而不同
U. 包容差异：[数据示例]我当时是很惊讶的，因为我没料到他做出这样的理解，他从我的话中总结出了我自己都没有意识到的内容……不过，我很高兴他能决定留下来。[李进，日本] V. 欣赏不同：[数据示例 1]今年我们拿到了这个客户全球供货商的创新奖，如果当初没有张平的坚持，我们很难进入这个客户的供货商系统。[Frank，德国慕尼黑]；[数据示例 2]张平完成外派回到中国总部后，德国慕尼黑团队制作的新年贺卡上，德国员工的照片围成一个心形的图案，张平的照片放在心形的中间。[M 集团企业内刊照片]	容异存异	

资料来源：作者整理。

4 研究发现

基于数据分析，得到跨文化对话整合模型如图 1 所示：

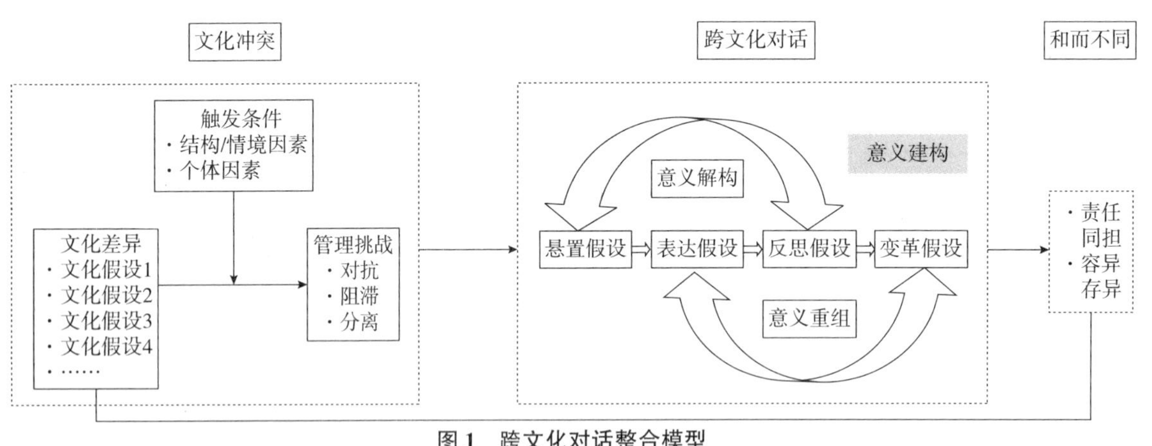

图 1 跨文化对话整合模型

资料来源：作者绘制。

4.1 文化冲突

在跨文化情境的组织管理中，文化冲突会严重影响组织成员的协作（Moore，2016；Graebner et al.，2017；Sarala et al.，2016）。文化差异是冲突的深层次原因，在特定的触发条件下，表现为不同程度的管理挑战。

（1）文化差异：根据 Polanyi（1958）、Nonaka 和 Takeuchi（1995）对隐性知识的观点，文化假设属于隐性知识“认知层面”的内容，包括信念、价值观及心智模式，与个体成长和生活的文化背景密切相关，始终影响我们对周围世界的感知方式。人们从学校、家庭、经历等自身的文化背景中获得这些假设，往往会不由自主地认同它们，并在它们受到挑战时防御它们。文化通过影响人们心目中对“什么是正确的行事方式”的定义而影响人们对情境的解读和判断，从而影响人们的行为（Polanyi，1958）。

①文化假设 1：不确定性规避。不确定性规避是指某种文化中的成员在面对不确定的或未知的情况时感到威胁的程度，这种假设常通过对可预测性的需求（对成文的和不成文的规定需求）表现出来（Hofstede，2001）。相对而言，中国人更能接受灵活多变的安排，而德国人更需要明确的计划和规则。所以涉及生产周期和加班安排这样与工作实践相关的问题，双方对于“什么才是正确的做事方式”有来自不同文化的假设。

生产周期是可以调整的。如果不是这种机动和灵活性，我们 M 凭什么跟别人竞争？［张平，德国慕尼黑］①

生产是有它的规律的，不可能有任意的灵活性。［Frank，德国慕尼黑］

②文化假设 2：工作导向差异。根据 House 等（2001）的研究，中国和墨西哥在“未来导向”方面有较大的差异。未来导向是指一个社会鼓励和奖励诸如计划、为未来投资、推迟享乐之类的以未来为导向的行为的程度。中国得分都较高，而墨西哥相对较低。并且，在对待生活和工作的态度方面，两国文化也有较大区别。中国鼓励以工作为重，而墨西哥强调生活优先（Nicholls et al.，1999）。

在我们看来，自己额定的工作总是要完成的。在国内要是当天工作没做完，就是晚点下班也会先把工作做完再走。［卢军，墨西哥］

我们工作的目的是为了生活。中国人热爱工作，他们的生活就是工作。［墨西哥工人，墨西哥］

③文化假设 3：文化身份。文化身份（Cultural Identity）是自我身份（Self-Identity）的一部分（Yagi and Kleinberg，2011）。个体的自我身份是多重的，包括核心和可变的（Charon，2001）。文化身份将个体与“一个群体共享的集体思想和实践联系起来”（Hong et al.，2007）。在跨文化管理的文献中，个体的文化身份通常被等同于他/她的国籍身份，并与国家文化紧密联系在一起（Yagi and Kleinberg，2011）。Charon（2001）和 Gecas（1982）都认为个体对自我身份的定义会严重依赖环境，个体在与他人的沟通中会对自己的身份进行“商谈”。

日本（汽车）部件企业现在竞争不过中国企业，而我却在为中国公司工作……我太太也曾经嘲笑我是“叛徒”，虽然是玩笑话，但我不想再这样下去了……［池田，日本］

（2）触发条件：并非所有的文化差异都会成为跨文化管理的挑战。一些情境或结构性因素会令文化差异从潜在状态变得凸显。比如艾尔森堡的工厂位于德国东部，有着非常强烈的工会与管理层制衡的传统，这是文化差异中的结构性因素；而紧急任务引起的管理层加班的要求成为诱发管理挑战的情境因素。此外，个体在体现国家

① 方括号中列明引述来源的当事人和地点，当事人为化名。

文化的特征时也有“边缘”（marginal）“正常”（normal）和“超常”（Hyper-Normal）的程度区别，会形成引发文化冲突的个体因素。对本国的主流文化特征极度吻合的个体，往往更有可能在跨文化交往中面临与其他文化的冲突（Brannen，2009）。

（3）管理挑战：Tsoukas（2009）指出："组织是给人们行动的流动赋予秩序的一种尝试，通过将特定意义一般化和制度化来尝试将行动导向一定的目的地，并给予它一定的形态。" Weick 等（2005）更认为意义建构和组织根本就是一体的两面。文化差异给管理工作带来挑战的根源在于差异引入了混沌和不确定性，令“什么才是正确的做事方式”对组织成员而言变得不再清晰。管理挑战意味着管理者面对文化差异导致的张力（Tension），感受到组织工作的平滑流动受到阻碍。

对抗是文化差异比较激烈的形式体现。

开始我们吵得很厉害……当然也想说服他（Frank）。可我要是说出十条我们能做到（及时交货）的理由，他就能说出十条做不到的理由……［张平，德国慕尼黑］

因为我不会说德语，英文也不是很好，起初我们讨论是有翻译在场。但是因为谈着谈着“火药味”太重，翻译夹在中间就不敢翻了。于是后来就干脆不要翻译在场了……［张平，德国慕尼黑］

文化差异给管理者带来的挑战还可能以程度并非格外激烈，但令工作充满阻力的“阻滞”形态表现出来。

在工作任务非常紧急的时候出现了机器故障，我们中国员工都比较着急，墨西哥员工们那边却兴高采烈地打开手机一边播放音乐，一边载歌载舞就“嗨”起来了……而且，绩效（考核）啊、奖惩啊这些措施，在这里效果也不好……［卢军，墨西哥］

当时我都火烧屁股了，他们怎么还来跟我提这些？（指德国工会代表提出要提前两周安排加班并且提供加班工人的补助、通勤以及餐饮的详尽方案）［陈诚，德国艾尔森堡］

文化差异还可能令管理者面临组织成员的分离，表现为组织成员对组织的一种明显的离散趋势，如池田提出辞职。

这些挑战令潜在的文化差异以突显的方式表现在组织管理的实践中，成为需要管理者解决和应对的问题。若不能妥善处理，很可能导致严重后果（Shenkar and Zeira，1990）。

4.2 跨文化对话

文化差异引起的冲突、阻滞和分离令工作场景中充满了模糊和不确定性。沟通是一种人们集体理解情境的组织过程。人们从互相谈话中提取资源，通过谈话对情境中的表征进行译码（Taylor，2002）。

若没有文化差异引起的挑战，很多潜在的假设都被个体直接内化于思维模式。对话为参与者提供了一个对彼此固有的文化假设进行探讨的机会。本文发现，跨文化管理者和他们的对话伙伴能够对形成隐性文化假设和固有信念的来源产生清醒的意识，并且对彼此这样做报以鼓励，通过这样一个过程，他们发展出一种共同工作和创造的活力和能力。探究和意义的自由流动令新的可能性涌现。事实上，这种能力可能存在于每个组织中，但多数处于休眠状态（Isaacs，1993），对话令其被唤醒。

（1）悬置假设：悬置假设是面对不同于自己的假设或观念的时候，暂时停止说服，且搁置评判冲动，创造一个能够容纳不同观点的中间状态（Argyris，2002）。此时，倾听和理解才有可能发生。悬置假设可能发生在谈话的不同时期。发生之前，谈话的参与者虽然在交谈，但并没有进入真正的“对话”。因为彼时影响（改造或说服）对方的愿望大于理解对方，也关闭了自己受对方影响的可能。学习，必然意味着个体一定程度的改变，意味着个体对影响的开放（Tsoukas，2009）。悬置假设之前的谈话还没有进入“既取亦予”（Give And Take）的阶段，也阻塞了文化学习的可能。悬置假设意味着对话参与方对于互动中可能存在的脆弱性和不确定性予以“悬置”，同时保持对对方乐观期望的状态（Argyris，2002）。Argyris（2002）也表明，此时才能促成双方更深层次地理解和互相学习，对话因而才有可能是富有成效的。

这样“吵”了很久，我意识到自己并没有站在他的角度看问题，所以可能我们看到的是问题的不同侧面。我提醒自己要缓下来，不要一直强调自己是正确的，要搞清楚为什么他会这么想。[张平，德国慕尼黑]

毕竟人家这个制度（工会）存在这么多年了，我们是刚来，想用我们的逻辑替换人家的肯定不现实。我觉得要先了解他们想法，再看看我们之间有没有融合的机会……［陈诚，德国爱森堡］

如数据显示，当管理者意识到自己“还不够了解”对方，或者要“暂缓”谈话的节奏时，他们就在自己理所当然的观念和由此产生的判断之间“悬置”了一个空间，在这个空间里，他们才能“邀请”对话的伙伴对于分歧的意见和模糊的情境进行共同探究和学习。“悬置假设”的出现令对话和一般的沟通和交谈区别开来。一般的沟通是为了“交换”（Exchange），如信息，但是对话更侧重于变革位于互动之下的隐性思考的性质（Isaacs，2001）。它意味着发展一种能力：在互动中悬置习惯性的思考或形成意义的过程，通常情况下，我们对这些习惯过程是缺乏觉察的。

（2）表达假设：“表达假设”的作用是在缺乏共同文化背景的对话参与者之间建立一种有利于彼此理解的共同基础。“表达假设”意味着不再只表达观点，而是要进一步表述其形成的基础和过程。如果说“悬置假设”之前的争论是对话参与者从“隐性假设”出发到形成观点，进而得出判断的“顺流直下”，那么“表达假设”意味着对上述过程的“逆流而上”。若将“隐性假设”视为人们看待世界的滤镜，“表达假设”不再是告诉对方自己看到了什么，而是尽量将这个滤镜递给对方，让对方理解自己看到的景象为何如此，尽管对“隐性假设”的表述永远不可能是完全的（Polanyi，1958）。

在此阶段，对话参与者会讲述自己生活的背景、经历和感悟或曾经的工作情境，会询问对方更深层次的想法和思考逻辑……和之前双方碰撞的观点相比，这些交流更为深入。“悬置假设”所建立的一个相对安全的心理空间令这种深度的对话有可能发生。正是在对这些故事的分享中，展示了观点之下的“隐性假设”来源；也是在对思考过程的探询和表述中，展示了观念之下更为本质的意义。在这个场域内，“表达假设”为缺乏相似文化背景的对话参与者之间产生更深层次的互相理解创造了可能。

张（平）给我讲了他刚到 M 工作时的情况，……有几次国外客户的订单交期也是非常紧张，那时候企业的条件比现在差很多，但国内工厂还是加班加点最后成功交付了……难怪他会有这样“疯狂”的想法（指接受订单），因为在他看来就是这种“疯狂”把 M 带到了现在的规模……［Frank，德国慕尼黑］

Marcus 告诉我，墨西哥从 1989 年才实行 9 年义务教育，也就是说大部分工人可能只读完了小学。这种情况甚至在领班中也很常见……所以，他们对于不在上级的指挥下独立完成额外的工作并不是很自信。［陈诚，墨西哥］

视域（Horizons）指与思想、经验、阅历等相关的见识和眼界等。与人们的文化背景和生活经历密切相关，它的不同会让人们产生分歧。但视域并非不可变的，且能够拓宽（Taylor，2002）。来自不同文化背景的对话参与者在对话之初各自拥有不同的视域。“表达假设”提供了一个能令对话参与者“步入”彼此视域的机会，为双方视域的进一步演化和融合创造了条件（Stahl and Brannen，2013）。

（3）反思假设：“反思假设”发生在每个谈话者在被对方话语的刺激和促进下，对自己的话语作反身性（Reflexive）理解的时候。Weick（1979）将对话称为“双重互动”（Double Interaction），换言之，直到另一方有了回应，一方行动者才能知道自己讲话的确切意义。“双重互动”意味着一方的反应令另一方行动者成为其自己感知的对象（Taylor，2002；Mead，1934）。此时交谈双方都会产生一种“惊奇”的感觉。这种“惊奇”来源于发现了以前未被自己理解的对方想法的合理性以及自己曾经紧紧防御观念的局限性。惊奇能够引发全神贯注（Mindfulness），令参与者摆脱“盲目”（Mindlessness），获得对隐性假设的觉察和洞见（Isaacs，2001）。对话的参与者逐渐放松了紧抓不放的“确定无疑”的观点，认识到别人并不是全然错误的，而自己之前捍卫的观念也并非全然正确的，此时他们能够对自己先前持有的观点保持一段距离，开始用一种全新的视角看待自己和对方的差异。

我没有想过恰恰是竞争不足导致了日本（汽车）部件企业的衰落……［池田，日本］

跟他们（工会代表）交流以后，我才发现，很可能以前我认为是最好的解决方案反而恰恰是最差的。［陈诚，德国爱森堡］

“反思假设”不仅感知到以前没注意到的事物，且是更新（Renew）自己与以往经验和假设的联结，“去聚焦”和“再聚焦”（Defocusing And Refocusing）其注意区间的过程（Bitbol and Petitmengin，2011）。“反思假设”拓展了对话参与者注意的区间，认识到自己潜在假设的局限性。这令对话的参与者共同参与到对更广泛的焦点的搜寻，因此孕育了新的假设和观点诞生的可能。

（4）变革假设：经历“悬置假设”“表达假设”和“反思假设”的对话参与者逐渐认识到被认为理所当然的假设来源于自己先前的文化情境和生活经验，它们和当前的情境并不完全匹配。当对话参与者不带有预测性并拒绝“盖棺定论”的态度，且能够努力理解和吸收对方陌生且奇异的观点时，每个对话者都潜在地令对方认识到其焦点意识（Focal Awareness）的局限性（Taylor，2002），并刺激其对更开阔的焦点意识的寻求。

这是一个彼此学习的过程，也是一个共同创造的过程。“变革假设”之所以可能发生，是因为对话的参与者在对彼此的假设进行探究的过程中“共享”了这些假设。不同的参与者提供了不同假设，并且提供了基于这些假设的归纳和演绎的推理过程。共享的同时，对话的参与者发现它们各自的合理性和局限性，这为调整、更新以及变革原有的假设奠定了基础。

①重构假设，意味着对原有假设重新构造，或者至少把强调的重点从某一类转移到另一类，从而涌现出新的观点或视角。

我原来认为他们（墨西哥工人）责任心太差、工作缺乏主动性。但现在觉得他们需要更多的指导，也需要更多的时间来适应我们的要求，我应该更有耐心……［陈诚，墨西哥］

我以前觉得中国人都很热爱工作，……他们也不喜欢唱歌跳舞、也不怎么爱玩，好像世界上只有工作……后来卢跟我们聊天说他存的钱要回国给他女儿买架钢琴，让女儿学会弹琴、唱歌跳舞……我就觉得其实中国人工作也是为了生活的，也很爱家人，这跟我们没有什么不同。［一位墨西哥员工，墨西哥］

②扩张假设，意味着超越原有假设的核心范畴，以匹配新的情境。

M 的竞争不仅能够刺激日本的部件企业觉醒，而且会促进它的改革和进步……而我作为一个汽车部件设计师，我在 M 设计的产品大多数也都在为日本的车厂配套，从这个意义上来说，我的工作仍然是为了我们的车厂能够生产更好的汽车产品而服务的。［池田，日本］

③合并假设，意味着新的假设可能通过合并两个或更多现有的假设而产生，新的假设能够更好地适应现有的情境，并为其带来改变。

为什么不能够把他们的计划性和我们的灵活性结合起来呢？……［陈诚，德国爱森堡］

我相信正是生产上的严谨和精确才带来了我们德国制造业的优势，不过张（平）说的那种冒险、进取、即兴发挥……可能也是我们缺乏的。［Frank，德国慕尼黑］

基于 Dewey（1934）的理论，若对已有概念进行有意识的调整和再造，有意识地使用前缀“再”（Re）来变革已有的概念，比如：再排序（Re-order）、再安排（Re-arrange）、再设计（Re-design），就能够创造新的视角或知识（Nonaka and Takeuchi，1995）。

4.3 跨文化对话的作用机制：意义建构

跨文化对话是意义建构的载体和实现过程，意义建构是跨文化对话的内在机制。意义建构始于混沌（Weick et al.，2005），其首要目的是为应对不确定性寻求意义（Mills，2003）。张平和 Frank 之间关于市场与质量、生产灵活性与规律性的优先性问题；池田面临的国籍身份与组织身份的冲突问题；卢军和当地员工关于工作与生活的看法问题；陈诚与工会关于加班安排的灵活性与有序性、集体利益与私人时间的矛盾问题等诸多问题，如果得以顺利解决，组织成员便会根据建构的意义走向下一步的行动。否则，组织成员会陷入困惑，而组织实践会陷入困顿或冲突。

与无涉文化差异的情境不同，跨文化情境中的组织成员无法从已有的制度约束、组织假设、计划、期望以及前人固有的传统中提取理解当前情境的元素。事实上，正是因为来自不同文化背景的成员分别试图用自己固有的传统或组织假设、期望来理解现有的情境才造成了当前的分歧。因为缺乏“共有”的历史和传统，他们分别从自己的隐性假设出发建立各自的解释框架，而这些解释框架可能正是彼此矛盾甚至冲突的根源。用 Isaacs（1993，2001）的话说，这是因为组织成员彼此采用了“碎片化”（Fragmentation）的思考方式。跨文化对话中的意义建构“是一种用新的眼睛感知世界的方式，而不是用最初制造了问题的思想来解决问题”（Isaacs，1993：30）。

从跨文化对话的过程可以看出，此时的意义建构包含两部分的内容：

（1）意义解构（Sense-deconstructing）：是将观念从它所依附的、存在盲点和偏见的文化、传统和经验分离开来，从“碎片化”产生的思维方式中退后一步，为新的观念和思维方式的产生提供空间和素材。文化影响到人们基本假设的形成（Hofstede，2001；Bohm，2013）。这些基本假设与更深层次的信念联系在一起，当受到挑战时，很容易产生直接的反应——防御（Defending）。此时人们思考和行动的方式会引导他们寻求“胜利”、免于“失败”，在与“对手”的相遇中能控制对方（Bohm，2013；Isaacs，2001），这样的行为带来的结果必然是竭力维护自己的观念而并没有真正深入了解和探究对方的想法究竟是什么。这也是跨文化冲突中令组织成员感觉困惑和挫败的根源。“意义解构”主要在“悬置假设”“表达假设”和“反思假设”过程中得以实现。

对话中的“意义解构”将观念的冲突与更深层次的信念间的联系解脱出来，分别从认知和情感上理解、接纳与自己的固有文化、传统和经验迥异的思维和行为模式，不再将固守的文化假设作为唯一正确的原则。只有当对话参与者不带有预测性并拒绝“盖棺定论”的态度，且能努力理解和吸收对方陌生且奇异的观点时，才有可能建构更具包容性和解释力的新的意义。

（2）意义重组（Sense-reorganizing）：是在意义建构中将来自其他文化的思考方式及合理成分包含进来，生成具有创造性和更具包容性的新的意义。是对话参与者彼此共享不同的隐性假设和思考过程，视域的共享令他们不仅可以从自己固有的假设和传统、经历中提取理解当前情境的元素，还可以分享和利用其他参与者不同的假设和经历中的合理成分，并加以创造性地运用。“意义重组”体现在“变革假设”中，并通过“表达假设”成为对话参与者共享的内容。

大量研究显示，已有的思维框架通常会阻止人们从不同的视角看待问题（Weick，1988，1993）。跨文化对话的参与者通过意义建构机制中的“意义解构”和“意义重组”对已有信念结构（Belief Structure）进行协商，并涌现出新的信念结构，创造力由此产生。

在跨文化对话的过程中，悬置假设、表达假设、反思假设和变革假设并非一蹴而就，也不是线性前进的，这几个过程会伴随跨文化对话过程的展开往复出现，意义解构和意义重组也在其中持续发挥作用。

4.4 和而不同

跨文化对话通过意义建构机制变革了参与者彼此原本“不可通约”的隐性假设，发展出有更强说服力和渗透性的、能容纳更广阔视域的解释框架。跨文化对话过程中，一方坚信“正确做事方式”的盲目性与对方不同做事方式的合理性会浮现，由深层次文化差异带来的分歧被打破并重新评估，源自个体所属文化群体的“碎片化思维”得到变革，能够形成包含和容纳不同文化假设的集体性思维与行动，令原本存在分歧的对话参与者愿意共同尝试与惯例不同的解决方案，并愿意为此共同负责。

……按时交货虽然保证了，但由此额外产生了两百多万欧元的运费……我跟 Frank 说：“这次这件事，我错了。这个责任应该由我来承担。”没想到他跑到客户那里，也不知使了什么办法，竟然迫使客户同意支付这笔额外的费用，帮公司挽回了巨大的损失。[张平，德国慕尼黑]

现在我会给工人更详细的指导，会告诉工人从起始到结束的详细步骤。……我觉得墨西哥工人的状况也比刚开始好了很多……现在如果机器坏了他们不会兴高采烈地跳舞了，会主动打电话找当地维修公司来处理……[卢军，墨西哥]

这种集体性思维相对“碎片化思维”而言，并不是形成统一或一致的看法。“意义建构”消解了尖锐的对立，建立了彼此理解的共同基础，但并不是消除差异，而是包容差异，并能够欣赏不同。

我和工会讨论出一个方案，就是每周延长 2 个小时的工作时间，一年减少 1 天休假。这在德国是非常难得的！……我们还在探讨怎么恢复这里的社区传统，他们教会了我很多东西。[陈诚，德国爱森堡]

如果我来决策的话可能不会签这个合同。风险是避免了，但也可能失去了发展这个重要客户的机会……今年我们拿到了这个客户全球供货商的创新奖，如果当初没有张平的坚持，我们很难进入这个客户的供货商系统。[Frank，德国慕尼黑]

合作不一定必须通过跨文化对话实现。组织规范的硬性要求或用利益进行交换都可能得到组织成员的合作行为（Nielsen，1993）。但与上述合作不同的是，跨文化对话通过意义建构改变了组织成员根植于不同文化假设的思维模式，形成了能包容对方观点的集体性思维与行动，这种观念改变后的合作相对而言更为持久和深刻（Nielsen，1993）。这种合作的结果能够反作用于组织成员原有的文化差异，有助于组织包容文化差异的新的文化。

4.5 结论

跨文化组织中不同文化背景的成员由于彼此拥有不同的隐性假设，会对“什么才是正确的行为方式”形成不同的解释框架。在特定结构/情境因素和个体因素形成的触发条件作用下，给组织管理的正常运行带来挑战。这些挑战可能以对抗、阻滞、分离的形式反映出来。通过跨文化对话，参与者经历悬置假设、表达假设、反思假设和变革假设的过程，实现对原有文化假设的重构、扩张或合并。悬置假设是跨文化对话的起点，也是进入跨文化对话的首要条件。在跨文化对话中，意义建构机制以意义解构和意义重组两种形式发挥作用，变革了源自不同文化群体的“碎片化思维”，形成既共担责任又包容差异的和而不同的结果，令组织成员由文化差异引起的分歧走向合作。

意义建构帮助组织成员发展出“更好的故

事”（Weick et al.，2005），具有更强的文化包容性和解释力，促成合作的发生与发展，并进入跨文化组织的历史和经验，成为跨文化组织不断形成的组织文化的一部分。

5 讨 论

5.1 理论贡献与启示

（1）本文回应了跨文化管理研究“摆脱文化主义”呼吁（Primecz et al.，2009；Brannen，2009；Birkinshaw et al.，2011），文化主义典型的代表是 Hofstede（2001）的国家文化维度理论。文化主义认为个体和组织是嵌入文化情境的行动者或行动者的集合（Hofstede，2001），行动者的各种绩效受制于文化，因此他们可能具备适应不同文化情境的个体特质，或者发展出适应不同文化情境的个人能力，但不能改变文化。文化主义的一个重要局限就是将文化视为静态和统一的，缺乏以过程的概念理解文化和组织及行动者的互动影响。文化并不是个体文化简单会聚而成，而是由个体动态创造和实现的（Van Maanen and Barley，1984）。本文采用解释主义的质性研究，关注文化互动的展开过程，既承认文化的历史根源，也给个体在特定组织情境下的积极作为留下空间。

（2）本文建立了“跨文化对话理论模型”，参与者通过经历悬置假设、表达假设、反思假设和变革假设的过程，能够采用新的视角和解释框架来看待彼此原有的分歧，并经过创造性的意义建构产生建立在集体性思维与行动基础上的合作。此模型的建立，打开了跨文化情境下有效沟通的“黑箱”，阐明了参与者的互动如何伴随对话的进程发展变化，揭示了跨文化对话在解决文化冲突引起的分歧时发挥作用的内在机理。

（3）在存在文化冲突时，“心智开放的沟通”发生的条件和起点是“悬置假设”。悬置假设发生之前，谈话的参与者虽然在交谈，但并没有进入真正的“对话”。因为彼时影响或说服对方的愿望大于理解对方，也关闭了自己受对方影响的可能。悬置假设之前的谈话还没有进入“既取亦予”（Give And Take）的阶段，也阻塞了文化学习的可能。悬置假设意味着对话参与方对于互动中可能存在的脆弱性和不确定性予以“悬置”，同时保持对对方乐观期望的状态（Argyris，2002）。Argyris（2002）也表明，此时才能促成双方更深层次地理解和互相学习，此时文化冲突经因跨文化对话而具有建设性。

（4）本文将“意义建构”理论应用于跨文化的情境中，并识别出意义建构机制在对话过程中通过“意义解构”和“意义重组”两个子机制发挥作用，为理解缺乏“共有”历史和传统的组织成员“为何”可以通过跨文化对话从文化差异引起的分歧走向合作提供了更适切的理论解释。“意义解构”将观念从它所依附的、存在盲点和偏见的文化、传统和经验分离开来，令对话参与者从“碎片化”的思维方式中退后一步，为新的观念和思维方式的产生提供空间和素材。“意义重组”将来自其他文化的思考方式及合理成分包含进去，在因文化差异而隔阂的组织成员之间建立了共同基础。“意义解构”和“意义重组”更精细地解释了“意义建构”机制在跨文化对话中的运作机理。

(5) 我国于 2013 年提出“一带一路”倡议，建设核心为包含政策沟通、道路联通、贸易畅通、资金融通和民心相通在内的“五通”。其中，民心相通是文化与观念的融通。中国企业在国际化经营中进行有效的跨文化管理，是实现民心相通的微观基础和具体场域。本文提出的“跨文化对话整合模型”将对中国企业在跨文化管理实践中积极应对文化差异带来的挑战提供启示和借鉴。

5.2 局限与未来展望

本文虽然回答了个体如何通过跨文化对话令组织成员从文化差异引起的分歧走向合作，但并没有探讨什么样的个体更有可能采用跨文化对话这种特殊的沟通方式。具备某些特质（如高经验开放性）和能力（如文化智力）的个体更有可能采用跨文化对话的方式应对文化差异带来的管理挑战（刘畅唱等，2016；Ang et al.，2006）。对上述问题的研究更适合采用定量研究的方法，可以作为未来研究的方向。

与大多数质性研究一样，本文也存在普适性局限。由于本文基于解释主义（Interpretivism）范式（李平等，2018），在研究的评估标准上更强调可信性（Credibility）、可转移性（Transferability）、可靠性（Dependability）及一致性（Conformability）（Symon and Cassell，2012），与基于实证主义（Positivism）的质性研究对构念效度、内部效度、外部效度及信度（Yin，2014）的要求存在一定差异。未来可依照 Welch 等（2011）的建议，选用基于不同哲学基础的多样定性方法对新颖、特殊和多元环境下的现象进行研究和解释。为令模型更具启发性，未来可将跨文化沟通失败的案例作为对照，将背后的机制或原因与现有框架对比整合，以增加模型的现实意义。

参考文献

[1] Adair W. L., Okumura T., Brett J. M. Negotiation Behavior When Cultures Collide: The United States and Japan [J]. Journal of Applied Psychology, 2001, 86 (3): 371.

[2] Adair W. L., Buchan N. R., Chen X. P., et al. A Model of Communication Context and Measure of Context Dependence [J]. Academy of Management Discoveries, 2016, 2 (2): 198-217.

[3] Ang S., Van Dyne L., Koh C. Personality Correlates of the Four-factor Model of Cultural Intelligence [J]. Group and Organization Management, 2006, 31 (1): 100-123.

[4] Argyris C. Double-loop Learning, Teaching, and Research [J]. Academy of Management Learning and Education, 2002, 1 (2): 206-218.

[5] Birkinshaw J., Brannen M. Y., Tung R. L. From A Distance and Generalizable to Up Close and Grounded: Reclaiming A Place for Qualitative Methods in International Business Research [J]. Journal of International Business Studies, 2011, 42 (5): 573-581.

[6] Bitbol M., Petitmengin C. On Pure Reflection [J]. Journal of Consciousness Studies, 2011, 18 (2): 24-37.

[7] Bohm D. On Dialogue Thinking [J]. The Journal of Philosophy for Children, 1998, 14 (1): 2-7.

[8] Bohm D. On Dialogue [M]. New York: Routledge, 2013.

[9] Brannen M. Y. Culture in Context: New Theorizing for Today's Complex Cultural Organizations [M]. UK: Palgrave Macmillan, 2009.

[10] Charon J. M. Symbolic Interactionism: An Introduction, an Interpretation, an Integration [M]. NJ: Prentice-Hall, 2001.

[11] Dewey J. Art as Experience [M]. New York: Perigee Books, 1934.

[12] Gecas V. The Self Concept [J]. Annual Review of Sociology, 1982, 8 (1): 1-33.

[13] Gergen K. J., Gergen M. M., Barrett F. J. Dialogue: Life and Death of the Organization [A]// G. David., H. Cynthia, O. Cliff, and L. L. Putnam. The Sage Handbook of Organizational Discourse [M]. New York: Sage, 2004.

[14] Glaser B. G. Basics of Grounded Theory Analysis [M]. Mill Valley, CA: Sociology Press, 1992.

[15] Graebner M. E., Heimeriks K. H., Huy Q. N., et al. The Process of Post-merger Integration: A Review and Agenda for Future Research [J]. Academy of Management Annals, 2017, 11 (1): 1-32.

[16] Gross M. A., Guerrero L. K. Managing Conflict Appropriately and Effectively: An Application of the Competence Model to Rahim's Organizational Conflict Styles [J]. International Journal of Conflict Management, 2000, 11 (3): 200-226.

[17] Hajro A. Cultural Influences and the Mediating Role of Socio-Cultural Integration Processes on the Performance of Cross-Border Mergers and Acquisitions [J]. The International Journal of Human Resource Management, 2015, 26 (2): 192-215.

[18] Harikkala-Laihinen R., Hassett M., Raitis J., et al. Dialogue as a Source of Positive Emotions During Cross-border Post-acquisition Socio-cultural Integration [J]. Cross Cultural and Strategic Management, 2018, 25 (1): 183-208.

[19] Hofstede G. H. Culture's Consequences: Comparing Values, Behaviors, Institutions and Organizations across Nations [M]. Thousand Oaks, CA: Sage, 2001.

[20] Hong Y. Y., Wan C. No S., Chiu C. Y. Multicultural Identities [J]. Cultural Psychology, 2007, 11 (3): 323-345.

[21] House R., Javidan M., Dorfman P. Project GLOBE: An Introduction [J]. Applied Psychology, 2001, 50 (4): 489-505.

[22] Isaacs W. N. Taking Flight: Dialogue, Collective Thinking, and Organizational Learning [J]. Organizational Dynamics, 1993, 22 (2): 24-39.

[23] Isaacs W. N. Toward an Action Theory of Dialogue [J]. International Journal of Public Administration, 2001, 24 (7-8): 709-748.

[24] Kim Y. Y. Achieving Synchrony: A Foundational Dimension of Intercultural Communication Competence [J]. International Journal of Intercultural Relations, 2015 (48): 27-37.

[25] Liu L. A., Adair W. L., Tjosvold D., et al. Understanding Intercultural Dynamics: Insights from Competition and Cooperation in Complex Contexts [J]. Cross Cultural and Strategic Management, 2018, 25 (1): 2-31.

[26] Liu L. A., Friedman R. A., Chi S. -C. "Ren Qing" Versus the "big 5": The Need for Culturally Sensitive Measures of Individual Difference in Negotiation [J]. Management and Organization Review, 2005, 1 (2): 225-247.

[27] Liu L. A., Ma L., Chua C. -H., et al. The confluence of cultural richness and global identity in intracultural and intercultural negotiations [J]. Academy of Management Best Paper Proceedings, 2013 (1): 14123.

[28] Liu Z., Morris M. W. Intercultural Interactions and Cultural Transformation [J]. Asian Journal of Social Psychology, 2014, 17 (2): 100-103.

［29］ Mead G. H. Mind, Self and Society ［M］. Chicago: University of Chicago Press, 1934.

［30］ Miles M. B., Huberman A. M., Saldaña J. Qualitative Data Analysis: A Methods Sourcebook ［M］. Califorinia: Thousand Oaks, 2014.

［31］ Mills H. J. Making Sense of Organizational Change ［M］. New York: Routledge, 2003.

［32］ Moore F. Transnational Business Cultures: Life and Work in a Multinational Corporation ［M］. CA: Routledge, 2016.

［33］ Nicholls C. E., Lane H. W., Brechu M. B. Taking Self-managed Teams to Mexico ［J］. Academy of Management Executive, 1999, 13 (3): 15-25.

［34］ Nielsen R. P. Woolman's "I am we" Triple-loop Action Learning: Origin and Application in Organization Ethics ［J］. Journal of Applied Behavioral Science, 1999, 29 (1): 117-138.

［35］ Nonaka I., H. Takeuchi. The Knowledge Creating Company ［M］. New York: Oxford University Press, 1995.

［36］ Patton M. Q. Two Decades of Developments in Qualitative Inquiry a Personal, Experiential Perspective ［J］. Qualitative Social Work, 2002, 1 (3): 261-283.

［37］ Perretti F., Negro G. Mixing Genres and Matching People: A Study in Innovation and Team Composition in Hollywood ［J］. Journal of Organizational Behavior, 2007, 28 (5): 563-586.

［38］ Polanyi M. Personal Knowledge ［M］. Chicago: University of Chicago Press, 1958.

［39］ Primecz H., Romani L., Sackmann S. Multiple Perspectives in Cross-cultural Management ［J］. International Journal of Cross-cultural Management, 2009, 9 (3): 267-274.

［40］ Sarala R. M., Junni P., Cooper C. L., et al. Sociocultural Perspective on Knowledge Transfer in Mergers and Acquisitions ［J］. Journal of Management, 2016, 42 (5): 1230-1249.

［41］ Shenkar O., Zeira Y. International Joint Ventures: A Tough Test for HR ［J］. Personnel, 1990, 67 (1): 26-31.

［42］ Søderberg A. M. Sensegiving and Sensemaking in an Integration Processes ［M］. Chicago: University of Chicago Press, 2003.

［43］ Stahl G. K., Brannen M. Y. Building Cross-cultural Leadership Competence: An Interview with Carlos Ghosn ［J］. Academy of Management Learning and Education, 2013, 12 (3): 494-502.

［44］ Symon G., Cassell C. Qualitative Organizational Research: Core Methods and Current Challenges ［M］. London: Sage, 2012.

［45］ Taylor C. Understanding the Other: A Gadamerian View on Conceptual Schemes Gadamer's Century: Essays in honor of Hans-Georg Gadamer ［M］. Cambirdge, MA: MIT Press, 2002.

［46］ Tjosvold D., Wong A. S., Feng Chen N. Y. Constructively Managing Conflicts in Organizations ［J］. Annual Review of Organizational Psychology and Organizational Behavior, 2014, 1 (1): 545-568.

［47］ Tsoukas H. A dialogical approach to the creation of new knowledge in organizations ［J］. Organization Science, 2009, 20 (6): 941-957.

［48］ Tung R. L. US-China trade negotiations: Practices, Procedures and Outcomes ［J］. Journal of International Business Studies, 1982, 13 (2): 25-37.

［49］ Van Maanen J., Barley S. R. Occupational Communities: Culture and Control in Organizations ［C］// In B. M. Staw and L. L. Cummings (Eds.), Research in Organizational Behavior. Greenwich, CT: JAI Press, 1984: 287-365.

［50］ Weick K. E. Enacted Sensemaking in Crisis Situations［J］. Journal of management studies, 1988, 25 (4): 305-317.

［51］ Weick K. E. The Collapse of Sensemaking in Organizations: The Mann Gulch Disaster［J］. Administrative Science Quarterly, 1993 (38): 628-652.

［52］ Weick K. E., Sutcliffe K. M., Obstfeld D. Organizing and the Process of Sensemaking［J］. Organization Science, 2005, 16 (4): 409-421.

［53］ Weick K. The Social Psychology of Organizing［M］. Reading, MA: Addison-Wesley, 1979.

［54］ Welch C., Piekkari R., Plakoyiannaki E., et al. Theorizing from Case Studies: Towards a Pluralist Future for International Business Research［J］. Journal of International Business Studies, 2011, 42 (5): 740-762.

［55］ Yagi N., Kleinberg J. Boundary Work: An Interpretive Ethnographic Perspective on Negotiating and Leveraging Cross-cultural Identity［J］. Journal of International Business Studies, 2011, 42 (5): 629-653.

［56］ Yin R. K. Case Study Research: Design and Methods［M］. UK: Sage, 2014.

［57］ 李平，杨政银，曹仰峰．再论案例研究方法［M］．北京：北京大学出版社，2018.

［58］ 刘畅唱，贾良定，李珏兴，等．经验开放性对跨文化管理有效性的作用机制［J］．心理学报，2016，48（10）：1326-1337.

［59］ 野中郁次郎，德冈晃一郎．日产，这样赢得世界［M］．北京：中国人民大学出版社，2010.

论文执行编辑： 姜　嫦

论文接收日期： 2019年6月14日

作者简介：

刘畅唱（1975—），南京工业职业技术大学讲师，管理学博士。研究方向：跨文化管理和组织行为。E-mail：melodylcc@126.com。

贾良定（1968—）（通讯作者），南京大学教授，管理学博士，博士生导师，长江学者。研究方向：专业主义、雇佣关系以及产业集群。E-mail：jldyxlzs@nju.edu.cn。

杨椅伊（1992—），南京大学博士研究生。研究方向：战略人力资源管理。E-mail：yiyiyanglucky@163.com。

Cross-cultural Dialogue in Working Context: A Sensemaking Process from Discrepancy to Cooperation

Changchang Liu[1] Liangding Jia[2] Yiyi Yang[2]

(1. School of Business and Trade, Nanjing Industry Institute of Technology, Nanjing, China

2. School of Business, Nanjing University, Nanjing, China)

Abstract: Based on a case study from overseas branches of a Chinese MNE—Germany, Japan, and Mexico, it shows that cultural differences can develop into organizational management challenges under specific trigger condition. Thus, it will threaten the normal operation of organizations in the form of confrontation, blockade or separation. Confronted with cultural conflicts, managers will experience the process of suspending assumption, expressing assumption, reflecting assumption, and transforming assumption with the multi-cultural HCNs together through cross-cultural dialogue. In this way, reconstruction, expansion, or merging of once disagreed cultural assumptions will be realized. Ultimately, it can lead to a "he er bu tong" (harmony in diversity) result which is characterized by shared responsibility and embracing differences. Sensemaking comes into play in the cross-cultural dialogue. Working through the two sub-mechanisms of sense-deconstructing and sense-reorganizing, the mechanism renders dialogue participants negotiate with existing belief structure. The original "incompatible" implicit assumptions between the participants are transformed to a more persuasive and permeable interpretative framework which contains a broader horizon. Therefore, enabling dialogue participants gradually achieve cooperation from discrepancy induced by cultural differences.

Key Words: Cultural Conflicts; Cross-cultural Dialogue; Sensemaking; He-er-bu-tong; Enterprise Internationalization

JEL Classification: F23, F51, L20

奖励额度和顾客体验对消费者朋友圈分享行为的影响研究*

□曾 慧 魏 静 龙正琴

摘 要：文章通过实证研究探讨了奖励额度和顾客体验对消费者朋友圈分享行为的影响。研究发现：在有奖分享的情景下，高奖励额度比低奖励额度带来更强的消费者获得奖励动机和更高的消费者分享意愿，且获得奖励动机在奖励额度对分享意愿的影响上起部分中介作用；同时，研究证实在有奖分享情景下，顾客体验在奖励额度影响消费者获得奖励动机和分享意愿上具有调节作用，具体而言：在正面顾客体验下，奖励额度对获得奖励动机的影响差异不显著，但对分享意愿的影响差异显著，而在负面顾客体验下，奖励额度对获得奖励动机和分享意愿的影响差异均显著；最后，研究发现在有奖分享情景下，相对于负面顾客体验，具有正面体验的顾客会有更高的分享意愿。

关键词：推荐奖励计划；奖励额度；顾客体验；朋友圈分享

JEL 分类：M31

引 言

社交网络的普及和发展，不仅仅改变了人们的生活方式和生活态度，也为人际传播提供了新途径。社交媒体凭借其社区化、公开化和透明化等特点为口碑传播和人际推广创造了机会（孙潇雅、周颖，2017）。因此，越来越多的商家以社交媒体为平台，采用在线分享和有偿奖励相结合的“推荐奖励计划”获取更多的顾客，如餐厅要求顾客发表评论到某些网络平台后再给其价格折扣或商家要求顾客将产品分享到朋友圈后给其相应赠品，或者淘宝上部分店家通过现金返还形式以使顾客给予其产品在线好评等，这些活动都是“推荐奖励计划”的表现形式。

* 基金项目：国家自然科学基金项目（71902129），四川省社科规划项目（SC17C041）。

影响消费者推荐行为的因素很多。有研究指出，在无奖励刺激的影响下，消费者对感到满意的产品或服务发布正面口碑的可能性更大（Sundaram et al.，1998；于春玲等，2011），且在商家奖励的激励下，这种正面口碑传播行为会进一步加强（Wirtz and Chew，2002），而不满意的顾客会出于情感宣泄等进行负面口碑传播（张晓飞、董大海，2011；于春玲等，2011）。推荐奖励计划不仅仅受到奖励的刺激，而且还受到奖励额度和消费者所需要付出的努力程度等的影响（朱翊敏，2013），同时也会受到消费者自我构建（孙潇雅、周颖，2017）以及消费者的预算约束（周丹等，2017）等影响。除此之外，曾慧等（2018）以消费者的产品满意度为调节变量，考察了好评奖励计划对店铺评价和好评意愿的影响。

微信朋友圈作为高频率应用的社交媒体，是用户进行相互交流、日常生活呈现的主要媒介。朋友圈（Friendship Group）是指人们在社交平台上互相关注、互相交流、互相分享而形成的以个人为中心的社会关系网络（Tsai and Bagozzi，2014；刁雅静等，2019）。赵海霞和李一鸣（2018）研究指出当代大学生的微信朋友圈主要是以链接和"图片加文字"形式的转发。赵大丽等（2016）研究表明用户的知识共享态度会显著影响用户微信朋友圈的共享意愿，同时其知识共享态度受到社会资本的影响。除此之外，微信用户行为与现实的人际关系有很大的联系，其朋友圈行为会受到微信通讯录好友、现实生活中的熟人和公众平台的影响（黄炜等，2016）。由此可见，用户在微信朋友圈的分享行为的影响因素较为复杂。同时，也有许多商家利用消费者在微信朋友圈互动参与形式来增加其商业价值（刁雅静等，2019）。微信朋友圈不同于其他第三方社交平台，成员之间的联系更加紧密、参与度更高，分享"匿名性"的帽子也被摘下（冯英健，2013）。微信朋友圈的社交行为在社交商务的实现中扮演了重要作用，社交商务即是将关注、讨论、社交和推荐等因素融入商务活动，从而引导消费者完成购物行为（Liang and Turban，2011；刁雅静等，2019），商家利用消费者的社交网络来主导产品或服务的营销。已有研究指出微信用户可以借此发布信息、分享经验、交流情感，这也是社交商务区别于传统电子商务的重要特征（刁雅静等，2019）。而且有研究证实了发生在朋友圈的推荐行为能更好地利用用户的社会信任信息，所以推荐行为的准确性也会有效地提高（张舒等，2018）。与微信朋友圈这类社交平台相比，在第三方平台中，已有研究证明，在正面品牌体验情境下，精神奖励和物质奖励对消费者的品牌至爱影响差异不显著，而在负面的品牌体验情境下，精神奖励的影响作用更大（杨德锋等，2014）。产品体验和好评返现的额度也会交互影响消费者的在线评论（李婷婷、李艳军，2016）。由此可见顾客体验在其中会发挥一定作用。因此，在微信朋友圈中，不同额度的推荐奖励计划和正、负面的顾客体验怎样影响消费者分享行为？这个问题还有待进一步研究。

基于此，本文将探讨奖励额度的高低和顾客体验对消费者朋友圈分享行为的影响。首先探讨在有奖分享情景下，奖励额度对消费者分享行为的差异影响；接着加入顾客体验作为调节变量进行考察，探讨奖励额度和顾客体验共同对消费者分享行为的影响。

1 文献综述

1.1 推荐奖励计划

推荐奖励计划是指企业通过主动提供各种奖励的方式鼓励消费者利用其关系网络和社会资源为企业进行正面口碑传播的过程（Ryu and Feick，2007；朱翊敏、于洪彦，2015）。通过文献梳理发现奖励计划内容的研究主要涉及“奖励对象”“奖励类型”和“奖励额度”三个方面（孙潇雅、周颖，2017；朱翊敏、于洪彦，2015；黄静等，2013；Kuester and Benkenstein，2014）。在奖励对象方面，同时奖励推荐双方更能提高消费者的推荐意愿（朱翊敏、于洪彦，2015）。在奖励类型方面，黄静等（2013）研究指出对于社交型消费者，礼物赠送更能提高其推荐意愿；对交易型的消费者来说，金钱奖励更能提高其推荐意愿。朱翊敏和于洪彦（2016）研究表明，在推荐奖励计划中，不同调节聚焦的顾客面对不同奖励类型（享乐性赠品和实用性赠品）时的推荐意愿具有差异。Jin 和 Huang（2014）研究了金钱奖励和实物奖励（非现金奖励）在推荐奖励计划中的不同影响。在奖励额度方面，Kuester 和 Benkenstein（2014）研究结果表明推荐奖励计划积极的影响取决于奖励的大小，小奖励的推荐方案可以增加推荐人的态度和忠诚度，但是对于大奖励的推荐方案没有发现。除此之外，已有研究表明推荐者与被推荐者的关系强度（朱翊敏、于洪彦，2015）、消费者自我构建（孙潇雅、周颖，2017）以及消费者的预算约束（周丹等，2017）等都会对推荐奖励计划产生影响。由此可见，推荐奖励计划的效果和作用会受到不同变量的影响。

1.2 顾客体验

顾客体验是消费者的一种个别化的感受，是顾客亲身感受或参与所引发的事件与心理活动互动的结果（Schmitt，1999；范秀成，2001）。顾客体验在营销领域具有重要作用，Pentina 等（2011）研究了在线购物体验对浏览器满意和零售业绩的影响，结果表明浏览器满意是在线购物体验对零售业绩影响的中介变量。范秀成（2001）研究了顾客体验与服务品牌建设之间的关系，结果表明顾客体验是服务品牌的驱动力。Phil Klaus 和 Maklan（2012）研究中指出服务体验会显著影响顾客的满意、忠诚和口碑传播意愿。此外，消费者产品体验的满意与否通常也是影响电子商务网站在线好评的重要因素（李婷婷、李艳军，2016）。然而对处于正面体验情境下的消费者来说，奖励类型对消费者原有品牌至爱的影响无显著差异，但是对于处于负面体验情境下的消费者来说，精神奖励的影响作用更大（杨德锋等，2014）。因此，根据研究需要，本文将以顾客的正面和负面体验对推荐奖励计划的效果进行研究分析。

2 研究假设

2.1 奖励额度对消费者朋友圈分享行为的影响

奖励额度是指企业为了鼓励和刺激消费者向他人推荐，而向消费者提供的奖励金额（朱翊敏、于洪彦，2015）。根据研究需要，本文考察的顾客朋友圈分享行为相关的变量包括获得奖励动机和分享意愿。根据已有研究和本文的研究情境，获得奖励动机主要是指消费者进行朋友圈分享是想获得商家给予的奖励或消费者分享行为是受到商家奖励计划的激励等（曹丽等，2014；阎俊等，2011；Hennig－Thurau et al.，2004）；分享意愿是指消费者考虑或愿意通过朋友圈转发向他人传播其接收到的推荐信息的意愿等（王秀丹，2015；栗芸，2016）。朱翊敏和于洪彦（2015）研究表明：与无奖励形式相比，有奖励时消费者的推荐意愿会更高。消费者在参与推荐奖励计划时会受到感知推荐价值和感知社会风险的影响而做出决策（王晓玉，2010）。与此同时，有学者指出奖励计划中的奖励额度的大小会影响消费者的感知利益的多少，进而对消费者的行为产生影响（Long and Schiffman，2000；朱翊敏，2013）。也有学者指出奖励计划会对消费者的顾客评价和重购意愿都会产生积极影响（Bolton et al.，2000）。已有研究指出奖励额度会正向影响消费者的推荐意愿（朱翊敏等，2011），因此消费者在高奖励额度下比低奖励额度下的分享意愿更高。同时，在有奖分享下，商家给予的奖励越高，消费者则越可能会为了得到奖励而进行分亨，即消费者在高奖励额度下比低奖励额度下获得奖励动机更强。消费者在高奖励额度下比低奖励额度下会为了获得奖励更愿意参加商家的推荐奖励计划，即带来更高的分享意愿，故本文认为获得奖励动机是奖励额度对分享意愿影响的中介变量。基于此，本文提出以下假设：

H1a：在有奖分享情景下，消费者在高奖励额度下比低奖励额度下的获得奖励动机更强。

H1b：在有奖分享情景下，消费者在高奖励额度下比低奖励额度下的分享意愿更高。

H2：获得奖励动机是奖励额度对分享意愿影响的中介变量。

2.2　顾客体验和奖励额度对消费者朋友圈分享行为的影响

顾客体验是顾客亲身感受或参与所引发的事件与心理活动互动的结果（Schmitt，1999；范秀成，2001）。消费者在自然口碑的情景下对产品或服务感到满意时会有较大可能进行正面口碑宣传（Sundaram et al.，1998；于春玲等，2011）。当顾客具有正面体验时，其自身的消费成本和感知利益相近，消费者的自然评价就会相对较高（李婷婷、李艳军，2016）。对于具有正面体验的顾客而言，优质的产品或服务让消费者产生了满意的情绪，同时实际顾客体验和朋友圈的分享内容一致性较高，又受到奖励的刺激作用，因此消费者会更愿意参加商家的推荐奖励计划，分享意愿就会更高。基于此，本文提出以下假设：

H3：在有奖分享情景下，正面的顾客体验比负面的顾客体验带来更高的分享意愿。

同时，杨德锋等（2014）研究指出在不同的品牌体验下，不同类型的奖励效果也是不一样的：相对于正面品牌体验来说，在负面品牌体验下，精神奖励比物质奖励的影响作用更大。李婷婷和李艳军（2016）研究发现：好评返现的额度较高时，具有负面产品体验的消费者评论改动较大；好评返现的额度较低时，相比于负面体验，具有正面体验的消费者评论改动较大。这就说明奖励额度作为一种刺激手段和顾客体验共同影响消费者的网络分享行为。因此，当顾客具有正面体验时，顾客会感到满意，满意的消费者的分享行为主要是出于帮助别人、获得他人的认可（Sundaram et al.，1998；于春玲等，2011），而此时的奖励大小只是起到了强化作用。对于消费者来说并非主要为了获得商家的奖励才进行朋友圈分享的，而是受到了正面顾客体验的驱使，所以在正面体验下，消费者在高奖励额度和低奖励额度下对获得奖励动机的差异不显著。然而，对于具有负面体验的顾客而言，物质补偿作为提高口碑传播意向和满意度的补救手段，常常会被商家应用（Hicks et al.，2012；李婷婷、李艳军，2016）。当商家推出高额度的推荐奖励计划时，具有负面体验的消费者往往为弥补失败的产品体验引发的痛苦、失望等负面情绪，通常会选择参与推荐奖励计划来获得商家的高额奖励补偿（李婷婷、李艳军，2016）。所以，相比于低额度奖励，当商家给予的高额度奖励补偿时，消费者朋友圈分享的主要动机是为了获得商家的高额奖励，因此，在负面体验下，奖励额度对消费者获得奖励动机的影响差异显著。假设如下：

H4a：顾客体验对奖励额度影响消费者获得奖励动机具有调节作用。具体而言，在正面体验下，消费者在高奖励额度和低奖励额度下对获得奖励动机的差异影响不显著，在负面体验下，消费者在高奖励额度和低奖励额度下对获得奖励动机的差异影响显著。

同时，已有研究表明不同的品牌体验和奖励类型对消费者的品牌至爱也有影响（杨德锋等，2014）。在推荐奖励计划下，对于具有正面体验的顾客来说，分享动机主要受到正面体验的驱使，分享的目的也是为了表达正面的情感，同时奖励额度的大小会影响消费者的既得利益，相比于低奖励额度来说，高奖励额度会带给消费者更高的既得利益，因此分享意愿会更高，所以在正面顾客体验下，消费者在高奖励额度和低奖励额度下对分享意愿的差异显著；对于具有负面体验的顾客，已有研究表明，其为了弥补因为购物失败而引发的负面情绪，会选择参加商家的推荐奖励计划以期获得高额度奖励作为补偿（李婷婷、李艳军，2016），因此面对高奖励额度的推荐奖励计划，消费者会愿意参加来获得更高的经济补偿，分享意愿也会较高。然而当奖励额度较小时，补偿不了消费者因为负面顾客体验所引发的负面情绪，消费者为了惩罚商家或宣泄情绪等而不愿意进行分享，因此其分享意愿就会更低，但此时的分享意愿的高低对比较为强烈，所以在负面顾客下，奖励额度对分享意愿的影响差异显著，但两者之间的差值比在正面体验下更大。基于此，本文提出以下假设：

H4b：顾客体验对奖励额度影响消费者分享意愿具有调节作用。具体而言，在正面体验下，消费者在高奖励额度和低奖励额度下对分享意愿的差异影响显著，同时在负面体验下，消费者在高奖励额度和低奖励额度下对分享意愿的差异影响显著，但两者之间的差值比在正面体验下更大。

3 研究方法与研究设计

本实验主要采用“2（奖励额度：高额度、低额度）×2（顾客体验：正面、负面）”的双因素组间设计，共形成四组对比性的实验情景。实验要求被试首先假设自己经历了问卷中的实验情景后回答相关问题。成都市某高校在校大学生作为主要调查对象，实验将其随机分配到四组实验情景问卷中的一组。大学生外出就餐消费情况比较普遍，且大学生经济能力有限，对“推荐奖励”活动敏感度较高，故大学生作为本文的调查样本具有一定代表性。调查者到班级进行实验问卷发放，发放问卷 250 份，有效回收 214 份，其中男性 44 份，女性 167 份，有 3 份问卷未标记性别。参照已有文献（李研等，2017），并结合本文研究目的，本文实验情景描述示例如下：

正面顾客体验和高奖励额度下的实验情景的描述如下：一天，您和家人一起去一家餐厅用餐，用餐时您觉得这家餐厅的环境、菜品和服务质量都很不错。在用餐途中，服务员过来告诉您：“如果您在微信朋友圈中晒出带有餐厅名称和菜品的照片，您就可以享受到总价打 5 折的优惠。”

考虑到本实验是餐饮消费，价格绝对金额不固定，因此为了突出高、低奖励额度之间的对比，我们采用相对折扣进行实验，参照已有研究，本实验奖励额度设置为高额奖励为 5 折、低额奖励为 9 折（Hardesty and Bearden，2003；韩睿、田志龙，2005）。获得奖励动机主要参照曹丽等（2014）、阎俊等（2011）和 Hennig-Thurau 等（2004）的研究，以“参加活动是为了获得商家相应的奖励”等两个选项进行测量，信度系数为 0.860，相关系数为 0.754。分享意愿主要参照借鉴 Dodds 等（1991）和栗芸（2016）的研究，以“愿意把此餐厅的名字和菜品照片分享到朋友圈”等三个选项进行测量，信度系数为 0.941。在问卷最后测量了被试的人口统计学变量，包括年级、年龄、性别等。所有量表均采用李克特七点量表。

4 数据结果分析

4.1 操控性检验

本文主要考察奖励额度和顾客体验对消费者朋友圈分享行为的影响，因此首先对奖励额度大小给消费者带来的感知进行操控。本文所有数据均通过 SPSS16.0 进行处理，结果表明高奖励刺激下比低奖励刺激下带来更高的消费者感知奖励额度大小（$M_{高}=5.51$，$M_{低}=2.88$，$F=253.689$，$P<0.05$）。接着，我们对顾客体验感知进行操控，数据结果表明正面顾客体验比负面顾客体验带来更高的顾客满意（$M_{正}=5.48$，$M_{负}=1.98$，$F=634.264$，$P<0.05$）。因此，本文所有操控成功。

4.2 假设检验

4.2.1 奖励额度对消费者分享行为的影响分析

本文首先考察奖励额度对消费者分享行为的影响，方差分析结果表明高奖励额度下比低奖励额度下消费者获得奖励动机更强（$M_{高}=5.35$，$M_{低}=4.52$，$F=17.310$，$P<0.05$），同时消费者在高奖励额度下的分享意愿比低奖励额度下更高（$M_{高}=4.53$，$M_{低}=3.42$，$F=27.670$，$P<0.05$），假设 H1a 和 H1b 成立。结果如表 1 和图 1 所示。

表 1 奖励额度对消费者反应的方差分析

源	因变量	Ⅲ 型平方和	df	均方	F	Sig.
奖励额度	获得奖励动机	36.937	1	36.937	17.310	0.000
	分享意愿	66.248	1	66.248	27.670	0.000

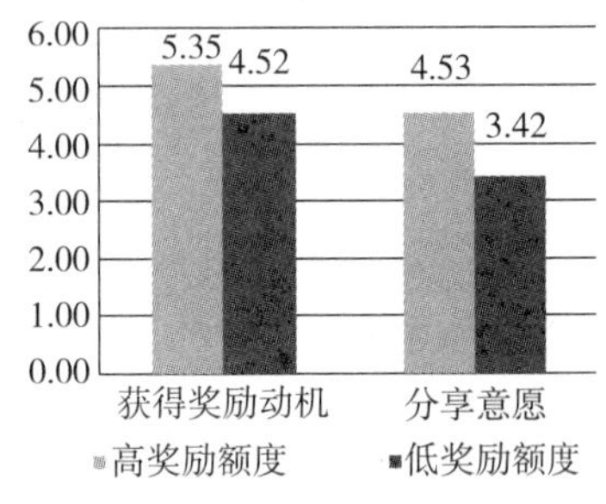

图 1　奖励额度大小对获得奖励动机和分享意愿均值影响

接着，我们对获得奖励动机在奖励额度对消费者分享意愿影响上的中介作用进行分析。本文采用回归分析方法。首先将“奖励额度”转变为哑变量，用“0”表示高奖励额度，“1”表示低奖励额度。用奖励额度作为自变量，获得奖励动机作为因变量进行回归，结果表明奖励额度显著影响获得奖励动机（P<0.05）。然后我们以奖励额度为自变量，分享意愿为因变量进行回归，奖励额度显著影响分享意愿（P<0.05）。接着我们以奖励额度和获得奖励动机为自变量，分享意愿为因变量进行回归，结果表明将获得奖励动机纳入模型中后模型拟合优度显著提高（$\Delta R^2=0.060$，$F_{1,211}=15.346$，P<0.01），同时加入获得奖励动机变量后，奖励额度对分享意愿的影响还显著（见表 2），故获得奖励动机是奖励额度对分享意愿影响的部分中介变量，假设 H2 成立。

表 2　回归分析

模型		非标准化系数		标准化系数	t	Sig.
		B	标准 误差	β		
1	（常量）	4.534	0.152		29.739	0.000
	奖励额度	−1.114	0.212	−0.340	−5.260	0.000
2	（常量）	3.059	0.405		7.561	0.000
	奖励额度	−0.884	0.213	−0.270	−4.150	0.000
	获得奖励动机	0.276	0.070	0.255	3.917	0.000
因变量：分享意愿						

4.2.2　*顾客体验对消费者朋友圈分享行为的影响分析*

本文对顾客体验影响消费者分享行为进行方差分析。结果发现正面顾客体验比负面顾客体验带来更高的消费者分享意愿（$M_{高}=4.61$，$M_{低}=3.21$，F=47.247，P<0.05）。假设 H3 成立。均值结果如图 2 所示。

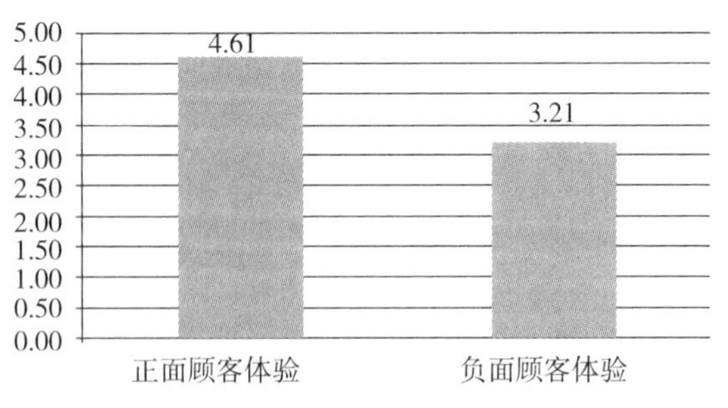

图 2　顾客体验对分享意愿的影响均值

4.2.3　*顾客体验对奖励额度影响消费者朋友圈分享行为的调节作用分析*

为了分析顾客体验对奖励额度影响消费者朋友圈分享行为的调节作用，我们进行方差分析。表 3 结果表明顾客体验对奖励额度影响获得奖励动机（F=4.641，P<0.05）和分享意愿上（F=9.037，P<0.05）均具有调节作用。

表 3　顾客体验对奖励额度影响消费者反应的调节作用分析

源	因变量	Ⅲ型平方和	df	均方	F	Sig.
奖励额度＊顾客体验	获得奖励动机	9.735	1	9.735	4.641	0.032
	分享意愿	16.644	1	16.644	9.037	0.003

接着，我们将顾客体验分为正面顾客体验和负面顾客体验两组数据进行方差分析，数据结果表明，在正面顾客体验下，奖励额度对分享意愿的差异影响显著（$F=7.306$，$P<0.05$），而对获得奖励动机的差异影响不显著（$F=2.818$，$P>0.05$）；在负面顾客体验下，奖励额度对获得奖励动机（$F=17.608$，$P<0.05$）和分享意愿（$F=30.154$，$P<0.05$）的影响显著。具体均值结果如图 3 和图 4 所示。从结果中可以看出在不同顾客体验下，奖励额度对分享意愿的均值影响不同，在负面体验下，高奖励额度比低奖励额度带来更高的分享意愿，其差值比在正面体验下大（$\Delta M_{正}=0.59$，$\Delta M_{负}=1.71$）。综上，假设 H4a 和 H4b 得到验证。

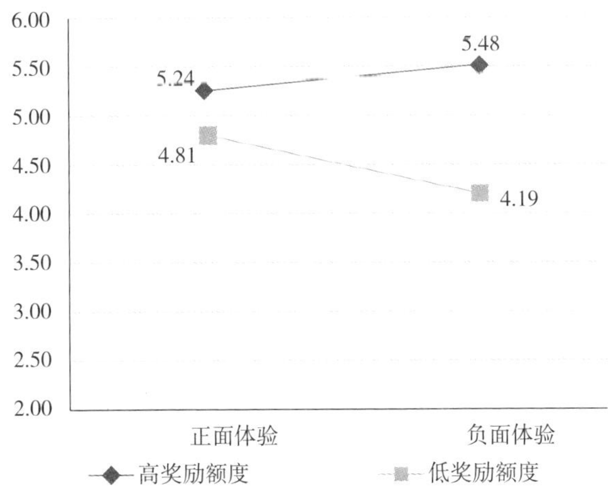

图 3　顾客体验和奖励额度对获得奖励动机的影响

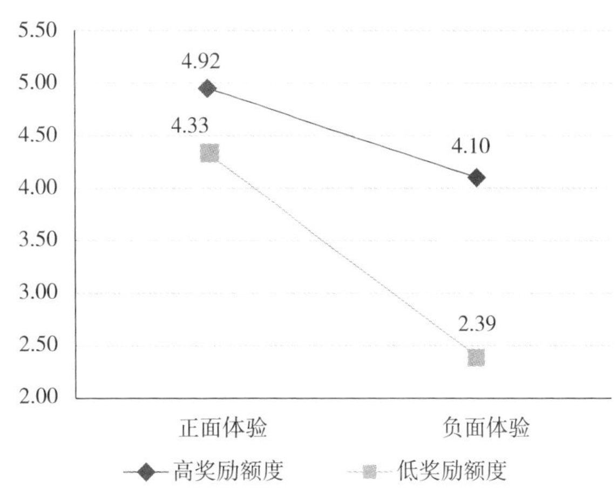

图 4　顾客体验和奖励额度对分享意愿的影响

5　结论与启示

国内外学者对“推荐奖励计划”的研究主要集中在奖励对象（朱翊敏、于洪彦，2015）、奖励类型（黄静等，2013）、奖励额度（Kuester and Benkenstein，2014）与关系强度（朱翊敏、于彦洪，2015）上等，而对顾客体验在奖励额度与消费者分享行为上的影响研究较少，并且针对微信朋友圈这种社交平台的分享行为研究亦相对较少。奖励额度的不同对消费者朋友圈分享行为有何影响？奖励额度对消费者的朋友圈分享意愿的影响是否受到相关中介变量的影响？不同顾客体验的消费者面临奖励额度不同的有奖分享计划会有何差异反应？这都值得探讨。因此，本文主要考察了奖励额度对分享奖励计划效果的影响和顾客体验与奖励额度共同对消费者分享行为的影响。

5.1　研究结果

通过实证研究，本文得到以下结论：第一，奖励额度大小对消费者朋友圈的分享行为有不同影响。在有奖分享的情景下，消费者在高奖励额度下比低奖励额度下获得奖励动机更强，同时高奖励额度下的分享意愿比低奖励额度下更高，获得奖励动机在奖励额度对消费者分享意愿影响中起部分中介作用。第二，在有奖分享的情景下，正面的顾客体验比负面的顾客体验带来更高的消费者分享意愿。第三，在有奖分享情景下，顾客体验对奖励额度影响消费者获得奖励动机具有调节作用：在正面顾客体验下，奖励额度在消费者获得奖励动机上的影响差异不显著，这可能是因为消费者的分享是因为满意而出于帮助他人或获得肯定而愿意进行正面口碑传播（Sundaram et al.，1998；于春玲等，2011），即主要受到正面体验本身的影响，奖励在此时起到强化作用，故奖励额度的大小对消费者为了获得奖励而进行分享的差异不显著；而在负面顾客体验下，高奖励额度比低奖励额度带来更高的获得奖励动机，这是因为高奖励额度带来了更多的补偿，顾客的分享行为主要受到了商家奖励额度的驱使。第四，顾客体验对奖励额度影响消费者朋友圈的分享意愿具有调节作用：在正面体验下，消费者在高奖励额度和低奖励额度下对分享意愿的影响差异显著，这是因为相对于低奖励额度，高奖励额度会给消费者带来更高的既得利益。同时在负面体验下，消费者在高奖励额度和低奖励额度下对分享意愿的影响差异显著，但两者之间的差值比在正面体验下更大，这是因为在负面体验下消费者会为了得到高额度的经济补偿而选择分享（李婷婷、李艳军，2016），然而负面体验下的低奖励额度其补偿作用不强，顾客不愿意进行分享，而在正面体验下，奖励小的情况下消费者也会因为正面体验愿意进行分享，因此在负面体验下奖励额度对分享意愿影响的差值相比于正面体验更大。

5.2 理论贡献

本文的理论贡献主要有以下几方面：第一，丰富了推荐奖励计划的相关研究，本文考察了奖励额度和顾客体验两者对消费者朋友圈分享行为的影响，研究结果表明奖励额度大小对分享意愿具有显著影响，此结论与朱翊敏等（2011）的研究结论相似，丰富和补充了奖励额度在推荐奖励计划中的研究。同时，本文通过数据证实了正面顾客体验比负面顾客体验带来更高的消费者分享意愿，研究结论丰富了目前关于顾客体验的相关研究（李婷婷、李艳军，2016；杨德锋等，2014），研究结果为企业实施推荐奖励计划提供了一定的理论支撑。第二，本文揭示了奖励额度对分享意愿影响的中介机制，研究发现，在不区分顾客体验情况下，奖励额度对分享意愿的影响部分通过获得奖励动机。第三，本文揭示了顾客体验和奖励额度对消费者朋友圈分享行为的影响机制，以往关于推荐奖励计划的研究多集中在“奖励”本身上，而如今越来越多的消费者更加重视自身的消费体验，区别于以往的研究，本文加入了顾客体验这一变量，结果表明顾客体验对奖励额度影响消费者朋友圈分享行为具有调节作用，结果揭示了在正面体验和负面体验下奖励额度对消费者朋友圈分享行为的差异影响，同时调节变量的选取对未来分享奖励计划的相关研究提供借鉴意义。第四，研究结论丰富了学术上关于分享行为的相关研究。以往关于消费者分享行为研究主要聚焦于分享体验对分享者品牌至爱的影响（杨德锋等，2014）、自我构建方式对分享推荐意愿的影响（孙潇雅、周颖，2017）等，不同于以往对第三方社交平台消费者分享行为的研究，本文聚焦于微信朋友圈这种新型社交媒体，主要考察了奖励额度和顾客体验共同对消费者微信朋友圈分享行为的影响，研究结果丰富了目前分享行为相关研究。

5.3 管理启示

研究结论具有实践意义。从总体上看，企业给予的奖励额度越高，消费者获得奖励动机和分享意愿就越高，因此建议企业可以在控制成本的基础上，尽量高地给予消费者奖励。另外，顾客体验在分享奖励计划中具有重要作用，一般来说正面顾客体验比负面顾客体验带来更高的分享意愿，因此企业要注意保证自身产品或服务的质量，不能单纯依靠奖励来刺激消费者的分享行为。同时，分享奖励计划效果在不同的顾客体验和奖励额度下的作用也不同。对于具有正面体验的消费者来说，高奖励额度比低奖励额度带来更高的分享意愿，但是在获得奖励动机上差别不大，这种分享意愿主要受到自身正面体验的影响。对于具有负面体验的顾客来说，设置高奖励额度会带来较高的获得奖励动机和分享意愿，因此建议企业如果为了增加消费者的分享，可以选择高奖励额度的分享计划。

5.4 研究局限与未来研究方向

本文存在以下不足和研究展望：首先本文研究的是线下实体就餐时的推荐奖励计划的实施，而没有对线上商家运用推荐奖励计划的情况进行考察，未来我们可以对比考察线上和线下关于推荐奖励计划的实施情况。其次本文主要针对成都在校大学生展开研究，样本数量有限，未来可以多增加样本数量，同时可以调查不同年龄层次结构的消费者对推荐奖励计划的不同反应。再次本文只考察了餐饮行业实施的推荐奖励计划中奖励额度和顾客体验对顾客朋友圈分享行为的影响，未来可深入研究奖励额度和顾客体验在不同产品类别下对顾客朋友圈分享行为的影响。最后，本文主要考察了不同的顾客体验对奖励额度影响消费者分享行为的调节作用，而没有考察正面顾客体验和负面顾客体验下，奖励额度对分享意愿影响的不同中介变量，未来可以考察更多中介变量在其中的作用机制。

参考文献

［1］Bolton R. N., Kannan P. K., Bramlett M. D. Implications of Loyalty Program Membership and Service Experiences for Customer Retention and Value［J］. Journal of the Academy of Marketing Science, 2000, 28（1）: 95-108.

［2］Dodds W. B., Monroe K. B., Grewal D. Effects of Price, Brand, and Store Information on Buyers' Product Evaluations［J］. Journal of Marketing Research, 1991, 28（3）: 307-319.

［3］Hardesty D. M., Bearden W. O. Consumer Evaluations of Different Promotion Types and Price Presentations: the Moderating Role of Promotional Benefit Level［J］. Journal of Retailing, 2003, 79（1）: 17-25.

［4］Hennig-Thurau T., Gwinner K. P., Walsh G., et al. Electronic Word-of-Mouth via Consumer-Opinion Platforms: What Motivates Consumers to Articulate Themselves on the Internet?［J］. Journal of Interactive Marketing, 2004, 18（1）: 38-52.

［5］Hicks A., Comp S., Horovitz J., et al. Why People Use Yelp. com: An Exploration of Uses and Gratifications [J]. Computers in Human Behavior, 2012, 28 (6): 2274-2279.

[6] Jin L., Huang Y. When Giving Money Does not Work: The Differential Effects of Monetary versus In-kind Rewards in Referral Reward Programs [J]. International Journal of Research in Marketing, 2014, 31 (1): 107-116.

[7] Kuester M., Benkenstein M. Turning Dissatisfied into Satisfied Customers: How Referral Reward Programs Affect the Referrer's Attitude and Loyalty toward the Recommended Service Provider [J]. Journal of Retailing and Consumer Services, 2014, 21 (6): 897-904.

[8] Liang T. P., Turban E. Social Commerce: A Research Framework for Social Commerce [J]. International Journal of Electronic Commerce, 2011, 16 (2): 5-13.

[9] Long M. M., Schiffman L. G. Consumption Values and Relationships: Segmenting the Market for Frequency Programs [J]. Journal of Consumer Marketing, 2000, 17 (3): 214-232.

[10] Pentina I., Amialchuk A., Taylor D. G. Exploring Effects of Online Shopping Experiences on Browser Satisfaction and E-tail Performance [J]. International Journal of Retail & Distribution Management, 2011, 39 (10): 742-758.

[11] "Phil" Klaus P., Maklan S. EXQ: A multiple-item Scale for Assessing Service Experience [J]. Journal of Service Management, 2012, 23 (1): 5-33.

[12] Ryu G., Feick L. A Penny for Your Thoughts: Referral Reward Programs and Referral Likelihood [J]. Journal of Marketing, 2007, 71 (1): 84-94.

[13] Schmitt B. Experiential Marketing [J]. Journal of Marketing Management, 1999, 15 (1-3): 53-67.

[14] Sundaram D. S., Mitra K., Webster C. Word of Mouth Communication: A Motivational Analysis [J]. Advances in Consumer Research, 1998 (25): 527-531.

[15] Tsai H. T., Bagozzi R. P. Contribution Behavior in Virtual Communities: Cognitive, Emotional and Social Influence [J]. MIS Q, 2014, 38 (1): 143-163.

[16] Wirtz J., Chew P. The Effects of Incentives, Deal proneness, Satisfaction and Tie Strength on Word-of-mouth Behaviour [J]. International Journal of Service Industry Management, 2002, 13 (2): 141-162.

[17] 曹丽，李纯青，尤颖. 基于团购网的消费者网络口碑推荐动机研究 [J]. 西安工业大学学报，2014，34 (5): 374-384.

[18] 刁雅静，何有世，王念新，王志英. 朋友圈社交行为对购买意愿的影响研究：认同与内化的中介作用及性别的调节作用 [J]. 管理评论，2019，31 (1): 136-146.

[19] 范秀成. 顾客体验驱动的服务品牌建设 [J]. 南开管理评论，2001，4 (6): 16-20.

[20] 冯英健. 网络营销基础与实践：第4版 [M]. 北京：清华大学出版社，2013.

[21] 韩睿，田志龙. 促销类型对消费者感知及行为意向影响的研究 [J]. 管理科学，2005，18 (2): 85-91.

[22] 黄静，吴宏宇，姚琦. 奖励类型对顾客推荐意愿之影响研究 [J]. 武汉大学学报（哲学社会科学版），2013，66 (3): 96-100.

[23] 黄炜，余辉，李岳峰. 基于微信用户行为的分享预测模型研究 [J]. 情报理论与实践，2016，39 (11): 89-94.

[24] 李婷婷，李艳军. "好评返现"如何影响消费者在线评论？——双通道心理账户的中介作用 [J]. 营销科学学报，2016，12 (1): 133-152.

[25] 李研，黄苏萍，李东进. 被迫好评情景下消费者后续行为意愿研究 [J]. 管理科学，2017，30 (5): 17-27.

[26] 栗芸. 微信病毒式营销因子及其对消费者分

享意愿的影响研究［D］. 广州：暨南大学，2016.

［27］孙潇雅，周颖．自我构建理念对网络分享推荐意愿的影响研究［J］. 软科学，2017，31（4）：104-107.

［28］王晓玉．推荐奖励计划对消费者推荐意愿的影响［J］. 当代经济管理，2010，32（3）：32 -37.

［29］王秀丹．微信营销对消费者分享意愿的影响研究［D］. 杭州：杭州电子科技大学，2015.

［30］阎俊，蒋音波，常亚平．网络口碑动机与口碑行为的关系研究［J］. 管理评论，2011，23（12）：84-91.

［31］杨德锋，江霞，赵平．奖励能改变分享者原有的品牌至爱吗——奖励在体验分享中的影响研究［J］. 南开管理评论，2014，17（3）：4-18.

［32］于春玲，王霞，包呼和．奖励推荐计划口碑对接收者的影响［J］. 南开管理评论，2011，14（4）：59-68.

［33］曾慧，郝辽钢，于贞朋．好评奖励能改变消费者的在线评论吗？——奖励计划在网络口碑中的影响研究［J］. 管理评论，2018，30（2）：117-126.

［34］张舒，王成强，李强，李慧．在线社会网络环境下基于朋友圈的推荐［J］. 南京师大学报（自然科学版），2018，41（4）：72-78.

［35］张晓飞，董大海．网络口碑传播机制研究述评［J］. 管理评论，2011，23（2）：88-92.

［36］赵大丽，孙道银，张铁山．社会资本对微信朋友圈用户知识共享意愿的影响研究［J］. 情报理论与实践，2016，39（3）：102-107.

［37］赵海霞，李一鸣．大学生微信朋友圈转发行为与动机对内容提供商的启示［J］. 图书馆学研究，2018（17）：41-47.

［38］周丹，姚忠，窦一凡．消费者预算约束对推荐奖励策略的影响研究［J］. 管理科学学报，2017，20（8）：80-92.

［39］朱翊敏，于洪彦．奖励类型与调节聚焦对顾客推荐意愿的影响研究［J］. 商业经济与管理，2016，291（1）：43-52.

［40］朱翊敏，于洪彦．奖励额度、分配方案与关系强度对网络推荐意愿的影响［J］. 经济经纬，2015，32（5）：120-125.

［41］朱翊敏，周素红，刘容．推荐奖励计划中消费者意愿研究［J］. 商业研究，2011（8）：83-90.

［42］朱翊敏．奖励额度和努力程度对网络推荐意愿的影响——关系强度的调节作用［J］. 软科学，2013，27（10）：10-15.

论文执行编辑：杨　雪

论文接收日期：2019 年 7 月 19 日

作者简介：

曾慧（1987—），四川农业大学讲师、博士。研究方向为市场营销、消费者行为。E-mail：zenghuijolly@126.com。

魏静（1998—），暨南大学硕士研究生。研究方向为社会网络与创新、信息系统与管理。E-mail：scweijing@163.com。

龙正琴（1997—），上海大学硕士研究生。研究方向为市场营销、消费者行为、智能汽车。E-mail：longzhengqin0826@163.com。

The Research on the Influence of Reward Size and Customer Experience on Consumers' Friendship Group Sharing Behavior

Hui Zeng[1] Jing Wei[2] Zhengqin Long[3]

(1. College of Management, Sichuan Agricultural University, Chengdu, China

2. School of Management , Jinan University, Guangzhou, China

3. School of Management, Shanghai University, Shanghai, China)

Abstract: This paper explored the impact of reward size and customer experience on consumers' friendship group sharing behavior. The study found that higher reward size generated stronger incentive of getting rewards and higher consumers' willingness to share than the lower one in the context of sharing reward program, and the incentive of getting rewards partly mediated the effect of reward size on consumers' willingness to share. At the same time, customer experience moderated the effect of reward size on incentive of getting rewards and willingness to share in the context of sharing reward program. Specifically, in the case of positive customer experience, the effect of reward size on incentive of getting rewards was not significant, but the effect on consumers' willingness to share was significant, while in the case of negative customer experience, the effects of reward size on incentive of getting rewards and consumers' willingness to share were both significant. Finally, the study illustrated that positive experience customers were more willing to share than negative experience customers in the context of sharing reward program.

Key Words: Referral Reward Program; Reward Size; Customer Experience; Friendship Group Sharing

JEL Classification: M31

品牌标识研究综述及展望*

□ 彭璐珞　魏雨婷　朱国玮

摘　要：品牌标识是品牌最重要的视觉表征，也是企业核心竞争力的来源之一。在消费者注意力日益稀缺的移动互联时代，品牌标识的重要性越发凸显。本文对品牌标识相关研究成果进行了系统回顾，从品牌标识的概念（定义、维度及分类）、品牌标识的营销效应、品牌标识效应的心理机制、品牌标识效应的影响因素、品牌标识更新及其影响五个方面梳理了现有文献。在此基础上，为未来研究方向提供了建议。

关键词：品牌标识；标识更新；具身认知；概念隐喻；联想理论；处理流畅性

JEL 分类：M31

引　言

品牌标识是品牌设计的两个核心要素之一，另一个是品牌名称，（Henderson et al.，2003；黄静，2014）。不同于可以用语言传播的品牌名称，品牌标识是品牌中可以被识别但不能被语言表达的视觉识别系统。相对品牌名称，品牌标识更易让消费者识别。大量研究表明，作为品牌最基础、最直接、最简明的视觉表征，品牌标识是营销传播的核心资产，也是企业核心竞争力的来源之一（Aaker，1991；Fajardo et al.，2016；Henderson and Cote，1998）。在消费者注意力日益稀缺的移动互联时代，品牌标识的重要性越发凸显（Brasel and Hagtvedt，2016；Rapp et al.，2013）。许多公司为设计和选择品牌标识花费了大量的时间和经费（Hagtvedt，2011）。近年来，随着企业经营环境的变动，许多品牌纷纷更换标识，以适应新的营销需要。例如，2012 年，伦敦奥运会为新标识支付了 40 万英镑[①]；2016 年，万事达卡（Mastercard）花费了 800 万元的设计费用，宣布 20 年来首次使用自己的新标识。最近的数据表明，仅 2018 年，就有华为、腾讯、奥迪、苹果、杜邦、奥美、万科、巴宝莉、肯德基、戴

* 基金项目：教育部人文社会科学基金项目（17YJC610111）；国家自然科学基金（71972067）；国家自然科学基金项目（71871089）；湖南省自然科学基金项目（2018JJ3038）。

① 奥运真的快到了！（上）[EB/OL]. 光明网，http://epaper.gmw.cn/gmrb/html/2012-07/24/nw.D110000gmrb_20120724_3-08.htm? div=-1，2012-07-24.

比尔斯、良品铺子等一百余个知名品牌对其标识进行更换或微调。①

鉴于品牌标识的重要性，从 20 世纪 80 年代起，国内外不少研究从营销视角对品牌标识展开了探讨。迄今为止，学术界产生了大量关于品牌标识的研究，主题涉及品牌标识维度划分、不同标识特性对消费者的影响、品牌应如何选择标识以及特定情境下的标识更新等等。然而，目前这些研究分散于不同的研究主题下，缺乏综述性文章对其进行系统的梳理和整合。通过在 Web of Science 核心合集数据库，以 "Brand Logo" "Corporate Logo" 为标题关键词，以 "Business" "Management" "Psychology" 为筛选类别，以及在知网以"品牌标识" "品牌标志" "商标"为关键词，对管理类核心期刊 1998 年以来的文献进行检索，通过阅读摘要筛选营销领域与品牌标识相关的文章，并从筛选所得论文的参考文献中进一步补充重要文献，共计获得 104 篇品牌标识相关文献。本文通过对上述文献进行仔细阅读和梳理，系统归纳了品牌标识的概念（包括定义、维度和分类）、营销效应、心理机制、影响因素以及品牌标识更新五个方面的文献，并探讨了未来研究方向，以期推动这一领域的后续研究。

1 品牌标识的概念

1.1 品牌标识的定义

在熙攘的大街上，我们若想找到一家咖啡店或快餐店暂时落脚，并不需要阅读每个门店的招牌文字进行寻找和挑选——看到不远处红底黄色的 "M" 形招牌，我们就能知道麦当劳就在前方，同样，绿色底的白色海妖图案也向我们指示着星巴克的位置。这即是品牌标识作为品牌视觉识别系统的夺目之处。品牌标识（Brand Logo），也译为品牌标志、徽标、商标，在现实生活中随处可见，对品牌的识别、传播和推广起到重要作用。过往文献对品牌标识的定义并不统一。本文将品牌标识的定义梳理如表 1 所示。

表 1　品牌标识的定义

作者及年份	定义
Zakia et al.（1987）	企业用来与内部和外部受众沟通的视觉系统的一部分
Stuart（1997）	企业向公众展示产品差异的象征，以创造良好的企业形象
Henderson and Cote（1998）	企业用于展示自身或其产品、包含或不包含企业名称的图像设计
Keller（1998）	与品牌相关的图像设计元素的组合，品牌传播策略的基本工具
Mollerup（1999）	一组可以突出产品和服务的设计元素，便于消费者识别和区分企业和品牌
Balmer（2001）	使企业呈现出独特性的元素组合，是企业形象的基础
Van Riel and Van dan Ban（2001）	企业声誉的象征，并且能扩展消费者对企业的认知
Melewar and Saunders（1999），Simoes et al.（2005）	与企业形象相关的图像元素，用以激发积极和消极的情感反应，以及创造各利益相关者对公司和品牌的积极联想
Adîr et al.（2012）	一个清晰的图形或视觉元素，使公司可以和其他组织区别开来

① 回顾：2018 年都有哪些企业换上了新 LOGO（国内篇）［EB/OL］. 标志情报局，https：//logonews. cn/2018－in－review－china. html，2018－12－28.

续表

作者及年份	定义
David（2014）	企业的图像或文本标志，用以展示品牌及其产品
Foroudi et al.（2017）	一组元素，包括名称、颜色、字体和设计，使消费者能够区分和识别品牌
美国营销协会（2017）	作为品牌的持续象征符号的图形设计
Mahmood et al.（2019）	一个普遍的视觉线索，企业最重要的组成元素之一

对以上概念进行归纳，总而言之，品牌标识的定义包括以下要素：第一，是一种视觉设计；第二，其中可能包含图像、文字、插图或符号；第三，具有区别和象征功能，承担着传达品牌形象的使命。

1.2　品牌标识的维度

为了深入研究品牌标识及其营销效果，有必要探讨标识的维度构成。Henderson 和 Cote（1998）运用调查法从 195 个品牌标识中提取出了 13 个设计维度，分别是动态性、平衡性、凝聚力、复杂性、立体感、持久性、有机性、平行性、比例、元素重复性、具象性、曲度和对称性。他们进一步指出，好的品牌标识应当是可识别的、消费者觉得熟悉的，并能在目标市场引起共识和积极的情感反应。运用同样的研究方法，Henderson 等（2003）进一步以亚洲国家为背景研究了品牌标识的维度。他们发现，在中国和新加坡，标识的和谐性、自然性和精细性维度与品牌的质量、情感感知紧密联系。Van der Lans 等（2009）的研究收集了世界范围内十个国家的数据，进一步验证了上述三个维度的跨文化普适性。除了这些维度，还有学者进一步从标识中提取出完整性（Hagtvedt，2011）、元素正斜（魏华等，2018；周小曼等，2019）、描述性（Luffarelli et al.，2019）等维度，以探讨其对消费者反应的影响。

1.3　品牌标识的分类

Henderson 和 Cote（1998）将标识的设计特征概括为三大类属性：自然性、和谐性和精细化。自然属性指的是标识设计对物体的反映程度，其中的维度包括具象性和有机性；和谐属性指的是图案设计的平衡和对称程度，包括对称性和平衡性；精细化指设计的丰富程度，以及用简单线条捕捉事物本质的能力，包括复杂性、动态性和立体感。除此之外，还有学者根据标识曲度、长宽比、完整性、大小写、颜色、边框等视觉效果，对标识进行了分类研究。对品牌标识属性、维度及分类的研究如表 2 所示。

表 2　品牌标识的属性、维度及分类

属性	维度	分类及研究
自然	具象性	自然 vs. 抽象（Machado et al.，2015；Torres et al.，2019）；描述性高 vs. 描述性低（Luffarelli et al.，2019）
	有机性	—
和谐	对称性	对称 vs. 不对称（Bettels and Wiedmann，2019；Luffarelli et al.，2018）
	平衡性	稳定 vs. 不稳定（Rahinel and Nelson，2016）；端正 vs 倾斜（魏华等，2018；周小曼等，2019）

续表

属性	维度	分类及研究
精细化	复杂性	复杂度低 vs. 复杂度高（Mahmood et al.，2019；Janiszewski and Meyvis，2001）；视觉复杂 vs. 概念复杂（Miceli et al.，2014）
	动态性	静态 vs. 动态（Brasel and Hagtvedt，2016；Cian et al.，2014；Guido et al.，2016）
	立体感	—
其他	曲度	圆润 vs. 多角（王海忠等，2017；Jiang et al.，2016；Lieven et al.，2015；杨晨和陈增祥，2019）
	长宽比	长条形 vs. 正方形（钟科和王海忠，2015）
	完整性	字体完整 vs. 字体不完整（Hagtvedt，2011）
	大小写	大写字母 vs. 小写字母（许销冰等，2016）
	颜色	黑白 vs. 彩色（Bresciani and Ponte，2017）；环保颜色 vs 非环保颜色（Sundar and Kellaris，2015）
	边框	有边框 vs. 无边框（Fajardo et al.，2016；曹菲和王霞，2018；景奉杰等，2019；Chen and Bei，2019）

2 品牌标识的营销效应

作为品牌的核心元素之一，品牌标识有着重要的营销意义。早期对品牌标识的研究，主要从功能视角出发，强调其识别品牌及其他竞争者的功能，突出商标（Trademark）作为一种受法律保护的无形资产的价值（MacInnis et al.，1999）。随着消费者行为学的发展，近期的研究日益凸显品牌标识的情感、象征、美学以及意义价值。具体来说，过往文献从认知层面、情感层面、态度和行为层面探讨了品牌标识的营销效应。

2.1 认知层面

第一，品牌标识是品牌识别的首要因素。人是视觉的动物。在包括广告、包装、促销、公关等在内的各种营销沟通工具中，品牌标识是最直接、最显著的视觉要素，可以帮助消费者迅速地识别品牌，并将其与竞争对手区分开来（MacInnis et al.，1999；Melewar and Saunders，2000；Mininni，2005）。标识可以减少消费者的搜寻成本（Cohen，1991），跨越地区障碍和语言边界（Bloch，1995；Kohli and Suri，2002），在信息爆炸的时代，品牌识别所传递的第一印象尤为重要；好的标识可以瞬间吸引消费者注意力，进而帮助消费者做出更简单、快捷的决策（Henderson and Cote，1998；Janiszewski and Meyvis，2001）。事实上，大多数成功的品牌，都有一个令人过目不忘的标识。

第二，品牌标识是品牌形象的重要载体。品牌标识不仅仅是识别和区分品牌的简单工具，更承载和传递了品牌的形象和意义（Cian et al.，2014；Henderson and Cote，1998；MacInnis et al.，1999；Balmer，2001）。标识可以在消费者心智中创造出积极的品牌形象，并有助于提高公司的声誉、可识别性，以及提高消费者对公司产品质量的感知（Olins，1989；Foroudi et al.，2019）。标识还可以积极影响消费者对品牌熟悉度和品牌个性的感知，进而提升对品牌形象的感知（Kaur and Kaur，2019）。对标志性品牌的研究表明，品牌是文化意义的载体，例如当人们看到麦当劳的大 M 或耐克的嗖形标识，就会产生与美国文化相关的联想（周懿瑾和卢泰宏，2010）。事实上，不仅仅是标志性品牌，普通品牌标识的视觉特征，如形状、颜色、字体等，同样会引发与品牌相关的象征性联想，如品牌的现代性和传统性、权威性和友好性以及温暖和能力刻板印象感知等（许销冰等，2016；Japutra et al.，2018；Müller et al.，2013）。总而言之，标识反映了品牌的含义，提供了品牌营销努力的总结性信息（Henderson and Cote，1998；MacInnis et al.，1999；Van Riel and Van den Ban，2001）。

第三，品牌标识还影响消费者对产品、企业、环境和品牌使用者特征的感知。在产品层面，品牌标识影响消费者对产品属性的感知和判断，如对产品时间属性的评估（钟科和王海忠，2015）、对产品设计的积极推论（Bettels et al.，2019）以及对产品效用的判断（Rahinel and Nelson，2016）。在企业层面，品牌标识可能影响消费者对企业可靠性和创新性的感知（Hagtvedt，2011；魏华等，2018）和企业道德的感知（Sundar and Kellaris，2015），进而影响他们的投资决策（Mahmood et al.，2019）。

进一步，品牌标识还会影响消费者对品牌使用者的社会地位感知（Lee et al.，2015），乃至对环境的安全性的判断（Rahinel and Nelson，2016）等。

2.2 情感层面

第一，品牌标识触发多样的情绪体验，这些情绪体验分为消极的和积极的。积极的情绪既可以由对刺激物的反复展露而增加（Zajonc，1968），也可以由标识的设计特征引起（Henderson and Cote，1998）。如不对称的标识会引发消费者的兴奋和警觉感（Bettels and Wiedmann，2019）；具有自然性和和谐性的标识更能引发消费者的喜爱（Henderson and Cote，1998；Torres et al.，2019）；标识形状越圆润的品牌，越容易与积极的情感词汇相联系（Salgado-Montejo et al.，2014）；方位中的“上”与“下”分别与积极和消极的情绪相对应，因此位置越高的标识，越能引起积极的情绪（Dong and Gleim，2018）。当两个品牌合作推广一个产品时，为产品重新设计的一体化标识（Integrative Logo）会激发消费者更强烈的积极情绪和好奇（Kraus and Gierl，2017）；对品牌标识的轻微改动还能给消费者带来兴奋和惊喜的感知（Saaksjarvi et al.，2015），等等。消极情绪则会通过能引发负面联想的设计（Henderson and Cote，1998）和标识更新（Kraus and Gierl，2017）引起。如宝洁旧版星月商标曾引发消费者与宗教相关的负面联想（Henderson and Cote，1998）；当合作品牌为产品重新设计创新型标识（Novel Logo）时，尽管能给合作产品带来更高的创新性感知，但也会给消费者带来更强的烦躁感和沮丧感（Kraus and Gierl，2017）。

第二，品牌标识还能促进品牌与消费者之间的情感联结。品牌标识所引发的情绪反应，会进一步转移到产品或品牌上，成为品牌与消费者之间情感传递的桥梁（Henderson and Cote，1998）。在低介入度（Low Involvement）或者信息过载的情况下，消费者并无足够的动机或能力进行深度的信息加工，这种情感的传递就显得尤为重要（Hoyer and Leong，1990；Leong，1993）。文献表明，品牌标识通过三种机制为顾客创造价值：功能利益、自我认同和审美价值，这三方面的品牌标识价值积极影响着顾客对品牌的承诺（Park et al.，2013）。其中，审美价值与品牌情感密切相关，高度美感的品牌标识不仅能提供视觉上的满足感，而且更能促进公司与其客户之间形成深厚的情感纽带（Bloch，1995）。标识具有的美学价值和自我认同价值不仅可以积极影响消费者对品牌温暖和能力的感知，更对顾客与品牌间关系质量的四个维度（满意、信任、承诺、社会效益）有积极影响（Japutra et al.，2018）。

2.3 态度和行为层面

第一，品牌标识是影响消费者品牌态度和行为的重要因素。例如，包装上位置较高的品牌标识能带来较高的商品质量感知，因而提高购买和推荐意愿（Dong and Gleim，2018）；品牌标识文字的正斜会影响消费者的感知创新性和传统性，进而改变品牌偏好（魏华等，2018）；品牌标识的运动知觉影响消费者的参与度，后者进一步影响品牌态度（Cian et al.，2014）；品牌标识的曲度和角度会引发柔软和坚硬的联想，最终影响品牌态度和支付意愿（Jiang et al.，2016）。第二，品牌标识还是影响品牌绩效的重要资产。Luffarelli 等（2018）根据 Interbrand 2011 年全球最佳品牌排行榜的数据，检验了品牌标识对称度对品牌市场估值的影响，发现对于具有兴奋个性的品牌，不对称的品牌标识能唤起人们的兴奋感，进而提升品牌的财务估值。Park 等（2013）关联财富 500 强的真实品牌标识和品牌绩效，结果表明品牌标识所传达的功能利益、自我表达和审美价值都显著影响企业绩效；品牌承诺在品牌标识和品牌绩效之间起到中介作用；企业的品牌延伸次数越多，品牌标识对顾客承诺和企业绩效的积极影响就越强。由于品牌评价和购买意愿与企业的财务绩效相联系，Luffarelli 等（2019）通过分析真实品牌的二手数据表明，描述性更高的标识能提升消费者对品牌的评价和购买意愿，进而积极影响品牌的资产。

3 品牌标识效应的心理机制

品牌标识为何会影响消费者的心理和行为？现有研究从消费者认知和情感方面探讨了影响品牌标识效应的心理机制。具体而言，文献从以下几个层面进行了探讨：

3.1 具身认知理论

具身认知是认知心理学研究的新取向，认为人类认知活动与身体及所处的环境密切相关，具体的身体感知和体验可以影响抽象的社会知觉（殷融等，2013）。传统的认知理论认为主体的认知活动独立于自身的知觉运动系统，具身认知则主张概念与思维必须通过身体的知觉经验形成和被理解（Barsalou，1999；Niedenthal，2006）。如以往研究发现，空间特征和温度特征会影响个体的社会认知：水平空间中的“右”和垂直空间中的“上”更容易与积极的事物和情绪相关联，反之“左”和“下”更容易与消极的事物和情绪相关联（金泓等，2012；Dong and Gleim，2018）；人们会将物理感知的温暖迁移到对人际关系的感知上，产生如信任、热情、亲切等积极的人际知觉（辛自强和徐啸尘，2013；Williams and Bargh，2008）。近年来不少学者也将具身认知应用到对品牌标识的研究中。魏华等（2018）提出，倾斜作为消费者的一种身体体验，会与运动状态联系在一起，因此品牌标识字体的正斜能与物理上的速度知觉和效率知觉相联系，倾斜的文字标识会让消费者觉得该品牌速度更快、效率更高，也更具创新性；端正的品牌标识会让消费者觉得该品牌更加稳定、可靠和安全。但品牌标识正斜带来的运动感知对品牌评价的影响受到产品创新类型的调节：对突破性创新的产品而言，产品本身的创新性感知已经很高，采用端正的品牌标识更能提高消费者对企业可靠性的评价；对渐进性创新的产品而言，采用倾斜的品牌标识能带来更高的创新性评价，与端正的标识相比，可靠性评价则不会有显著差异（周小曼等，2019）。由于位置的高低和人们知识与经验中权力的高低相联系，Sundar 和 Noseworthy（2014）发现，当强势品牌的标识位于产品包装的上方、弱势品牌的产品标识位于产品包装的下方时，消费者的认知更流畅、对品牌的态度更积极、购买意愿也更强。

3.2 概念隐喻理论

早前对隐喻的传统研究集中于语言修辞学，认为隐喻是一种独特的语言表达手法（刘红艳和张斯贤，2019）。在具身认知的研究背景下，Lakoff 和 Johnson（1980）从认知角度提出概念隐喻理论，指出隐喻是不同认知领域间的概念交互，是借助一种简单、直观的概念，来帮助理解另一抽象的概念，如将人生比喻成旅行。在隐喻中，用于隐喻的概念（如旅行）往往基于人们先前的认知和经验，使被隐喻的概念（如人生）更容易被理解（Landau et al.，2010）。近年来，隐喻理论被广泛用于消费者行为的研究，本文将隐喻理论在品牌标识效应中的应用梳理为以下几个方面：

（1）形状隐喻。品牌标识按形状总体上被划分为多角（Angled）和圆润（Rounded）两种类型，从隐喻的角度来看，中国人常用“方”和“圆”（如外圆内方）形容一个人如何应对世俗和社会的压力。圆润的形状与群体共性相关，可以激发被试者对归属感的需求；多角的形状与反从众性相关，可以激发被试对独特性的需求（Zhu and Argo，2013）。圆润和多角的标识还能分别激发消费者对柔软和坚硬的联想，使消费者认为圆润标识的品牌对顾客更为敏感，多角标识的品牌产品更为耐用（Jiang et al.，2016）。另外，标识形状能影响消费者对品牌的男性化和女性化感知。更粗、更有棱角的标识会增加消费者对品牌男性化的感知；更细、更圆润的品牌标识会增加消费者对品牌女性化的感知（Lieven et al.，2015）。

（2）时间隐喻。时间是高度抽象的概念，个体往往通过隐喻的方式将其具象化，如用水平空间的“左”和“右”分别对应过去和未来（Santiago et al.，2007）。钟科和王海忠（2015）探究了时间隐喻与品牌拉伸效应（Brand Elongation Effect）之间的关系，验证了消费者在对品牌标识进行判断时，会受到“空间距离长”（即时间长）这一隐喻结构的影响。他们的研究指出，品牌标识形状的长宽比能够影响消费者对产品时间效用属性（如电池的使用时间）的评估：当品牌标识形状是长条形时，消费者会认为产品能够使用的时间更长；但当产品的时间效用为负的时候（如银行排队时间），正方形标识能获得更好的效用评价。

（3）边界隐喻。研究证实，物体的边界（或边框）不仅能使图形的结构更明确，还有助于使消费者获得心理隐喻上的结构感和控制感。

相比无边框的品牌标识，有边框的品牌标识能够让消费者产生更高的安全感知（景奉杰等，2019）。因此，处于混乱物理环境中的消费者（杜伟宇等，2017）以及处在敬畏情绪中的消费者（曹菲和王霞，2018）出于对结构感和控制感的需要，会更偏爱有边界的品牌标识；当产品的安全属性重要（如药品、食品）时，有边框的品牌标识也能带来更高的品牌评价（景奉杰等，2019）。Fajardo 等（2016）进一步提出，品牌标识边界的隐喻意义与消费者当时的需要有关：当个体的主要需要是安全和保护时，品牌标识边界与保护（Protection）的联系更突出，但当个体的需要是自由、解放或自我表达时，标识边界与限制（Confinement）的联系将更加突出。因此对于有边界的品牌标识，购买时的高风险感知会增强消费者的购买意愿，低风险感知则会降低购买意愿。同样，对原先有框架的品牌标识，移除标识框架可以让品牌从限制中解放出来，使消费者心理上更容易接受品牌宽度的扩展，改善对品牌延伸的态度（Chen and Bei，2019）。

（4）空间隐喻。垂直空间隐喻常被用于道德感知、权力感知等领域，如较高的位置常与较高的权力、较高的道德联系在一起（刘红艳和张斯贤，2019）。这种映射关系可以用具身认知理论来解释（Sundar and Noseworthy，2014），并在品牌标识在产品包装上的位置的相关研究中得到了证明。除此之外，Huang 等（2013）的研究发现，标识的位置还应与品牌的定位相匹配——当品牌将自己定位为伙伴时，包装上标识的位置应与消费者的图像保持水平；当品牌定位为领导时，标识应置于消费者图像的上方。此外，较高的品牌标识位置还能带来较高的感知质量，因而提高购买和推荐意愿（Dong and Gleim，2018）。

3.3 联想理论与处理流畅性

品牌标识作为视觉象征符号，既具备影响消费者知觉的图形特征，又包含丰富的寓意和内涵（钟科和王海忠，2015；Boehm et al.，2018）。除了具身认知和概念隐喻，也有学者采用联想理论来解释标识视觉特性与消费者感知间的联结。如由于公共场所常用大写字母对公众做出警示性提醒，许销冰等（2016）将大写字母的效应迁移到品牌标识上，验证了大写字母的品牌标识能让人产生品牌更权威和强势的联想，小写字母的品牌标识则让人感觉品牌更具活力、更为友好。标识的形状隐喻说明了圆润和多角的标识会分别使消费者认为品牌对顾客更为敏感和产品更为耐用，这种效应还受到标识形状与广告文字一致性的调节，当品牌标识与广告文字同时呈现时，标识与文字的一致性会加强这种影响，消费者对品牌的态度和支付意愿也更高，但当消费者处于视觉负荷状态下时，这种影响则会减弱或消除（Jiang et al.，2016）。此外，来自语言学的证据表明数字与形状也存在着联想和对应关系——精确的数字和多角的形状共享着形容词“Sharp”，大概的数字与圆润的形状共享形容词“Round”；在中文语境中，“尖锐”和“圆润”也分别被引申为“精确”和“粗略”之意。因此，杨晨和陈增祥（2019）通过实验证明了多角的品牌标识应与精确的数字信息进行匹配、圆润的品牌标识应与大概的数字信息进行匹配。

在消费者潜在地处理了品牌标识的图像寓

意之后，处理流畅性则使消费者将对刺激的流畅处理归因到对产品和品牌的喜爱上。处理流畅性，简单来说是指一项事物在多大程度上容易被认知加工（Alter and Oppenheimer，2009）。处理流畅性可以指示人们对某个物品的偏好。具体来说，人们会根据情境和记忆来对处理流畅性进行归因。经验教会人们，容易处理的刺激是更受喜爱的，如果情境要求个体做出对喜好的判断，人们就会将处理的流畅性自动地、无意识地归因为对刺激的偏爱（Klinger and Greenwald，1994）。那么，哪些因素会影响处理流畅性呢？现有研究发现，对称的标识较之不对称的标识（Landwehr et al.，2013）、典型的设计较之非典型的设计（Bettels and Wiedmann，2019）、微妙的标识改动比大幅度的标识改动更易处理（Grinsven and Das，2015）。此外，标识的重复出现（Janiszewski and Meyvis，2001）以及标识特征与品牌个性、企业形象的一致性（Brasel and Hagtvedt，2016），都能提升消费者认知过程中的处理流畅性，从而增加对标识和品牌的喜爱程度。例如，Janiszewski 和 Meyvis（2001）的研究发现，品牌标识的复杂程度会和标识重复出现的次数共同影响消费者的处理流畅性和消费者对标识的偏好：中等频率的重复出现对设计简单的标识最有利，因为此时消费者的处理流畅性最高。当动态的品牌标识引起的个性特征与其他品牌特性一致的时候，品牌标识动画更能对品牌态度产生有利影响，并且这种效应受到处理流畅性的中介（Brasel and Hagtvedt，2016）。对于品牌个性是令人兴奋的品牌，使用大尺寸的标识比使用小尺寸的标识更能提升消费者的处理流畅性，进而改善对品牌的评价（Cai and Mo，2019）。然而，流畅处理并不总是能带来积极影响。Mahmood 等（2019）通过真实品牌的实际投资数据证实，复杂程度高的标识因其处理不流畅，反而能给投资者带来企业创新的感知，因而增强投资者的投资意愿。

4 品牌标识效应的影响因素

品牌标识潜在地影响消费者对产品和品牌的感知，在特定的条件下改善消费者对品牌的态度甚至行为。现有文献主要从以下几个方面探讨了品牌标识效应的影响因素：

4.1 品牌标识特征

影响品牌标识营销效应的首要因素是标识的特征本身。品牌标识通常包括文本和（或）图像，已有文献将标识的组成划分为颜色、字体、设计和公司名称（Foroudi et al.，2017）。现有的关于品牌标识的文献对标识的多方面特征进行了探讨，原有分类无法完全概括，本文将从标识的文字特征、图像特征、整体感知及标识与其他元素的关系等方面展开标识特性带来的影响。

4.1.1 文字特征

已有研究探讨了标识文字的正斜、大小写以及完整性等的影响。端正的标识会带给消费者稳定感，倾斜的标识则带来更快的速度感知（魏华等，2018；周小曼等，2019）；字母为大写的品牌标识能让人感觉标识更强势，字母小写的标识则让人觉得标识更有活力、更为友好（许销冰等，2016）。此外，不完整的字体标识降低了标识的感知清晰度，会对消费者感知企业可信度有不利影响，但由于其提升了标识的感知趣味性，因此对消费者感知企业的创新性产生有利影响（Hagtvedt，2011）。

4.1.2 图像特征

图像的形状、颜色、复杂度等都会影响品牌标识的效果。在标识形状中，曲度是最受研究关注的特性。研究证实标识的曲度能对品牌属性的联想造成影响，圆形更容易激发被试的归属感需求，多角更容易激发被试的独特性需求（Zhu and Argo，2013），因此圆润的标识更容易引发消费者对柔软的联想（Jiang et al.，2016）、更受有归属感需求的消费者喜爱（王海忠等，2017）；多角的标识更容易引发消费者对坚硬的联想（Jiang et al.，2016）、更受有独特性需求的消费者喜爱（王海忠等，2017）。

标识颜色可以帮助传递品牌形象（Bottomley and Doyle，2006）。Hynes（2009）通过向消费者描述企业的特征和使命，让被试挑选适合品牌标识的颜色，发现对于不同的企业形象，消费者对标识颜色的选择具有高度的一致性，如蓝色、棕色与保护和温暖的特性相关，粉色和黄色与欢乐、富有想象和能量相关等。Madden等（2000）发现，商标中包含的蓝色和白色等颜色在各个国家具有相似的含义，而黑色和红色等颜色具有显著不同的含义和联想。Klink（2003）则指出，带有字母S、F、V和C的品牌名称与浅色和有棱角的品牌标志更为匹配。Sundar和Kellaris（2015）发现，在标识中使用象征环保的颜色（如绿色、蓝色）会提高人们对零售商环境友好的感知，认为零售商更为道德。Bresciani和Ponte（2017）让93名消费者自行对品牌标识进行分类，结果显示他们会依据黑白和彩色归类品牌标识，并且相对更偏好黑白的标识。

此外，标识的复杂程度也会影响消费者的认知和偏好。Janiszewski和Meyvis（2001）将品牌标识的图案和名称意义一致的标识称为意义单一的标识，将图案和名称意义不一致的标识称为多重意义的标识，前者为复杂程度低的品牌标识，后者为复杂程度高的品牌标识。通过操纵被试接触标识的复杂程度和次数，他们发现，随着接触次数的增加，消费者对意义单一的标识的偏好会减弱，对有多重意义的标识的偏好则会增强。Miceli等（2014）讨论了标识复杂性中视觉复杂性（Visual Complexity）与概念复杂性（Conceptual Complexity）在消费者不同接触水平下的作用。视觉复杂性指标识中涵盖的视觉信息的多样性（Berlyne，1970），概念复杂性指标识引发多种含义解读的能力（Perussia，1988）。通过实验，Miceli等（2014）指出对视觉复杂标识的最初接触引发的积极态度会随着接触的增加而变得消极，相反，对概念复杂标识的最初接触引发的消极态度会随着接触的增加变得积极。此外，复杂的标识通常更为精细、包含的元素更多（Henderson and Cote，1998），对企业的投资者来说，复杂标识会让他们觉得更新颖、更不熟悉，因而觉得企业更为创新（Mahmood et al.，2019）。

4.1.3 整体感知

更多对标识特性的研究不局限于文字或图像，而是落脚于给标识带来的整体感知，如标识框架（曹菲和王霞，2018；杜伟宇等，2017）、长宽比（钟科和王海忠，2015）、动态性（Brasel et al.，2016；Cian et al.，2014）、对称性（Bettels and Wiedmann，2019；Luffarelli et al.，2019）、不稳定性（Rahinel and Nelson，2016）以及描述性（Luffarelli et al.，2019）等。

标识框架（也称标识边界）指品牌标识外围的有形界限（Cutright，2011；Fajardo et al.，2016），能给消费者提供心理上的结构感和控制感（曹菲和王霞，2018；杜伟宇等，2017）。在现实营销环境中，不少企业的品牌标识是有边界的（如福特汽车、Gucci 等）。

标识的长宽比与标识形状相关，指标识（包含文字与图片的整体）是长条形还是正方形，可以影响消费者对产品时间属性的评估和对品牌的评价（钟科和王海忠，2015）。当品牌标识形状是长条形时，消费者会认为空气清新剂的香氛持续时间更长、电动自行车的续航及充电时间更久、葡萄酒的品牌历史更远、视频网站的平均视频时长更长。这种效应也称为“品牌拉伸效应”（Brand Elongation Effect）。

标识的动态性包含两方面，一种指动画标识，另一种指能引起人们对运动的联想和感知的静态标识（如奔跑中的动物）。对于动画标识，当动画产生的个性特征与品牌其他元素（如公司类型为娱乐型）一致的时候，标识动画可以加强对品牌个性的感知（Brasel and Hagtvedt，2016）。Cian 等（2014）运用眼动追踪发现，引发消费者感知运动的静态标识能吸引消费者注意力，进而通过提高参与度积极影响消费者对品牌的态度。在品牌标识中加入拖曳力（如红牛的标识）会起到类似的作用——使消费者觉得标识更有活力，并把感知到的能量迁移到品牌上（Baxter and Ilicic，2018）。

对称性作为一项明显的视觉特征，常被应用到产品和标识的设计中。研究表明，不对称的物体使人们处理流畅性降低，因此会引发主观唤醒，导致心理上的兴奋和警觉感（Bajaj and Bond，2017；Blijlevens et al.，2012）。当这种兴奋感与消费者自我概念一致时，不对称的设计就能引起消费者对产品设计的积极推论（Bettels and Wiedmann，2019），令消费者认为产品更为美观、更有效用和更有助于自我表达（Candi et al.，2017）。

与不对称性相关的是不稳定性，即图形面积分布的不均等，使人感觉图像随时可以被外力“推翻”。Rahinel 和 Nelson（2016）的研究显示，接触不稳定的品牌标识会使人们推断出不安全条件的存在，但如果人们认为不安全来源于环境，则会增加对安全导向产品的感知效用。

描述性指的是标识对品牌及产品呈现的具体程度。如带有咖啡豆图案和“Coffee”字样的咖世家的标识就比绿色海妖图案、无文字说明的星巴克的标识更有描述性。描述性更高的标识可以让消费者感知到品牌真实性，因此提升消费者对品牌的评价和购买意愿，进一步积极影响品牌的资产（Luffarelli et al.，2019）。

4.1.4 标识与其他元素的关系

标识作为一种视觉元素，常常与其他元素同时使用，故而这些元素之间的关系、空间结构也影响着标识的作用。Nazuk 和 Sajeev（2018）引入设计学中“主动留白”（Active White Space）与“被动留白”（Passive White Space）概念，将标识中的主动留白定义成标识内部元素间的空白，被动留白定义为标识整体图形与边框间的空白。他们提出在标识中增加主动留白能提高标识的感知清晰度和消费者对标识的评价，结合品牌个性进一步发现，主动留白的设计最有利于品牌个性中的教养维度，其次是真诚、刺激、有能力的品牌个性维度，对健壮的品牌个性则没有影响。蒋玉石（2012）运用眼动追踪探讨了如何在网络广告中合理安排标识、文案和插图三大要素，发现要吸引消费者注意，当图片要素固定在广告中央时，标识应优先放在与图片平行的中间位置及左上位置，而且要尽量避免将标识放置于广告的底部，尤其是左下方。

4.2 产品和品牌特征

产品和品牌本身的类别和特征在品牌标识效应中多起到调节作用。由于标识特性对品牌态度的积极影响需要与品牌形象一致才能起到积极作用，因此，对标识动态性的研究认为，比起传统品牌，现代品牌和娱乐型品牌更适用动态性标识（Cian et al.，2014，Brasel and Hagtvedt，2016）；当创新性强的企业使用动态标识且标识沿凸面向右上方移动时，消费者对品牌的态度要比动态标识向左上方移动、沿直线或凹面向右上方移动时要好，因为沿凸面向右上方移动的轨迹更能让消费者联想到企业从过去到未来指数地增长（Guido et al.，2016）。此外，标识的不对称设计需要与令人兴奋的品牌个性相匹配（Luffarell et al.，2019）；创新型企业更适用倾斜的（魏华等，2018）及字体不完整（Hagtvedt，2011）的品牌标识；稳定型企业和进行了突破型创新的产品能从端正的标识中得到更好的消费者反馈（魏华等，2018；周小曼等，2019）等。

当产品的时间属性重要时，标识形状的长宽比会影响消费者对收益时间或成本时间的评估（钟科和王海忠，2015）。此外，标识的不稳定设计让消费者产生对环境不安全的推论，但仅限于对安全导向型产品有效（Rahinel and Nelson，2016）。同样，当安全属性对产品较为重要时，消费者对有边框的品牌标识评价会更高（景奉杰等，2019）。

4.3 消费者个人因素

消费者的个人因素包含调节导向、自我构念、迷信观念、整体思维及对品牌的熟悉度和情感等，对品牌标识效应也起到显著的调节作用。例如，使用不完整字体的标识文字会降低标识的感知清晰度，对企业可信度的感知有不利影响，但这种影响与消费者的调节导向类型有关——只有当消费者是防御型聚焦时，不完整的字体标识才会对品牌可信度感知造成负面影响（Hagtvedt，2011）。

消费者的自我构念与对标识曲度的感知相关。王海忠等（2017）通过实验证明，在公开产品的购买情境中，独立型自我构念的消费者独特性需求更高，偏爱多角的品牌标识；相依型自我构念的消费者独特性需求更低，偏爱圆润的品牌标识。另外，由于女性比男性更可能有相依型自我构念、对归属感的需求更高，因此圆润的形状和带棱角的形状分别与人们心中典型女性与男性的性格特征更相符（丁瑛等，2019）。

在品牌标识相关研究中，从消费者迷信观念着手是一个新颖的视角。Wang 等（2012）提出，在消费者对产品和品牌不熟悉时，迷信观念可以给他们提供“控制的错觉”。宿命论的消费者较少依赖外部线索，他们对品牌标识并不敏感；但就具有其他迷信观念（如算命术、幸运物、魔法和虚构人物、迷信仪式）的消费者来说，他们对品牌标识更加敏感，企业也因此要谨慎选择具有特殊符号的标识，避免让消费者产生负面的联想。

整体观（Holism）是指消费者看待事物是以拆分（Analytic）还是整体的方式，高整体观的消费者倾向于将注意力集中在处理对象间的关系，以及这些对象共同属于的领域上。同一品牌标识中可能存在不同的形状（如圆形标识中包含多角的形状，多角的标识中有圆形的形状）。Liang 等（2017）发现，高整体观的消费者更容易受到同一标识中不同形状的影响，标识形状的一致性会让他们对品牌的评价更高。

消费者对品牌的熟悉度和情感也在品牌标识效应中起到调节作用。描述性高的标识能让消费者感觉品牌更真实，进而提升对品牌的态度，但对消费者熟悉的品牌，标识描述性对品牌态度的积极影响会减弱；对消费者本来就保持负面态度的品牌，标识的描述性对品牌真实性的强化还会降低消费者对品牌的态度（Luffarelli et al.，2019）。

4.4 情境因素

物理环境、购买场合以及消费者身心状态等情境因素可以视作品牌标识效应的边界条件。尽管标识边框可以给消费者带来结构感或控制感，但消费者的这种需求需要通过外界环境来激发，如混乱物理环境中的消费者出于对控制感的需要，会更偏好有边界的品牌标识（杜伟宇等，2017）；当消费者的敬畏情绪被激发时，对有边界标识的偏好也更强，这种效应对促进导向的消费者来说比预防导向的消费者更为明显（曹菲和王霞，2018）；当消费者感受到高购买风险时，对有边框的标识的态度也更为积极（Fajardo et al.，2016）。

同样，对标识曲度的研究认为，多角的标识只有在公开的购买环境下能满足消费者的独特性需求（王海忠等，2017）；当消费者处于视觉负荷的状态下时，圆润和多角的品牌标识给消费者带来的柔软和坚硬联想的效应也会消除（Jiang et al.，2016）。一项对品牌个性与标识大小交互作用的研究发现，令人兴奋的品牌个性与大尺寸标识的匹配对品牌评价的积极影响也仅在公开购买场景中存在（Cai and Mo，2019）。

5 标识更新及其影响

2019 年，大众品牌在全球范围内征集新的车标创意，计划更换自身从 1937 年起一直使用的车标及品牌标识；西班牙快时尚巨头 Zara 在发布 2019 年春夏系列时装的同时，也更换了全新标识，这是该品牌创立以来第二次更换标识。据统计，每年、每 50 家公司中就有一家重新设计自己的商标（Spaeth，2002），而且费用相当高昂。在品牌设计和沟通中，品牌名称和品牌标识被认为是两大主要元素（Henderson et al.，2003；Pittard et al.，2007）。然而，品牌名称一旦确立，通常不可轻易更改；相对而言，品牌标识的更新则较为容易（Collins，1977；Keller，2003）。在变幻的市场环境中，企业需要不断对品牌进行调整和更新，标识更新（Logo Change）也成了品牌管理中自然且必不可少的要素（Aaker，1991；Muzellec and Lambkin，2006）。标识的更新往往是为了适应重大市场变化或品牌定位的调整，试图让品牌与时俱进，焕发新的活力（Müller et al.，2013）。Ohme 和 Boshoff（2019）指出，由于内隐学习，在标识被更新之后，消费者可能会无意识地将新标识与原品牌或标识相关联。然而，由于标识的改变可能改变消费者的品牌联想，引发消费者的识别困难，使品牌多年苦心经营的形象毁于一旦，企业在修改品牌标志时应特别谨慎（Machado et al.，2012；Pimentel and Heckler，2003；Walsh et al.，2010，2019）。

5.1 标识更新带来的市场反应及影响因素

在现实的市场环境下，标识的改变和更新既有成功的案例，也有失败的案例。2009 年，百事旗下的果汁品牌纯果乐（Tropicana）更换了原来易于辨认的品牌标识和包装，收到了大量忠诚顾客的投诉，两个月内直接损失了大约 3300 万美元的销售额，使纯果乐不得不恢复旧的标识和包装。[①] GAP 曾经试图更换标识，却迅速引发了消费者在 Twitter 和 Facebook 等社交媒体上的激烈抗议，使 GAP 不得不更换回原来的标识（Jiang et al.，2016）。GAP 的新标识也成为“史上最短命的 Logo”——仅被使用了 11 天。[②] 老牌英伦奢侈品牌 Burberry 从 2016 年以来，连续三年利润下滑，2018 年 8 月 Burberry 对沿用了 117 年的标识进行大刀阔斧的改动，将原来手持盾牌和旗帜、骑在奔跑的马背上的骑士图案直接删去，仅留下“BURBERRY”作为字母标识，字体也从圆润的流线字体改成更为简洁的无衬线字体。与标识更换同时进行的，还有设计风格的改变和形象代言人的年轻化。整个形象系统的更换，共同展现的是这个传统英伦品牌现代化的决心。

影响消费者对标识更新反应的因素首先是标识改动的幅度。通常而言，较之微小的标识改变，大幅度的标识改变会降低消费者信息处理的速度，带来不利结果（Grinsven and Das，2015；Walsh et al.，2010；Peterson et al.，2015），但也有研究指出，大幅的标识改动有助于吸引消费者的注意力，让消费者感到新奇（Berlyne，1970）。总体来说，对于高品牌意识（Grinsven and Das，2015）、高品牌承诺（Walsh et al.，2010）、高品牌熟悉度和高品牌依恋（Grobert et al.，2016；Walsh et al.，2019）的消费者，大幅度的标识更新更容易带来他们对标识的负面评价、降低品牌态度，哪怕对新标识反复接触也不足以减轻这种效应（Grinsven and Das，2015）。然而，Das 和 Hooft（2015）的跨国实验表明，尽管大幅度的标识更新会对标识识别与欣赏、标识与品牌核心价值的感知契合度有负面影响，却可能带来更积极的品牌评价。尤其是对于高品牌意识的消费者，他们有更强的动机和能力去解释品牌标识的变化，当解开了标识变化之“谜”时，他们就能产生影响品牌评价的积极体验。

品牌有时不需要通过重新设计标识来达到品牌形象的更新。谷歌会在节日时对官网的标识进行对应的装饰，节日之后则恢复使用常规标识，Saaksjarvi 等（2015）将这种做法称为

① 纯果乐“变身”之祸［EB/OL］. 中国营销传播网，http：//www. emkt. com. cn/article/419/41991-2. html，2009-06-08.

② “换标有风险，变脸需谨慎”——企业 Logo 换新的失败案例［EB/OL］. 微品牌秀，http：//www. vilogo. com/935. html，2015-11-13.

“标识多样化策略”（Logo Variety Strategy），他们证实了对品牌标识（字体、颜色或形状）的轻微改动能给消费者带来兴奋和惊喜，使品牌更有新意，以及提升消费者对品牌的情感承诺和品牌态度。

5.2 标识更新的心理机制

大多数已有研究用流畅性来解释消费者对标识更新的反应。对大幅改动的标识的负面评价主要来源于消费者处理流畅性的降低（Grinsven and Das，2015）。此外，好奇（Curious）和惊奇（Suprise）两种情感也会以不同方式影响消费者反应。Peterson 等（2015）区分了消费者两种形式的好奇心，指出：兴趣型（Interest）好奇心注重满足自身内在的好奇，对标识变化的态度更为积极；剥夺型（Deprivation）好奇心对不确定性表示担忧，对标识变化的态度更为消极。惊奇的作用与好奇心类似，消费者越是对品牌熟悉和依恋，标识更新带来的惊奇就越多地起到消极作用（Grobert et al.，2016）。对于高依恋品牌和忠诚于品牌的消费者，企业在更新标识时同时展现对消费者的关心，可以减少消费者对标识更新的负面情绪；但是对低品牌依恋的消费者来说，呈现具有共情作用的信息反而让他们觉得企业是为了降低消费者的负面态度而有意为之（Walsh et al.，2019）。

5.3 特定情境下的标识更新

研究者还探讨了某些特定品牌情境下的标识更新。尽管总体来看，标识更新倾向于给标识评价和品牌态度带来负面影响，但对于老化的品牌，标识的重新设计能提升消费者对品牌现代性的感知，并最终影响消费者对品牌的态度及品牌忠诚（Müller et al.，2013）。另外，Machado 等（2012）以银行业作为研究情境，探讨了企业并购带来的名称和标识更新对消费者偏好的影响，发现在合并情境下，标识作为对过去品牌的沿袭，可以向消费者保证现在的品牌与过去仍有联系，相对品牌名称发挥着更重要的作用。在针对两个品牌合作推广的产品进行标识再设计时，一体化的标识（Integrative Logo）比添加型标识（Added Logo）和创新型标识（Novel Logo）更能带来消费者对品牌合作的有利感知、对产品更高的质量感知和更积极的感受（Kraus and Gierl，2017）。标识的改变往往不是单独的，也跟随着企业业务形态、广告标语的改变。在品牌延伸的情境下，标识形状的改变应与广告标语的改变相匹配，即更圆润的品牌标识应搭配温暖型广告标语，更有棱角的品牌标识应搭配能力型广告标语，以提高消费者对品牌延伸的评价（江红艳等，2018）。

6 未来研究展望

本文从品牌标识的维度、分类、营销效应、对消费者的作用机制及影响因素几方面对现有文献进行了梳理。总的来说，现有研究表明，标识特征与产品和品牌特征共同作用，在消费者个人特质和情境因素的调节下，通过具身认知、概念隐喻、联想理论、处理流畅性等机制，对消费者的认知、情感、态度和行为产生影响。据此，我们将过往研究框架整理如图 1 所示。

尽管营销领域对品牌标识的研究取得了一定成果，但也存在许多待解决的问题，值得未来研究进行深入探讨。本文就品牌标识的未来研究方向提出以下观点：

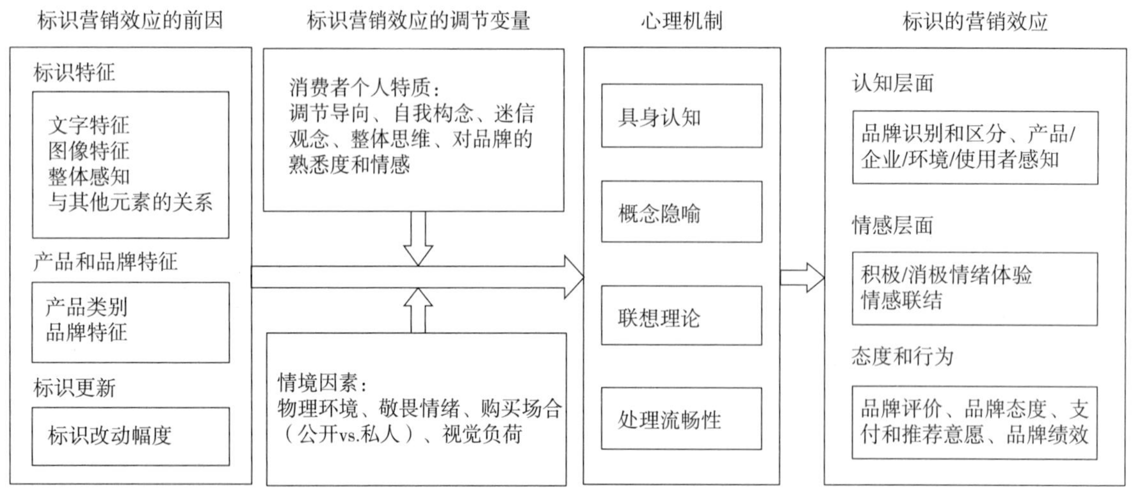

图1 品牌标识研究框架

（1）对标识的其他特性及特性之间的相互作用给消费者带来的感知进行探讨。首先，现有研究对品牌标识文字、图像及整体感知等方面的视觉特性进行了分析，如标识的对称性、完整性、文字与图案正斜、动态性、自然性、描述性、有无边框与内部留白等，然而如标识拟人化、图案规则性以及标识颜色等设计特征对消费者感知及行为的影响探讨较少。其次，品牌标识往往不仅包含单一维度的特性，不同维度的标识特性如何相互作用、共同对消费者产生影响，也值得深入探讨，如倾斜的标识往往也能带来更动态的感知（魏华等，2018）、不对称的标识通常也让人觉得不稳定（Rahinel and Nelson，2016）、具有自然性的标识也通常更为具体而非抽象（Machado et al.，2015）等；以及标识不同特性的组合是否会给消费者带来矛盾的感知，如端正标识是否不应同时使用动态的设计，因为前者带来的稳定感可能会与后者带来的活力感相矛盾等。

（2）加入消费者其他个人特质的作用。研究已证实独立型自我构念的消费者更偏好多角的品牌标识，相依型自我构念的消费者更偏好圆润的品牌标识（王海忠等，2017），调节聚焦类型为防御型的消费者会觉得字体标识不完整的企业不那么可靠（Hagtvedt，2011）等。未来研究一方面可以探究这些个人特征与其他标识特性的相互作用，另一方面可以加入其他消费者个人因素的影响，如已有文献证明消费者的思维模式塑造着其认知和经验（Murphy and Dweck，2016），那么固定型思维模式（Fixed Mindset）和成长型思维模式（Growth Mindset）对消费者处理品牌标识是否有区别，是否会影响消费者对于品牌标识更新的态度？再比如，消费者的个人控制感（Perceived Control）是否影响对品牌标识规则性的偏好？理性思维的消费者（Rational Thinking）比直觉思维（Intuitive Thinking）的消费者是否更偏好纯文字（而非图片）的品牌标识？

（3）丰富跨文化情境的研究。尽管现有研究中不乏对同一主题的跨文化调查（Henderson et al.，2003；Pittard et al.，2007），但仅局限于不同国家的被试样本，研究结果也未体现出不同文化的差异。未来研究可以更具体地探讨文化差异的影响，如集体主义与个人主义文化（Collectivistic vs Individualistic）（Hofstede，2001）、松文化与紧文化（Tight Culture vs Loose Culture）（Gelfand et al.，2011）、高语境文化与低语境文化（High Context vs low Context）（Hall，1976）下的消费者对标识的处理和认知是否有区别，以及跨国经营的品牌在进入其他文化时，是否以及应该如何修改标识以适应本地情境等。

（4）探究移动互联网时代品牌标识的新趋势及其引发的消费者反应。移动互联网环境下，消费者采用移动端接收信息成为主流，移动端的小屏属性也使消费者的信息承载受到限制。在这样的趋势面前，许多品牌（特别是互联网企业）对标识进行了去渐变、去阴影、去立体效果的简单化与扁平化再设计（如 Google 和华为），其主要的原因是为了使标识更好地适应二维的数字环境，在电子屏幕时代能更好地被阅读和识别。许多奢侈品牌也纷纷对标识进行重塑，如将标识字体改为结构简单的无衬线字体、将标识中的图形精简或者去掉等，以期向更为大众化的“轻奢”形象转型。上述变化在业界统称为“扁平化设计”。扁平化设计如何影响消费者的认知和态度、不同媒体介质（手机、电脑、平板、纸媒等）是否会引发消费者对不同品牌标识特质的偏好，都是未来值得探讨的问题。

（5）过往研究集中于检验单一的品牌标识，甚少探讨其横向和纵向的变化与一致性所带来的影响。横向来看，品牌标识有不同的展现媒介，可以出现在产品本身、平面广告、产品包装、智能终端等不同介质上，仅就智能终端来说，也有电脑、手机、电视、手表、汽车等不同的呈现介质。这些媒介特性各不相同，如何针对不同媒介的特质设计品牌标识，以最大化不同媒介的传播效应，同时塑造协调统一的视觉形象？纵向来看，品牌标识更新如今已成为家常便饭，但更新的频率、幅度则大相径庭。例如，2018 年，家电零售品牌百思买近 30 年来首次更换标识，而谷歌成立 20 年来，已经历 7 次换标。品牌如何在更新和一致之间取得平衡？其更新的频率和策略应该如何把握，是否因行业类型、品牌个性而不同？对这些问题的探讨对于品牌实践和理论发展都将具有重要价值。

（6）加入对其他类别的产品和品牌的研究。现有的对品牌标识的研究，部分区分了传统品牌和现代品牌（Cian et al.，2014；Brasel et al.，2016）、创新型企业和稳定型企业（魏华等，2018；周小曼等，2019；Guido et al.，2016），有些研究则针对时间属性重要的产品（钟科和王海忠，2015）和安全属性重要的产品（Rahinel and Nelson，2016；景奉杰等，2019）展开，未来可以丰富其他产品和品牌类型与标识交互作用的研究，如功能型产品是否更适用具象的品牌标识、概念型产品是否更适用抽象的品牌标识等。

参考文献

［1］Aaker D. A. Managing Brand Equity［M］. New York：The Free Press，1991.

［2］Adîr G.，Adîr V.，Pascu N. E. Logo Design and the Corporate Identity［J］. Social and Behavioral Sciences，2012（51）：650-654.

[3] Alter A. L., Oppenheimer D. M. Uniting the Tribes of Fluency to Form a Metacognitive Nation [J]. Personality and Social Psychology Review, 2009, 13 (3): 219-35.

[4] Bajaj A., Bond S. D. Beyond Beauty: Design Symmetry and Brand Personality [J]. Journal of Consumer Psychology, 2017, 28 (1): 77-98.

[5] Balmer J. M. T. Corporate Identity, Corporate Branding and Corporate Marketing Seeing through the Fog [J]. European Journal of Marketing, 2001, 35 (3/4): 248-91.

[6] Barsalou L. W. Perceptual Symbol Systems [J]. Behavioral and Brain Sciences, 1999, 22 (4): 577-609.

[7] Baxter S. M., Ilicic J. May the Force Drag Your Dynamic Logo: The Brand Work-Energy Effect [J]. International Journal of Research in Marketing, 2018 (35): 509-523.

[8] Berlyne D. E. Novelty, Complexity and Hedonic Value [J]. Perception and Psychophysics, 1970, 8 (5): 279-286.

[9] Bettels J., Wiedmann K. P. Brand Logo Symmetry and Product Design: The Spillover Effects on Consumer Inferences [J]. Journal of Business Research, 2019 (97): 1-9.

[10] Blijlevens J., Carbon C. C., Mugge R., et al. Aesthetic Appraisal of Product Designs: Independent Effects of Typicality and Arousal [J]. British Journal of Psychology, 2012, 103 (1): 44-57.

[11] Bloch P. H. Seeking the Ideal Form: Product Design and Consumer Response [J]. Journal of Marketing, 1995, 59 (3): 16-29.

[12] Boehm S. G., Smith C., Muench N., et al. Rapid Response Learning of Brand Logo Priming: Evidence that Brand Priming is not Dominated by Rapid Response Learning [J]. Quarterly Journal of Experimental Phychology, 2018, 71 (8): 1807-1816.

[13] Bottomley P. A., Doyle J. R. The Interactive Effects of Colors and Products on Perceptions of Brand Logo Appropriateness [J]. Marketing Theory, 2006, 6 (1): 63-83.

[14] Brasel S. A., Hagtvedt H. Living Brands: Consumer Responses to Animated Brand Logos [J]. Journal of the Academy of Marketing Science, 2016, 44 (9): 639-53.

[15] Bresciani S., Ponte D. P. New Brand Logo Design: Customers' Preference for Brand Name and Icon [J]. Social Science Electronic Publishing, 2017, 24 (5): 1-16.

[16] Buttle H., Westoby N. Brand Logo and Name Association: It's All in the Name [J]. Applied Cognitive Psychology, 2006, 20 (9): 1181-1194.

[17] Cai Y. Y., Mo T. T. Making an Exciting Brand Big: Brand Personality, Logo Size and Brand Evaluation [J]. Canadian Journal of Administraative Science, 2019: 1-9.

[18] Candi M., Jae H., Makarem S., et al. Consumer Responses to Functional, Aesthetic and Symbolic Product Design in Online Reviews [J]. Journal of Business Research, 2017 (81): 31-39.

[19] Chen Y. S. A., Bei L. T. Free the Brand: How A Logo Frame Influences the Potentiality of Brand Extensions [J]. Journal of Brand Management, 2019, 26 (4): 349-364.

[20] Cian, Luca, Krishna A., et al. This Logo Moves Me: Dynamic Imagery from Static Images [J]. Journal of Marketing Research, 2014, 51 (2): 18-28.

[21] Cohen D. Trademark Strategy Revisited [J]. Journal of Marketing, 1991, 55 (3): 46-59.

[22] Collins L. A Name to Conjure with: A Discussion of the Naming of New Brands [J]. European Journal of Marketing, 1977, 11 (5): 339-62.

[23] Cutright K. M. The Beauty of Boundaries: When and Why We Seek Structure in Consumption [J]. Journal of Consumer Research, 2011, 38 (5): 775-790.

[24] Das E., Hooft A. V. A Change Will Do You Good: Paradoxical Effects of Higher of Degrees of Logo Change on Logo Recognition, Logo Appreciation, Core Values Fit and Brand Attitudes [C]. International Conference on Research in Advertising Bridging the Gap, 2015.

[25] David A. Logo Design Love: A Guide to Creating Iconic Brand Identities [M]. Berkeley, CA: New Riders, 2014.

[26] Dong R., Gleim M. R. High or Low: The Impact of Brand Logo Location on Consumers Product Perceptions [J]. Food Quality and Preference, 2018 (69): 28-35.

[27] Fajardo T. M., Zhang J., Tsiros M. The Contingent Nature of the Symbolic Associations of Visual Design Elements: The Case of Brand Logo Frames [J]. Journal of Consumer Research, 2016, 43 (4): 549-566.

[28] Foroudi P., Foroudi M. M., Nguyen B., et al. Conceptualizing and Managing Corporate Logo: A Qualitative Study [J]. Qualitative Market Research, 2019, 22 (3): 381-404.

[29] Foroudi P., Melewar T. C., Gupta S. Linking Corporate Logo, Corporate Image, and Reputation: An Examination of Consumer Perceptions in the Financial Setting [J]. Journal of Business Research, 2014, 68 (11): 2269-2281.

[30] Foroudi P., Melewar T. C., Gupta S. Corporate Logo: History, Definition, and Components [J]. International Studies of Management & Organization, 2017, 47 (2): 176-196.

[31] Guido G., Pichierri M., Nataraajan R., et al. Animated Logos in Mobile Marketing Communications: The Roles of Logo Movement Directions and Trajectories [J]. Journal of Business Research, 2016, 69 (12): 6048-6057.

[32] Gelfand M. J., Raver J. L., Nishii L., et al. Differences Between Tight and Loose Cultures: A 33-Nation Study [J]. Science, 2011, 332 (6033): 1100-1104.

[33] Grobert J., Cuny C., Fornerino M. Surprise! We Changed the Logo [J]. Journal of Product & Brand Management, 2016, 25 (3): 239-246.

[34] Grinsven B. V., Das E. Processing Different Degrees of Logo Change: When Higher Levels of Brand Consciousness Decrease Openness to Substantial Logo Changes [J]. European Journal of Marketing, 2015, 49 (11): 1710-1727.

[35] Grinsven B. V., Das E. I Love You Just the Way You Are: When Large Degrees of Logo Change Hurt Information Processing and Brand Evaluation [J]. Advances in Advertising Research, 2016 (6): 379-394.

[36] Grohmann B. The Effect of Logo Design on Brand Personality Perceptions [J]. Administrative Sciences Association of Canada, 2008, 29 (5): 143-51.

[37] Hagtvedt H. The Impact of Incomplete Typeface Logos on Perceptions of the Firm [J]. Journal of Marketing, 2011, 75 (4): 86-93.

[38] Hall E. T. Beyond Culture [M]. New York: Anchor Books, 1976.

[39] Henderson P. W., Cote J. A. Guidelines for Selecting or Modifying Logos [J]. Journal of Marketing, 1998, 62 (4): 14-30.

[40] Henderson P. W., Cote J. A., Leong S. M., et al. Building Strong Brands in Asia: Selecting the Visual Components of Image to Maximize Brand Strength [J]. International Journal of Research in Marketing, 2003, 20

(12): 297-313.

[41] Hofstede G. Culture's Consequences: Comparing Values, Behaviors, Institutions and Organizations Across Nations [J]. Administrative Science Quarterly, 2001, 27 (3): 127-131.

[42] Huang X., Li X., Zhang M. Seeing the Social Roles of Brands: How Physical Positioning Influences Brand Evaluation [J]. Journal of Consumer Psychology, 2013, 23 (4): 509-514.

[43] Hynes N. Colour and Meaning in Corporate Logos: An Empirical Study [J]. Journal of Brand Management, 2009 (16): 545-555.

[44] Hoyer W. D., Leong S. P. Effects of Brand Awareness on Choice for A Common, Repeat-Purchase Product [J]. Journal of Consumer Research, 1990, 17 (2): 141-148.

[45] Janiszewski C., Meyvis T. Effects of Brand Logo Complexity, Repetition, and Spacing on Processing Fluency and Judgment [J]. Journal of Consumer Research, 2001, 28 (1): 18-32.

[46] Japutra A., Molinillo S., Wang S. S. Aesthetic or Self - Expressiveness? Linking Brand Logo Benefits, Brand Stereotypes and Relationship Quality [J]. Journal of Retailing and Consumer Services, 2018 (44): 191-200.

[47] Jiang Y. W., Gerald J. G., Galli M., et al. Does Your Company Have the Right Logo? How and Why Circular and Angular Logo Shapes Influence Brand Attribute Judgments [J]. Journal of Consumer Research, 2016, 42 (5): 709-26.

[48] Kaur H., Kaur K. Connecting the Dots Between Brand Logo and Brand Image. Asia-Pacific Journal of Business Administration, 2019, 11 (1): 68-87.

[49] Keller K. L. Strategic Brand Management [M]. Upper Saddle River: Prentice Hall, 1998.

[50] Keller K. L. Strategic Brand Management: Building, Measuring, and Managing Brand Equity [M]. 2nd ed Upper Saddle River, New Jersey: Prentice Hall, 2003.

[51] Kim M. J., Lim J. H. A Comprehensive Review on Logo Literature: Research Topics, Findings, and Future Directions [J]. Journal of Marketing Management, 2019, 35 (13/14): 1291-1365.

[52] Klink R. Creating Meaningful Brands: the Relationship Between Brand Name and Brand Mark [J]. Marketing Letters, 2003, 14 (3): 143-57.

[53] Klinger M. R., Greenwald A. G. Preferences Need No Inferences? The Cognitive Basis of Unconscious Mere Exposure Effects [A]//Paula M. Niedenthed and Shinab Kitayama. The Heart's Eye [M]. Academic Press, 1994.

[54] Kohli C., Suri R. Reating Effective Logos: Insights from Theory and Practice [J]. Business Horizons, 2002, 45 (3): 58-64.

[55] Kraus A., Gierl H. The Logo Matters: the Effect of the Logo Type on the Attitude Towards Co-Products [J]. International Journal of Advertising, 2017, 36 (4): 1-18.

[56] Lakoff G., Johnson M. Metaphors We Live By [M]. Chicago: University of Chicago Press, 1980.

[57] Landau M. J., Brian P. M., Lucas A. K. A Metaphor - Enriched Social Cognition [J]. Psychological Bulletin, 2010, 136 (6): 1045-67.

[58] Landwehr, Jan R., Daniel W., et al. Product Design for the Long Run: Consumer Responses to Typical and Atypical Designs at Different Stages of Exposure [J]. Journal of Marketing, 2013, 77 (5): 92-107.

[59] Lee J., Eunju K., Carol M. M. Social Benefits of Brand Logos in Presentation of Self in Cross and Same Gender Influence Contexts [J]. Journal of Business Research, 2015, 68 (6): 1341-1349.

[60] Leong S. M. Consumer Decision Making for A Common, Repeat - Purchase Product: A Dual Replication [J]. Journal of Consumer Psychology, 1993, 2 (2): 62-74.

[61] Liang J. P., Wang H. Z., Hu G. M. How Can Logo Make an Inspirational Brand? [J]. LA-Latin American Advances in Consumer Research, 2017 (4): 44-45.

[62] Lieven T., Grohmann B., Herrmann A., et al. The Effect of Brand Design on Brand Gender Perceptions and Brand Preference [J]. European Journal of Marketing, 2015, 49 (1/2): 146-169.

[63] Luffarelli J., Mukesh M., Mahmood A. Let the Logo Do the Talking: The Influence of Logo Descriptiveness on Brand Equity [J]. Journal of Marketing Research, 2019, 56 (5): 862-878.

[64] Luffarelli J., Stamatagiannakis A., Yang H. Y. The Visual Asymmetry Effect: An Interplay of Logo Design and Brand Personality on Brand Equity [J]. Journal of Marketing Research, 2018, 56 (1): 89-103.

[65] Machado J. C., Vacas - de - Carvalho L., Patrício C., et al. Brand Mergers: Examining Consumers' Responses to Name and Logo Design [J]. Journal of Product & Brand Management, 2012, 21 (6): 418-427.

[66] Machado J. C., L. V. de Carvalho, Torres A., et al. Brand Logo Design: Examining Consumer Response to Naturalness [J]. Journal of Product & Brand Management, 2015, 24 (1): 78-87.

[67] MacInnis D. J., Shapiro S., Mani G. Enhancing Brand Awareness Through Brand Symbols [J]. Advances in Consumer Research, 1999 (26): 601-608.

[68] Madden T. J., Hewett K., Roth M. S. Managing Images in Different Cultures: A Cross-National Study of Color Meanings and Preferences [J]. Journal of International Marketing, 2000, 8 (4): 90-107.

[69] Mahmood A., Luffarelli J., Mukesh M. What's in A Logo? The Impact of Complex Visual Cues in Equity Crowdfunding [J]. Journal of Business Venturing, 2019, 34 (1): 41-62.

[70] Melewar T. C., Saunders J. Global Corporate Visual Identity Systems: Using An Extended Marketing Mix [J]. European Journal of Marketing, 2000, 34 (5/6): 538-550.

[71] Mollerup P. Marks of Excellence, History and Taxonomy of Trademarks [M]. London: Phaidon Press. 1999.

[72] Murphy M. C., Dweck C. S. Mindsets Shape Consumer Behavior [J]. Journal of Consumer Psychology, 2016, 26 (1): 127-136.

[73] Muzellec L., Lambkin M. Corporate Rebranding: Destroying, Transferring or Creating Brand Equity [J]. European Journal of Marketing, 2006, 40 (78): 803-824.

[74] Müller B., Kocher B., Crettaz A. The Effects of Visual Rejuvenation Through Brand Logos [J]. Journal of Business Research, 2013, 66 (1): 82-88.

[75] Miceli G., Scopelliti I., Raimondo M. A., et al. Breaking Through Complexity: Visual and Conceptual Dimensions in Logo Evaluation Across Exposures [J]. Phychology and Marketing, 2014, 31 (10): 886-899.

[76] Mininni T. Marketing Metrics and Package Design [EB/OL]. www. brandchannel. com/brand_speak. asp? bs_id 117, 2005.

[77] Nazuk S., Sajeev V. Active White Space (AWS) in Logo Designs: Effects on Logo Evaluations and Brand Communication [J]. Journal of Advertising, 2018, 47 (3): 1-12.

[78] Niedenthal P. M., Barsalou L. W., Winkielman P., et al. Embodiment in Attitudes, Social Perception, and Emotion [J]. Personality and Social Psychology Review, 2006, 9 (3): 184-211.

[79] Ohme R., Boshoff C. The Role of Implicit Learning in Logo Substitution [J]. Journal of Consumer Marketing, 2019, 36 (5): 610-619.

[80] Olins W. Corporate Entity: Making Business Strategy Visible through Design [M]. London: Thames and Hudson, 1989.

[81] Park C. W., Andreas B., Eisingerich, et al. The Role of Brand Logos in Firm Performance [J]. Journal of Business Research, 2013 (66): 180-187.

[82] Peterson M., Alshebil S., Bishop M. Cognitive and tmotional Processing of Brand Logo Changes [J]. Journal of Product & Brand Management, 2015, 24 (7): 745-757.

[83] Perussia F. Semiotic Frame: A Method for the Rxperimental Analysis of Images [J]. Psychological Reports, 1988, 63 (2): 524-526.

[84] Pimentel R., Heckler S. Changes in Logo Designs: Chasing the Elusive Butterfly Curve [J]. New Jersey: Lawrence Erlbaum Associates, 2003: 105-127.

[85] Pittard N., Ewing M., Jevons C. Aesthetic Theory and Logo Design: Examining Consumer Response to Proportion Across Cultures [J]. International Marketing Review, 2007 (24): 457-473.

[86] Rapp A., Beitelspacher L. S., Grewal D., et al. Understanding Social Media Effects Across Seller, Retailer, and Consumer Interactions [J]. Journal of the Academy of Marketing Science, 2013, 41 (5): 547-566.

[87] Rahinel R., Nelson N. M. When Brand Logos Describe the Environment: Design Instability and the Utility of Safety-Oriented Products [J]. Journal of Consumer Research, 2016, 43 (3): 478-496.

[88] Saaksjarvi M., van den Hende E., Mugge R., et al. How Exposure to Logos and Logo Varieties Fosters Brand Prominence and Freshness [J]. Journal of Product and Brand Management, 2015, 24 (7): 736-744.

[89] Salgado-Montejo A., Velasco C., Sebastián O. J., et al. Love for Logos: Evaluating the Congruency Between Brand Symbols and Typefaces and Their Relation to Emotional Words [J]. Journal of Brand Management, 2014, 21 (7-8): 635-649.

[90] Santiago J., Lupá Ez J., Pérez E., et al. Time (Also) Flies From Left to Right [J]. Psychonomic Bulletin & Review, 2007, 14 (3): 512-516.

[91] Schechter A. H. Measuring the Value of Corporate and Brand Logos [J]. Design Management Review, 1993, 4 (1): 33-39.

[92] Sharma R., Garikaparthi M. What's in A Name-Logos that Express New Thinking [J]. International Journal of Management Research and Business Strategy, 2013, 2 (3): 57-67.

[93] Stuart F. I. The Influence of Organizational Culture and Internal Politics on New Service Design and Introduction [J]. International Journal of Service Industry Management, 1997, 9 (5): 469-85.

[94] Simoes C., Dibb S., Fisk R. P. Managing Corporate Identity: An Internal Perspective [J]. Journal of the Academy of Marketing Science, 2005, 33 (2): 153-168.

[95] Spaeth T. The Name Game [J]. Across the Board, 2002, 39 (2): 27-32.

[96] Sundar A., Kellaris J. J. How Logo Colors Influence Shoppers' Judgments of Retailer Ethicality: The Mediating Role of Perceived Eco-Friendliness [J]. Journal of Business Ethics, 2015, 146 (3): 685-701.

[97] Sundar A., Noseworthy T. J. Place the Logo High or Low? Using Conceptual Metaphors of Power in Packaging Design [J]. Journal of Marketing, 2014, 78 (9): 138-151.

[98] Torres A., César M., Joana, Leonor V. D. C.,

et al. Same Design, Same Response? Investigating Natural Designs in International Logos [J]. Journal of Product & Brand Management, 2019, 28 (3): 317-329.

[99] Van der Lans R., Cote J. A., Cole C. A., et al. Cross National Logo Evaluation Analysis: An Individual-Level Approach [J]. Marketing Science, 2009, 28 (5): 968-85.

[100] Van Riel C. B. M., Van den Ban A. The Added Value of Corporate Logos. An Empirical Study [J]. European Journal of Marketing, 2001, 35 (3/4): 428-440.

[101] Walsh M. F., Cui A. P., MacInnis D. J. How to Successfully Introduce Logo Redesigns [J]. Journal of Brand Management, 2019, 26 (4): 365-375.

[102] Walsh M. F., Winterich K. P., Mittal V. Do Logo Redesigns Help or Hurt Your Brand? The Role of Brand Commitment [J]. Journal of Product and Brand Management, 2010, 19 (2): 76-84.

[103] Walsh M F., Cui A. P., MacInnis D. J. How to Sucessfully Intraduce Logo Redesigns [J]. Journal of Brand Management, 2019, 26 (4): 365-375.

[104] Wang Y. J., Monica D. H., Michael S. M., et al. Superstitious Beliefs in Consumer Evaluation of Brand Logos: Implications for Corporate Branding Strategy [J]. European Journal of Marketing, 2012, 46 (5): 712-732.

[105] Williams L. E., Bargh J. A. Experiencing Physical Warmth Promotes Interpersonal Warmth [J]. Science, 2008, 322 (5901): 606-607.

[106] Winkielman P., Schwarz N., Fazendeiro T. A., et al. The Hedonic Marking of Processing Fluency: Implications for Evaluative Judgment [A]// J. Musch and K. C. Klauer. The Psychology of Evaluation: Affective Processes in Cognition and Emotion [M]. Hillsdale, New Jersey-London: Lawrence Erlbaum Associates Publishers, 2003.

[107] Zajonc R. B. Attitudinal Effects of Mere Exposure [J]. Journal of Personality and Social Psychology, 1968, 9 (2): 1-27.

[108] Zakia, Richard D., Mihai N. Semiotics, Advertising, and Marketing [J]. Journal of Consumer Marketing, 1987, 4 (2): 5-12.

[109] Zhu R., Argo J. J. Exploring the Impact of Various Shaped Seating Arrangements on Persuasion [J]. Journal of Consumer Research, 2013, 40 (2): 336-349.

[110] 曹菲，王霞．敬畏情绪对消费者有边界品牌标识偏好的影响 [J]．消费经济，2018，34 (4)：66-73.

[111] 杜伟宇，姜豪，叶洋，等．混乱物理环境对消费者品牌标识边界偏好的影响——控制感的中介作用 [J]．营销科学学报，2017，3 (13)：25-37.

[112] 丁瑛，庞隽，王妍苏．形状—性别内隐联结及其对消费者形状偏好的影响 [J]．心理学报，2019，51 (2)：216-226.

[113] 江红艳，武越天，孙配贞．品牌标识形状对品牌延伸评价的影响机制研究 [J]．南大商学评论，2018 (4)：104-122.

[114] 黄静．品牌营销 [M]．2 版．北京：北京大学出版社，2014.

[115] 蒋玉石．网络广告版式中 logo 要素最佳视觉搜索效应研究 [J]．营销科学学报，2012，8 (4)：96-104.

[116] 金泓，黄希庭．时空隐喻研究的新问题：时间表征的左右方向性 [J]．心理科学进展，2012，20 (9)：1364-1371.

[117] 景奉杰，石华瑀，牛亚茹．品牌标识边框对消费者品牌态度的影响机制探究 [J]．经济与管理评论，2019，35 (1)：45-56.

[118] 刘红艳，张斯贤．看清“空间”真面目：空间隐喻对消费行为的影响研究述评与展望 [J]．外国经济与管理，2019，41 (2)：58-71.

[119] 魏华，汪涛，冯文婷，等．文字品牌标识正斜对消费者知觉和态度的影响［J］．管理评论，2018，30（2）：136-145.

[120] 王海忠，范孝雯，欧阳建颖．消费者自我构念、独特性需求与品牌标识形状偏好［J］．心理学报，2017，49（8）：1113-1124.

[121] 许销冰，陈荣，刘文静．商标的大小写设计对消费者品牌感知的影响［J］．营销科学学报，2016，2（12）：75-86.

[122] 辛自强，徐啸尘．温暖环境的人更信任吗？温度与人际信任的关系［J］．心理与行为研究，2013，11（5）：685-689.

[123] 杨晨，陈增祥．数字有形状吗？数字信息精确性和品牌标识形状的匹配效应［J］．心理学报，2019，51（7）：841-856.

[124] 殷融，苏得权，叶浩生．具身认知视角下的概念隐喻理论［J］．心理科学进展，2013，21（2）：220-234.

[125] 钟科，王海忠．品牌拉伸效应：标识形状对产品时间属性评估和品牌评价的影响［J］．南开管理评论，2015，18（1）：64-76.

[126] 钟科，王海忠，杨晨．感官营销研究综述与展望［J］．外国经济与管理，2016，38（5）：69-85.

[127] 周小曼，叶生洪，厉佳，等．斜不胜正？品牌标识形状对消费者产品评价的影响研究［J］．外国经济与管理，2019（2）：84-98.

[128] 周懿瑾，卢泰宏．标志性品牌研究述评［J］．外国经济与管理，2010，32（2）：51-57.

论文执行编辑：何　健

论文接收日期：2019 年 8 月 30 日

作者简介：

彭璐珞（1985—），湖南大学工商管理学院助理教授，硕士生导师。E-mail：pengluluo@ 126. com。

魏雨婷（1996—），湖南大学工商管理学院硕士研究生。E-mail：18670492861@ 163. com。

朱国玮（1978—）（通讯作者），湖南大学工商管理学院副教授，硕士生导师。E-mail：gwzhu@ 163. com。

Brand Logo Research: A Literature Review and Prospects

Luluo Peng Yuting Wei Guowei Zhu

(School of Business Administration, Hunan University, Changsha, China)

Abstract: Brand logo is the most important visual representation of the brand, and also a critical source of the core competitiveness of firm. In the age of mobile interconnection, in which consumer attention is becoming increasingly scarce, the importance of brand logo is becoming even more prominent. This paper provides a systematic review of the research related to brand logo from five aspects, including the concepts of brand logo (definition, dimension and classification), the marketing effect of brand logo, the psychological mechanism of brand logo effect, the influencing factors of brand logo effect, and brand logo change and its influence. Further, we suggest some directions for future research.

Key Words: Brand Logo; Brand Logo Change; Embodied Cognition; Conceptual Metaphor; Association Theory; Process Fluency

JEL Classification: M31

组织行为中的反馈研究回顾与展望*

□ 周文莉　顾远东　彭纪生

摘　要：反馈对员工行为及绩效的影响一直是组织行为研究的热点议题之一。本文系统回顾了反馈概念、反馈类型、反馈对员工行为及绩效的影响机制。在总结已有研究成果的基础上，分析了组织行为领域反馈研究的发展趋势、争论与不足，以及未来研究方向，构建了反馈影响员工行为及绩效的研究框架模型，即反馈信息通过反馈接收者的认知、动机、态度、情感等一系列中介机制作用其行为与绩效，而情景因素、反馈提供者因素、反馈接受者因素调节了该中介过程。期望能够为后续研究提供参考，抛砖引玉，吸引更多研究者关注中国组织情境下的反馈研究。

关键词：反馈；员工行为；员工创造力；研究展望

JEL 分类：M0

引　言

反馈是企业管理实践中最常见的激励策略与行为校正工具，与工作相关的反馈（如个人绩效表现、工作方法与模式的改进建议等）能够为员工带来多元的、有价值的信息，可以帮助员工调整、优化思维模式、态度、行为及绩效（Zhou，2003；周京和莎莉，2010）。作为组织行为学的热点议题，反馈对员工行为及绩效的影响研究已取得了显著进展，但仍在许多问题上未达成共识，有待深入探究；中国组织情境下的反馈研究还处于发展阶段，系统梳理组织行为领域的反馈研究，理解与整合已有研究成果，有助于探寻中国组织情境下的反馈研究方向与研究内容，对中国企业灵活运用反馈策略校正员工行为与提升组织绩效都具有重要启示作用。为此，本文拟实现以下目标：一是厘清反馈概念、类型及其有效性，为后续研究奠定概念基础；二是回顾反馈影响个体行为及绩效的理论诠释和实证研究，分析研究发展趋势、以往

* 本文获国家自然科学基金青年项目“领导反馈对员工创造力的影响：中介机制与调节效应”（71801131）、国家自然科学基金面上项目“反馈对研发团队成员行为及绩效的影响机理研究”（71972095）、“产权性质与企业技术创新：基于心理所有权匹配的跨层次研究”（71672083）、教育部人文社科研究青年项目“科技人员创新自我效能的形成与作用机制：一项多层次的实证研究”（10YJC630061）资助。

研究争论与不足，以及未来研究方向，抛砖引玉，希望能吸引更多组织行为研究者关注中国组织情境中的反馈研究，并为管理实践中的反馈策略运用提供理论指导。

1　概念界定与反馈类型

1.1　概念界定

对反馈进行精确定义比较困难（Kluger and Denisi，1996），基于不同理论，研究者对反馈的界定差异很大。教育心理研究者一般从学习视角界定反馈，行为主义者通常将反馈视为告诉学习者他的反应是否正确的任何程序，反馈在学习过程中充当刺激与反应的联结器，学习者依据反馈信息调节自己的反应，通过重复尝试，逐渐剔除错误反应，增强正确反应，最后形成稳定的刺激反应联结（Kulhavy，1977）。认知主义者则视反馈为信息加工，关注反馈对学习者认知和元认知的影响。例如，Mory（2004）将反馈定义为告知学习者他的回答准确性的任何交流与程序，除了包括回答准确性之外，还包括学习指导、时间、激励性信息、关键比较、学习焦点等其他信息。相对教育心理研究来说，组织行为领域的反馈研究起步相对较晚，因而受认知主义的影响更大。例如，Ilgen 等人（1979）将反馈视为系统的认知加工过程，它是一个动态的双向沟通过程，由反馈源、反馈内容、反馈接受者三部分组成。认知视角的反馈概念推翻了行为主义的“反馈即强化”的观点，当前组织行为领域的反馈研究基本都采用认知视角的反馈概念界定。

1.2　反馈类型

基于不同的研究视角或研究目的，研究者们依据反馈的信息来源、反馈信息的特征、反馈信息的表达方式、反馈的聚集点，以及反馈对象等划分并界定了不同类型的反馈。具体情况如表 1 所示。

表 1　反馈的类型及概念界定

划分依据		反馈类型及概念	对工作相关变量的影响研究
信息来源		①组织反馈 ②上级反馈 ③同事反馈 ④下属反馈 ⑤自我反馈	工作满意度（Jaworski and Kohli，1991；郭云和廖建桥，2014）、员工创新行为（Zhou，2003；李磊等，2013；Hon et al.，2013；徐珺等，2018）、工作绩效（王永丽和时勘，2003；Diaz et al.，2015；张振刚等，2016）
信息特征	效价	①积极反馈：对个体的操作进行某种程度的肯定和赞赏，是一种激励性的反馈。②消极反馈：对个体的表现进行了某种程度的否定和批评，是一种挫折性的反馈	工作努力程度、工作满意度、工作绩效（Kohli，1991；Nease et al.，1999；Senko 和 Harackiewicz，2005）
	准确性	①真实反馈：依据个体的实际工作表现进行反馈。②虚假反馈：以高于或低于个体实际工作表现进行反馈	员工的消极反应（Brett and Atwater，2001）、创新行为（Zhou，2003）、任务习得（Hirst and Digennaro，2015）、员工绩效（Palmer et al.，2015）
	客观性	①客观反馈：通常是运用定量评价指标进行反馈。②评价性反馈：通常运用“优秀、良好、中等、差”等定性等级进行反馈	综合运用客观反馈和评价性反馈效果显著优于单独运用客观反馈或单独运用评价性反馈的效果（Johnson，2013）

续表

划分依据	反馈类型及概念	对工作相关变量的影响研究
信息表达方式	①信息型反馈：不强调外界要求和限制，领导不将自己的意愿强加给下属，仅告诉个体任务完成得如何。②控制型反馈：强调外界要求和期望，给予下属一定的外在压力，如告诉个体必须达到的标准和水平	工作绩效（龙君伟，2003）、员工创新行为（周京和莎莉，2010）
反馈聚集点	①能力反馈：针对个体的能力，是通过社会比较而进行的，提供了个体在群体中能力高低的信息。②任务反馈：针对任务本身，是通过与任务的某种操作标准相比较而进行的，不进行能力高低的社会比较）	工作绩效（Sansone，1986）、内在动机（Amabile，1996）、员工创新行为（Amabile，1996）
反馈对象	①团队反馈：在团队情景下，对团队工作的表现进行反馈。②个人反馈：在非团队情景下，对个体工作表现进行反馈	团队学习与团队绩效（van der Vget et al. ，2010）

清晰的反馈类型及概念界定是深入分析反馈对个体行为及绩效作用机制的前提。目前，研究者们对于反馈类型的划分，不再局限于单一维度，往往组合两个或多个维度界定或划分反馈类型，如上级信息型反馈、积极的能力反馈等。

2 反馈影响个体行为及绩效的理论诠释

基于不同的理论视角，研究者们深入分析了反馈对个体行为及绩效的影响过程机制。

2.1 反馈产生行为改变的过程模型

Ilgen 等（1979）从信息的认知加工过程视角，提出了反馈的五阶段过程模型。如图 1 所示，反馈接受者从感知到反馈信息到行为改变要经过五个阶段：对反馈信息的感知、接受反馈信息、响应反馈的意愿望、预期的行为目标、产生真正的行为变化。该理论模型强调了反馈接受者对反馈信息的认知加工对行为改变的作用，在认知心理学的“刺激—认知—反应”框架下，厘清了反馈对个体行为的影响过程；同时，该理论模型还指出了反馈接受者个体因素和外界环境因素对该认知加工过程的调节作用，即反馈是否真正起到改变行为、改善绩效的作用，还受到反馈接受者的个人特征和外界环境因素的影响。受其影响，后续很多研究在该理论模型的基础上，发展出不同类型反馈对个体行为及绩效的影响过程模型，并进行了实证检验，取得了丰富的研究成果。但该模型未对反馈信息本身的特征，以及不同特征反馈信息与反馈者因素、反馈接受者因素的交互作用展开深入分析。

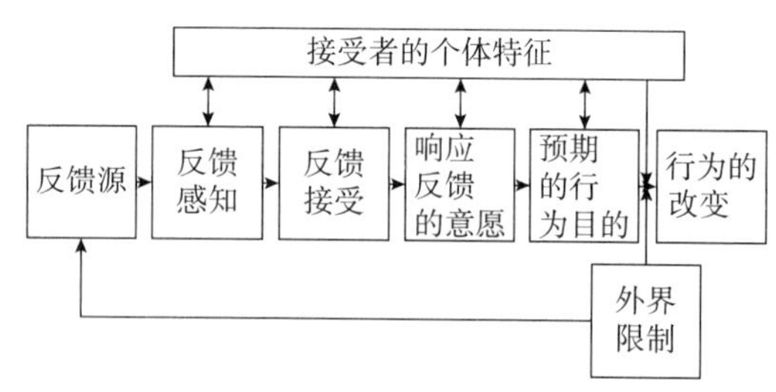

图 1 反馈产生行为改变的过程模型

2.2 反馈干预对绩效的作用模型

龙君伟（2003）基于社会学习理论、目标设置理论等相关研究成果，提出了反馈干预影响个体绩效的理论模型。如图 2 所示，反馈干预通过自我效能感、应对策略、内部目标等个体调节机制的中介作用，影响个体绩效，任务情景因素和个体因素则调节了该作用过程。该模型也是在认知心理学的理论框架内，更为具体地探讨了反馈对个体绩效的影响过程，强调了反馈信息及其提供方式等因素对反馈效果的影响；并明确指出了任务难度、具体度、竞争性、自主性，个体控制点、成就动机、归因风格等个体因素对反馈影响个体绩效过程的调节作用，更具有实证操作可行性。

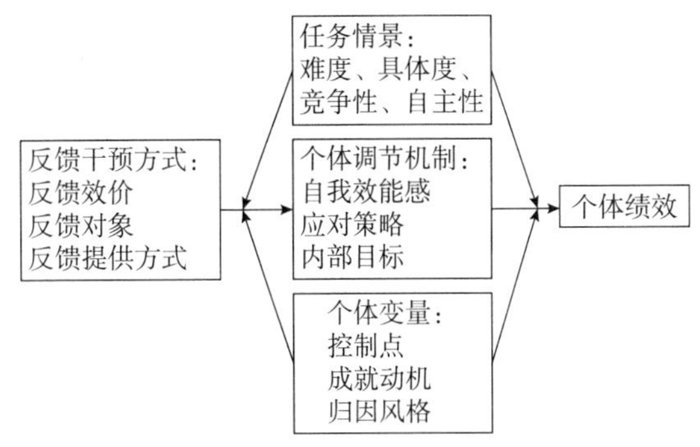

图 2　反馈干预对绩效的作用模型

2.3　个人和团队反馈对绩效的作用机制模型

Deshon 等（2004）构建的个人和团队反馈的作用机制模型。如图 3 所示，在团队层面，反馈通过团队意向（团队目标、团队目标承诺、团队效能感）影响团队行动（团队策略、聚焦团队的努力），进而影响团队绩效；在个体层面，反馈通过个人意向（个人目标、个人目标承诺、自我效能感）影响个体行动（个体策略、聚焦个人的努力），进而影响个体绩效。该理论模型强调了反馈作用的多层次性，启发了后续研究者在团队层次或跨层次视角探究反馈的作用机制；该模型还分别刻画了反馈通过团队过程影响团队绩效和通过个体调节过程影响个体绩效，对于后续团队工作情景下反馈研究具有重要的理论指导意义。

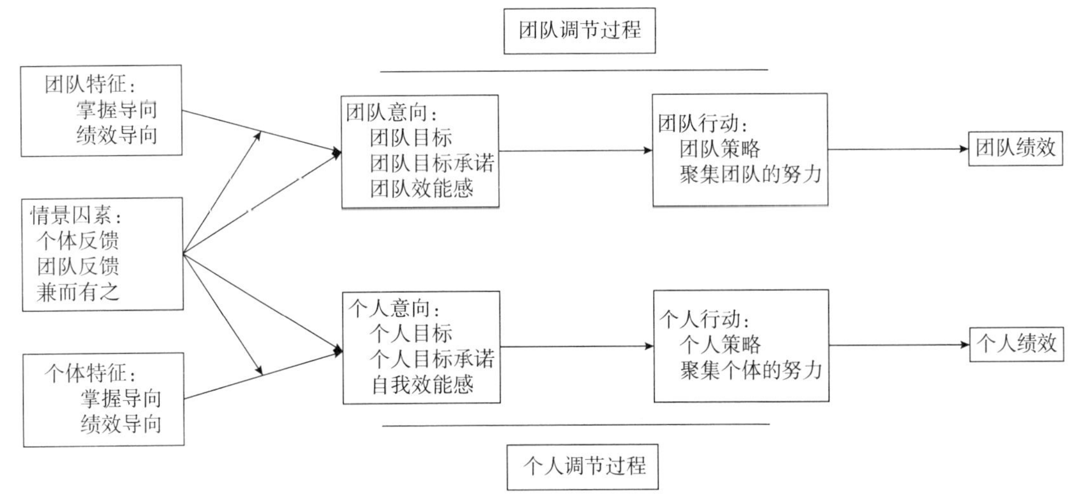

图 3　个人和团队反馈对绩效的作用机制模型

2.4　反馈对创造力的影响模型

在组织创造力研究领域，Zhou（2008）回顾了反馈与创造力关系的研究成果，并构建了反馈对创造力影响的理论模型。如图 4 所示，反馈主要通过内在动机、了解创造力产出的标准、掌握创造力相关的技巧与策略等关键因素激发了反馈接收者的创造力；虽然可以通过反馈提高员工的创造力，但反馈激发员工创造力的有效性还依赖于反馈本身的性质和构成、反馈接收者特点和反馈提供者的特点。该模型在创造力的组成理论（Amabile，1996）的基础上，整合以反馈与创造力关系研究的丰硕成果，并考虑了未来研究取向，是一个反馈影响创造力的综合理论框架。在该理论框架内，可以发展出一系列有待实证检验的研究命题和假设，为后续反馈与创造力的关系研究指明了方向。当然，可能出于模型的简洁性，周京教授并未将外部环境因素（如组织因素、任务因素）纳入该理论框架，对心理机制过程也未进行深入刻画。

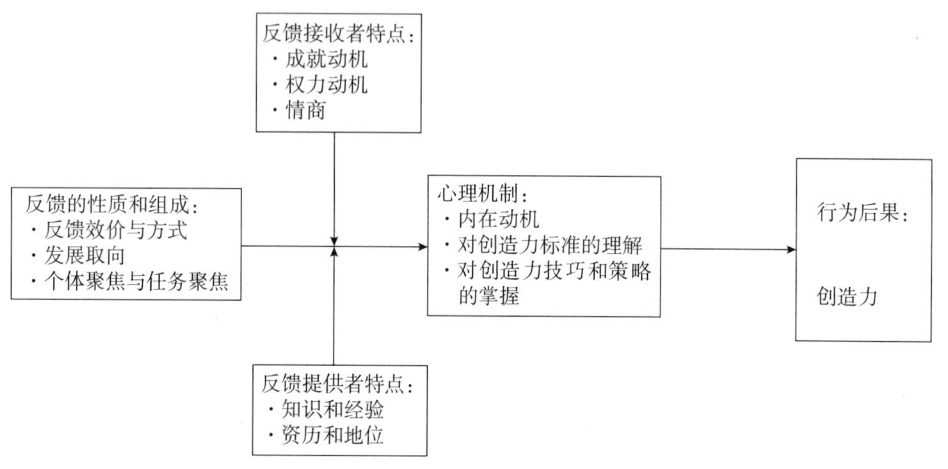

图4　反馈对创造力的影响模型

后续研究大多在以上理论模型的基础上，深入分析并实证检验了反馈对个体行为及绩效的影响过程，探究了其间的中介机制，以及反馈提供者因素、反馈接受者因素和情绪因素对该过程的调节作用。

3　反馈影响个体行为及绩效的实证研究

在反馈影响个体行为及绩效的理论诠释的基础上，研究者们实证检验了反馈对个体行为及绩效的影响机制，以及反馈提供者因素、反馈接受者因素、情景因素对该影响过程的调节作用。

3.1　反馈影响个体行为及绩效的中介机制

在反馈类型的划分及概念界定的基础上，研究者们从过程视角，实证检验了认知、动机、态度、情感等一系列中介因素在反馈与个体行为及绩效关系框架中的作用。

3.1.1　认知因素

基于认知心理学的研究发现，研究者们在“刺激—认知—反应”框架内，探讨了认知调节焦点、自我效能感等一系列认知因素在反馈与个体行为之间的中介作用。例如，Achterkamp等（2015）的实验研究表明注重成功经验和技术支持的反馈策略可以提升个体的自我效能感，进而对任务绩效产生积极作用。刘文彬和唐杰（2015）研究发现放任型和激发型反馈会通过自我效能感的中介作用，耗散型和协整型反馈通过考核公平感的中介作用，分别促进或抑制员工反生产行为。Huynh 等（2016）研究发现积极反馈通过抑制习得性无助提升员工创新行为，消极反馈则通过引发习得性无助削弱员工创新行为。Dimotakis 等（2017）构建并实证检验了"发展性反馈→个体自我效能感→反馈寻求行为→职业晋升"影响路径。徐珺等（2018）研究表明创新自我效能感部分中介了上级发展性反馈与员工创新行为的关系。Hoever 等（2018）在团队层面，深入分析了积极反馈和消极反馈影响团队创新行为的路径，研究表明消极反馈促进了团队对外部新信息的关注和系统性努力，系统性努力通过信息的精准化促进了信息多样化的团队创新行为；积极反馈激发团队成员灵活地使用信息，并为团队提供不同见解，在信息同质化的团队中，这些不同的洞察推动了团队发展过程，进而激发了团队创新行为。

3.1.2　动机因素

动机是个体动力系统的重要组成部分，是个体行为的直接驱动力量。有些研究者在内在动机框架内，理论分析并实证检验了动机因素在反馈与个体行为之间的中介作用。例如，Locke 和 Latham（2002）研究发现上级发展性反馈能够增强员工的工作兴趣，激发员工的内在动机，从而改善自己的工作行为，提高自身任务绩效。周京和莎莉（2010）认为内在动机是创造性工作的关键因素，适当设计及传递的反馈可以提升员工的内在动机，进而激发其创造行为及绩效。李磊等（2013）研究发现领导积极反馈和促进型反馈通过情境促进型调节焦点（通常被视为一种动机）的部分中介作用，对下属创新行为产生积极影响。

3.1.3　态度因素

工作态度是联系组织情景因素与员工行为的重要纽带，有些研究者深入分析了工作满意度、工作卷入等工作态度变量在反馈与个体行为及绩效之间的中介作用，如郭云和廖建桥（2014）研究发现工作满意度部分中介了上级发展性反馈对员工工作绩效的影响。Rasheed 等（2015）认为如果对员工任务绩效的反馈不科学，可能会降低其工作满意度，进而使员工怀疑自身工作价值，甚至表现出各种消极行为。苏伟琳和林新奇（2018）研究发现，上级发展性反馈通过下属工作卷入的中介作用，对员工创新行为产生积极作用。

3.1.4　情绪因素

反馈还通过情绪状态或情感反应影响员工态度与行为，通常积极反馈能够激发积极情感反应，而消极反馈则会引发消极情感反应（周京和莎莉，2010）。Belschak 和 Hartog（2009）研究发现领导反馈影响被试的情绪反应，进而影响其反生产行为、离职倾向、组织公民行为和情感承诺等。Ilies 等（2010）认为反馈会通过积极和消极情感反应、自我效能感的中介作用，对员工后续任务目标设置产生影响。巩振兴和张剑（2016）研究发现，积极的基于任务和能力的同事反馈通过激发员工积极情感，提升了员工的创新绩效；基于能力的消极同事反馈则抑制了员工积极情感，从而降低了员工的创新绩效。

3.1.5　反馈提供者与接受者的互动因素

有些研究者还关注到反馈提供者与接受者

之间的互动因素在反馈与个体行为及绩效之间的中介作用。例如，尹晶和郑兴山（2011）研究发现上级发展性反馈通过领导—成员关系的中介作用，对员工创新行为和组织公民行为产生积极影响。

目前，大多数研究者在探讨反馈对员工行为及绩效的影响过程时，会综合考虑认知、动机、态度等多种因素，系统分析反馈对员工行为及绩效的作用机制。

3.2 反馈提供者因素的调节作用

3.2.1 知识与专业技能

Fedor 等（2001）研究表明面对批评，如果员工认为反馈者是专家或他提供的反馈信息具有参考价值，员工就会更加努力，从而绩效表现更佳。周京和莎莉（2010）指出，反馈提供者的知识与专业技能、资历和地位，可能影响反馈接收者对反馈的回应。对于经验不足或缺乏创新行为的个体来说，他们需要依据反馈提供者的特点决定是否接受反馈，尤其是当他们接收到负面反馈时。

3.2.2 权威与魅力

Shea 和 Howell（1999）研究发现在魅力型领导情景下，是否获得上级反馈对员工绩效没有影响，但在非魅力型领导情景下，获得反馈被试的绩效表现显著好于没有获得反馈的被试。Fedor 等（2001）研究证实了反馈者权威对消极反馈与反馈效果关系的调节作用，在高专家权威、高指导性权威条件下，消极反馈能够促进员工为了提高绩效而付出更大努力，而奖赏权威的作用是相反的。Kacmar 等（2009）深入探讨了领导的印象管理策略在反馈下属态度及行为中的调用作用，在反馈过程中，当领导采取了适当的印象管理时，员工对领导的正向反馈反应最为积极。

3.2.3 可信度

通常，可靠的、值得信任的反馈源提供的反馈信息对员工的行为影响更大（Earley，1985；Fedoret et al. ，2001）。Podsakoff 和 Farh（1989）研究发现与接受不可信负反馈的被试相比，接受更可信负反馈的被试设定的目标更高，绩效表现也更好。O'Leary - Kelly 和 Newman（2004）在分析负面绩效反馈与员工反社会工作行为的关系时，探讨了反馈源的可信度在其中的调节作用。Bracken 和 Rose（2011）也认为反馈源的可信度是绩效反馈改变员工行为和提升绩效的重要影响因素。

3.2.4 情绪状态

George 和 Zhou（2007）认为反馈时反馈者的情绪状态也会影响反馈效果，实证研究结果表明，当指导者提供发展性反馈并且情绪积极时，员工的消极情绪和创新行为具有较强的正相关关系。

3.3 反馈接受者因素的调节作用

3.3.1 人格因素

Fedor 等（2001）研究发现不同自尊水平的个体面对批评的反应是不同的，低自尊的个体在得到消极反馈时，更加低估自己的能力，行为表现也更差。Nease 和 Mudgett（1999）认为不同自我效能感（作为一种准人格特质）水平的个体，对反馈信息的反应不同，自我效能感高的个体在接受重复的消极反馈时，对反馈的接受度降低，而自我效能感低的个体在接受度上却没有改变。Bell 和 Arthur（2010）研究发现外向性通过对反馈的情感反应与反馈接受度相关；就低宜人性个体而言，绩效反馈水平与反馈接受度正相关，而对于高宜人性个体而言，则不存在这种关系；宜人性还调节了对反馈的情感反应与反馈接受度关系，高宜人性个体对反馈的情感反应与反馈接受度强相关，而低宜人性个体则不然。Li 等（2011）研究发现员工主动性人格对发展性反馈与员工帮助行为关系的调节作用，当员工主动性人格较低时，上级发展性反馈与员工帮助行为的关系更为密切；相反，当员工主动性人格较高时，同事发展反馈与员工帮助行为的关系更为密切。苏伟琳和林新奇（2018）研究发现，下属核心自我评价调节了上级发展性反馈与工作投入、上级发展性反馈与创新行为之间的关系。Idson 和 Higgins（2000）研究发现，成功反馈更能提升促进型调节焦点个体的后续绩效，而失败反馈则更能提升防御型调节焦点个体的后续绩效。Förster 等（2001）研究发现个体调节焦点调节了积极反馈/消极反馈与成就型动机/避免型动机的关系；Van-Dijk 和 Kluger（2004）研究也发现当反馈效价与个体调节焦点相匹配时，即积极反馈与促进型调节焦点、消极反馈与防御型调节，可以更有效地激发个体的动机水平。李磊等（2012）研究发现促进型调节焦点的下属接收到领导促进型风格的成功反馈后，会表现出更高水平的创新行为。

3.3.2　动机因素

Sansone 和 Carol（1986）的研究表明与非成就导向的个体相比，成就导向的个体对能力反馈的反应程度更强。Fodor 和 Carver（2000）研究发现高成就动机的个体对负面反馈会做出积极反应，表现得更有创新行为，而高权力动机的个体接收到负面反馈后，则没有表现出更高的创造性行为。London 和 Smither（2002）研究发现个体的反馈导向（Feedback orientation）会调节反馈对员工行为及绩效的影响，个体反馈导向是指个体对反馈的整体接受度，包括对反馈的舒适度、寻求反馈并认真对待反馈的倾向，以及依据反馈指导行为改变和绩效改进的可能性。后续的元分析结果表明，具有积极反馈导向的反馈接受者，在接收到必须改变的反馈信息后，他们会做出积极反应，制定适当的目标，并采取行动来提高自身技能和绩效（Smither et al.，2005）。Whitaker 和 Levy（2012）研究发现个人目标导向与反馈质量的交互作用对反馈寻求行为、任务绩效等具有重要影响。郭云和廖建桥（2014）研究发现学习目标导向正向调节了上级发展性反馈与工作绩效的关系。

3.3.3　认知因素

Vandewalle 和 Cummings（1997）认为归因模式影响个体对反馈信息的认知加工，进而对后续绩效产生重要影响。Hempel（2012）研究发现员工对上级反馈动机的归因会影响反馈效果，而这种归因又受到上下级关系水平的影响。Walumbwa 和 Hartnell（2011）认为当组织成员对领导的关系认同感高时，他们会更重视与领导的关系，对领导的反馈也更加重视。徐珺等（2018）研究发现组织成员对领导的关系认同感调节上级发展性反馈与创新自我效能感之间的关系，并进一步调节创新自我效能感在上级发展性反馈与组织成员创新行为之间的中介作用。

3.3.4　情商

周京和莎莉（2010）认为情商高的员工从反馈中所得到的收益要高于情商低的员工，特别是当反馈以信息性方式表达的时候。当情商高的员工接收到积极的信息性反馈时，他们能够意识到积极反馈正是引发其积极情绪的原因，并功能性地利用这种反馈所带来的积极情绪；在接收到消极的信息性反馈时，高情商员工会尽可能管理好自己的消极情绪，并充分利用消极的信息性反馈中的有用信息来提升自己的创造性。

3.3.5　个体文化特征

Earley（1989）认为不同文化背景的个体对相同的反馈会有不同的行为反应，实证研究发现权利距离、不确定规避对反馈效果具有调节作用。王永丽和时勘（2003）研究发现个体的集体主义倾向会影响反馈效果，针对个人的反馈会引起高集体主义倾向被试更多的冲突行为，针对集体的反馈则会引起高集体主义倾向被试更多的积极整合行为；而个体主义倾向的被试更喜欢针对个人的反馈。

3.4　情景因素的调节作用

3.4.1　文化因素

Barr 和 Conlon（1994）研究发现针对团队的积极反馈会提升团队成员继续努力的意愿，而针对个人的反馈效果则依赖于所接受反馈在小组中的分布情况。Earley（1989）认为对于集体主义文化背景下的个体而言，团队反馈更有效，团队反馈能够提高其自我效能感和绩效，而就个人主义文化背景下的个体而言，针对个体或团队的反馈效果无显著差异。王永丽和时勘（2003）研究发现反馈效价与反馈对象（个人/团队），反馈效价与被反馈者的个人—集体主义倾向的交互作用会影响被反馈者的行为反应，针对个人的批评更有可能引起员工的冲突行为，表扬更能引发高集体主义倾向个体的积极行为。

3.4.2　组织因素

London 和 Smither（2002）研究发现，组织反馈文化会调节反馈对员工自我认知、自信及工作绩效的影响，组织反馈文化是指组织对反馈的支持，包括无威胁、注重行为的反馈、使用反馈指导等。Zhou（2003）的研究则表明工作环境越自由，上级发展性反馈越能够提升员工的创新行为水平；在富有创造性的同事在场的情景下，上级发展性反馈对员工创新行为的影响更强。

3.4.3　任务因素

Zhou（1998）认为在任务设计中，是否允许个体具有自主性是影响个体创新行为发挥的重要影响因素；在高任务自主性条件下，积极的信息型反馈更能激发员工的创新行为。龙君伟（2003）则认为任务难度、具体度、任务竞争性、任务自主性等任务情景要素会调节反馈干预对员工绩效的影响。Emmerik 等（2008）研究发现过度的工作要求和消极反馈的交互作用会引发男性警察的消极工作态度（如工作不满、承诺减少、离职倾向上升）和职业倦怠。黎建斌等（2012）研究发现成败反馈与任务重要性的交互作用对核心自我评价具有重要影响，具体来说，在失败反馈条件下，执行重要任务被试的核心自我评价下降幅度显著大于执行不重要任务被试；成败反馈与外向性的交互作用对核心自我评价具有重要影响，具体来说，在失败反馈条件下，越外向的被试，核心自我评价的下降幅度越小。Gaddis 等（2004）考察了在失败反馈情况下，领导反馈时的情感表达（积极或消极）、任务目标导向（促进型或预防型)、反馈的内容聚集（个体或任务）的共同作用对下属工作的影响，研究表明领导反馈时的消极情感表达对领导效能、团队任务的绩效表现具有显著的负面作用；与促进型目标导向的团队相比，预防型目标导向的团队更易受到领导反馈的消极情感表达的影响；当领导反馈聚焦于个体时，预防型目标导向的团队表现与领导反馈的情感表达方式的关系更强，当领导反馈聚焦于任务时，促进型目标导向的团队表现与领导反馈的情感表达方式的关系更强。Van-Dijk 和 Kluger（2011）研究发现任务类型对反馈效价与动机及绩效的关系具有调节作用。对于从事促进型任务（如需要创造力的任务）的被试而言，相对于消极反馈，积极反馈提高了他们从事该任务的动机和实际绩效；对于从事预防型任务（需要警惕和注意细节的任务）的被试而言，相对于消极反馈，积极反馈反而降低了任务动机和实际绩效。

4 研究评述与展望

作为员工行为校正常用工具之一，反馈对员工行为及绩效的影响是组织行为研究的重要主题之一。在理论诠释反馈对个体行为及绩效的影响机制的基础上，研究者们从反馈源、反馈信息的性质、反馈信息的表达方式、反馈聚焦点、反馈对象等不同维度，划分了不同的反馈类型，并比较分析了不同反馈类型的效果差异；在反馈类型辨析及其对个体行为与绩效的作用差异分析的基础上，研究者理论分析与实证检验了不同类型反馈对个体行为与绩效的影响机制，以及反馈提供者因素、反馈接受者因素、情景因素对该影响机制的调节作用。已有的研究成果非常丰富，本文归纳总结了相关理论和实证研究成果，基于此，构建了反馈影响个体行为及绩效研究的概念框架，如图 5 所示。

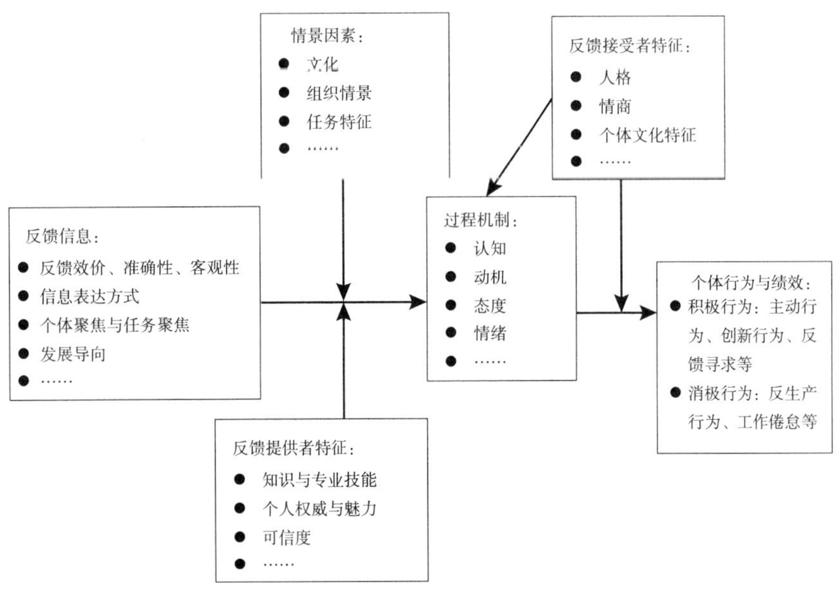

图 5　反馈影响个体行为及绩效研究的概念框架

迄今为止，组织行为领域的反馈研究已取得了重要进展，本文对当前的研究发展趋势，和未来研究方向作进一步探讨。

第一，反馈类型的辨析。目前的反馈研究，不再单单从某一个维度界定反馈，研究者们通常组合多个维度界定反馈，如上级发展性反馈是近期的研究热点之一，从反馈源来说，它是上级反馈；从反馈信息的表达方式来说，它是信息型反馈。后续研究可以在辨析多维度组合的反馈类型及其概念的基础上，探讨不同类型反馈对员工行为及绩效的影响机制及边界条件。

第二，反馈的消极影响。大部分反馈可以改进员工工作行为，提升员工工作绩效，但如采用不科学的方式向员工反馈绩效考核结果，绩效考核的有效性就会大打折扣，甚至引发员工的各种消极行为（Kluger and Denisi，1996）。虽然有研究者已经关注到特定类型的反馈对员工消极行为的作用，以及反馈对员工绩效产生的不良影响。但是，相关研究并不多，也不够系统深入，后续研究在关注反馈对员工积极行为影响的同时，也需要深入探究它对员工消极行为的作用。

第三，反馈对员工创造力的影响。受组织创造力研究热潮的影响，研究者们开始关注反馈对员工创造力或创新行为的影响。周京教授开展了一系列开创性研究，并系统地诠释了反馈对个体创造力影响机制。虽然已经取得了显著研究进展，但是反馈对员工创造力影响的严谨研究还处于萌芽阶段（周京和莎莉，2010），以往研究中还存在许多争论，如积极反馈未必就能激发员工创造力，而消极反馈也未必削弱员工创造力；不同类型反馈对个体创造力的影响机制及其边界条件还未完全厘清，需要进一步的理论分析与实证检验。

第四，反馈者因素、反馈接受者因素与信息因素的交互作用。以往研究已经关注到反馈提供者因素、反馈接受者因素对反馈效果的调节作用。但是，综合考察反馈信息因素、反馈者因素与反馈接收者因素的交互作用对反馈效果的影响研究相对较少，许多问题也远未达成共识。深入分析反馈信息因素、反馈者因素和反馈接受者因素的两两交互作用，以及三者交互作用对反馈效果的影响，虽有难度，但具有重要的理论与实践价值。

第五，反馈的多层次或跨层次分析。目前组织行为领域的反馈研究主要集中于个体层次，而管理实践中，反馈常常是团队或有他人在场的情景下进行的，后续研究可以辨析团队反馈的概念及类型，在此基础上探讨典型团队反馈对团队成员行为以及团队绩效的影响机制及边界条件。

参考文献

[1] Achterkamp R. , Hermens H. J, Vollenbroek-Hutten M. M. R. The Influence of Success Experience on Self-Efficacy When Providing Feedback Through Technology [J]. Computers in Human Behavior, 2015, 52 (6): 419-423.

[2] Alvero A. M. , Bucklin B. R. , Austin J. An Objective Review of the Effectiveness and Essential Characteristics of Performance Feedback in Organizational Settings (1985-1998) [J]. Journal of Organizational Behavior Management, 2001, 21 (1): 3-29.

[3] Amabile T. M. , Conti R. , Coon H. , et al. As-

sessing the Work Environment for Creativity [J]. Academy of Management Journal, 1996, 39 (5): 1154-1184.

[4] Ashford S. J., Tsui A. S. Self-Regulation for Managerial Effectiveness: The Role of Active Feedback Seeking [J]. Academy of Management Journal, 1991, 34 (2): 251-280.

[5] Barr S. H., Conlon E. J. Effects of Distribution of Feedback in Work Groups [J]. Academy of Management Journal, 1994, 37 (3): 641-655.

[6] Bell S. T., Arthur W. Feedback Acceptance in Developmental Assessment Centers: The Role of Feedback Message, Participant Personality, And Affective Response to the Feedback Session [J]. Journal of Organizational Behavior, 2010, 29 (5): 681-703.

[7] Belschak F. D., Hartog D. N. D. Consequences of Positive and Negative Feedback: The Impact on Emotions and Extra-Role Behaviors [J]. Applied Psychology: An International Review, 2009, 58 (2): 274-303.

[8] Bracken D. W. When does 360-Degree Feedback Create Behavior Change? And How Would We Know It When It Does? [J]. Journal of Business & Psychology, 2011, 26 (2): 183-192.

[9] Brett J. F., Atwater L. E. 360 Degree Feed back: Accuracy, Reactions, And Perceptions of Usefulness [J]. Journal of Applied Psychology, 2001, 86 (5): 930-42.

[10] Dimotakis N., Mitchell D., Maurer T. Positive And Negative Assessment Center Feedback in Relation to Development Self-Efficacy, Feedback Seeking, And Promotion [J]. Journal of Applied Psychology, 2017, 102 (11): 1514-1527.

[11] Deshon R. P., Kozlowski S. W. J., Schmidt A. M., et al. A Multiple-Goal, Multilevel Model of Feedback Effects on the Regulation of Individual and Team Performance [J]. Journal of Applied Psychology, 2004, 89 (6): 1035-1056.

[12] Diaz I., Jing Y., Chiaburu D. S. Positive and Negative Supervisor Developmental Feedback and Task-Performance [J]. Leadership & Organization Development Journal, 2015, 36 (2): 212-232.

[13] Earley P. C. Influence of Information, Choice and Task Complexity Upon Goal Acceptance, Performance, and Personal Goals [J]. Journal of Applied Psychology, 1985, 70 (3): 481-491.

[14] Earley P. C., Stubblebine P. Intercultural Assessment of Performance Feedback [J]. Group & Organization Management, 1989, 14 (2): 161-181.

[15] Emmerik I. J. H. V., Bakker A. B., Euwema M. C. What Happens After the Developmental Assessment Center? [J]. Journal of Management Development, 2008, 27 (5): 513-527.

[16] Fedor D. B., Davis W. D., Maslyn J. M., et al. Performance Improvement Efforts in Response to Aegative Feedback: The Roles of Source Power and Recipient Self-Eteem [J]. Journal of Management, 2001, 27 (1): 79-97.

[17] Fodor E. M., Carver R. A. Achievement and Power Motives, Performance Feedback, And Creativity [J]. Journal of Research in Personality, 2000, 34 (4): 380-396.

[18] Förster J., Grant H., Idson L. C., et al. Success/failure Feedback, Expectancies, And Approach/avoidance Motivation: How Regulatory Focus Moderates' Classic Relations [J]. Journal of Experimental Social Psychology, 2001, 37 (3): 0-260.

[19] Gaddis B., Connelly S., Mumford M. D. Failure Feedback as an Affective event: Influences of Leader Affect on Subordinate Attitudes and Performance [J]. Leadership Quarterly, 2004, 15 (5): 0-686.

[20] George J. M. , Zhou J. Dual Tuning in a Supportive Context: Joint Contributions of Positive Mood, Negative Mood, And Supervisory Behaviors to Employee Creativity [J]. Academy of Management Journal, 2007, 50 (3): 605-622.

[21] Hempel P. S. Chinese Reactions to Performance Feedback: Non-Task Attributions of Feedback Intentions [J]. Asia Pacific Journal of Human Resources, 2012, 46 (2): 196-219.

[22] Herold D. M. , Greller M. M. Feedback: The Definition of a Construct [J]. Academy of Management Journal, 1977, 20 (1): 142-147.

[23] Hirst J. M. , Digennaro R. F. D. An Examination of the Effects of Feedback Accuracy on Academic Task Acquisition in Analogue Settings [J]. The Psychological Record, 2015, 65 (1): 49-65.

[24] Hon A. H. Y. , Chan W. H. , Lu L. Overcoming Wrk-Related Stress and Promoting Employee Ceativity in Hotel Industry: The Role of Task Feedback From Supervisor [J]. International Journal of Hospitality Management, 2013, 33 (1): 416-424.

[25] Hoever, Zhou, van Knippenberg. Different Strokes for Different Teams: the Contingent Effects of Positive and Negative Feedback on the Creativity of Informationally Homogeneous and Diverse Teams [J]. Academy of Management Journal, 2018, 61 (6): 2159-2181.

[26] Idson L. C. , Higgins E. T. How Current Feedback and Chronic Effectiveness Influence Motivation: Everything to Gain Versus Everything to Lose [J]. European Journal of Social Psychology, 2000, 30 (4): 583-592.

[27] Ilgen D. R. , Fisher C. D. , Taylor M. S. Consequences of Individual Feedback on Behavior in Organizations [J]. Journal of applied psychology, 1979, 64 (4): 349-371.

[28] Ilies R. , Judge T. A, Wagner D T. The Influence of Cognitive and Affective Reactions to Feedback on Subsequent Goals: Role of Behavioral Inhibition/Activation [J]. European Psychologist, 2010, 15 (2): 121-131.

[29] Jaworski B. J. , Kohli A. K. Supervisory Feedback: Alternative Types and Their Impact on Salespeople's Performance and Satisfaction [J]. Journal of Marketing Research, 1991, 28 (2): 190-201.

[30] Johnson D. A. A component Analysis of the Impact of Evaluative and Objective Feedback on Performance [J]. Journal of Organizational Behavior Management, 2013, 33 (2): 89-103.

[31] Kacmar K. M. , Wayne S. J. , Wright P. M. Subordinate Reactions to the Use of Impression Management tactics and Feedback by the Supervisor [J]. Journal of Managerial Issues, 2009, 21 (4): 498-517.

[32] Kluger A. N. , Denisi A. The Effects of Feedback Interventions on Performance: A Historical Review, A Meta-Analysis, And a Preliminary Feedback Intervention Theory [J]. Psychological Bulletin, 1996, 119 (2): 254-284.

[33] Kohli J. A. K. Supervisory Feedback: Alternative Types and Their Impact on Salespeople's Performance and Satisfaction [J]. Journal of Marketing Research, 1991, 28 (2): 190-201.

[34] Kulhavy R. W. Feedback in Written Instruction [J]. Review of Educational Research, 1977, 47 (2): 211-232.

[35] Li N. , Harris T. B. , Boswell W. R. , et al. The Role of Organizational Insiders ' Developmental Feedback and Proactive Personality on Newcomers ' Performance: An Interactionist Perspective [J]. Journal of Applied Psychology, 2011, 96 (6): 1317-1327.

[36] Locke E. A. , Latham G. P. Building a Practi-

cally Useful Theory of Goal Setting and Task Motivation. A 35-year Odyssey [J]. American Psychology, 2002, 57 (9): 705-717.

[37] London M., Smither J. W. Feedback Orientation, Feedback Culture, And the Longitudinal Performance Management Process [J]. Human Resource Management Review, 2002, 12 (1): 81-100.

[38] Mory E. H. Feedback Research Revisited [J]. Handbook of research on educational communications and technology, 2004, 45 (1): 745-784.

[39] Motro D., Ellis A. P. Boys, Don't Cry: Gender and Reactions to Negative Performance Feedback [J]. Journal of Applied Psychology, 2016, 102 (2): 227.

[40] Nease A. J. A., Mudgett B. O., Quiñones M. A. Relationships Among Feedback Sign, Self-Efficacy, And Acceptance of Performance Feedback [J]. Journal of Applied Psychology, 1999, 84 (5): 806-814.

[41] Noefer K., Stegmaier R., Molter B., et al. A Great Many Things to do and Not a Minute to Spare: Can Feedback From Supervisors Moderate the Relationship Between Skill Variety, Time Pressure, And Employees' Innovative Behavior? [J]. Creativity Research Journal, 2009, 21 (4): 384-393.

[42] O'Leary-Kelly A. M., Newman J. L. The Implications of Performance Feedback Research for Understanding Antisocial Work Behavior [J]. Human Resource Management Review, 2004, 13 (4): 605-629.

[43] Palmer M. G., Johnson C. M., Johnson D. A. Objective Performance Feedback: Is Numerical Accuracy Necessary? [J]. Journal of Organizational Behavior Management, 2015, 35 (3-4): 206-239.

[44] Podsakoff P. M., Farh J. L. Effects of Feedback Sign and Credibility on Goal Setting and Task Performance [J]. Organizational Behavior & Human Decision Processes, 1989, 44 (1): 45-67.

[45] Rasheed A., Khan S. U. R., Rasheed M. F., et al. The Impact of Feedback Orientation and the Effect of Satisfaction with Feedback on In-Role Job Performance [J]. Human Resource Development Quarterly, 2015, 26 (1): 31-51.

[46] Vandewalle D., Cummings L. L. A Test of the Influence of Goal Orientation on the Feedback - Seeking Process [J]. Journal of Applied Psychology, 1997, 82 (3): 390-400.

[47] van der Vget G. S., De Jong S. B., Bunderson J. S., et al. Power Asymmetry and Learning in Teams: The Moderating Role of Performance Feedback [J]. Organization Science, 2010, 21 (2): 347-361.

[48] Van-Dijk D., Kluger A. N. Feedback Sign Effect on Motivations: Is It Moderated by Regulatory Focus? [J]. Applied Psychology: An International Review, 2004, 52 (1): 113-135.

[49] Walumbwa F. O., Hartnell C. A. Understanding Transformational Leadership - Employee Performance Links: The Role of Relational Identification and Self-Efficacy [J]. Journal of Occupational & Organizational Psychology, 2011, 84 (1): 153-172.

[50] Whitaker B. G., Levy P. Linking Feedback Quality and Goal Orientation to Feedback Seeking and Job Performance [J]. Human Performance, 2012, 25 (2): 159-178.

[51] Sansone C. A Question of Competence: The Effects of Competence and Task Feedback on Intrinsic Interest [J]. Journal of Personality & Social Psychology, 1986, 51 (5): 918-931.

[52] Senko C., Harackiewicz J. M. Regulation of Achievement Goals: The Role of Competence Feedback [J]. Journal of Educational Psychology, 2005, 97 (3): 320-

336.

[53] Shea C. M. , Howell J. M. Charismatic Leadership and Task Feedback: A Laboratory Study of Their Effects on Self-Efficacy and Task Performance [J]. Leadership Quarterly, 1999, 10 (3): 375-396.

[54] Smither J. W. , London M. , Reilly R. R. Does Performance Improve Following Multisource Feedback? A Theoretical Model, Meta-Analysis, And Review of Empirical Findings [J]. Personnel Psychology, 2005, 58 (1): 33-66.

[55] Zhou J. Feedback Valence, Feedback Style, Task Autonomy, And Achievement Orientation: Interactive Effects on Creative Performance [J]. Journal of Applied Psychology, 1998, 83 (2): 261-276.

[56] Zhou J. When the Presence of Creative Coworkers is Related to Creativity: Role of Supervisor Close Monitoring, Developmental Feedback, And Creative Personality [J]. Journal of Applied Psychology, 2003, 88 (3): 413-422.

[57] Zhou J. , Shalley C. E. Handbook of Organizational Creativity [M]. Hillsdale, NJ: Lawrence Erlbaum, 2008.

[58] 巩振兴, 张剑. 同事反馈与创造性绩效的关系：情感的中介作用 [J]. 湖南社会科学, 2016 (1): 115-119.

[59] 郭云, 廖建桥. 上级发展性反馈对员工工作绩效的作用机理研究 [J]. 管理科学, 2014, 27 (1): 99-108.

[60] Huynh Tuan Quy, 张昊民, 马君. 绩效反馈、习得性无助与创新行为的关系研究——失败学习行为的有中介的调节作用 [J]. 华东经济管理, 2016, 30 (5): 140-147.

[61] 李磊, 尚玉钒, 席酉民, 等. 领导反馈效价、反馈风格及下属调节焦点：对下属创新行为交互式影响的探讨 [J]. 科学学与科学技术管理, 2012, 33 (5): 150-159.

[62] 李磊, 席酉民, 尚玉钒, 等. 基于调节焦点理论的领导反馈对下属创新行为影响分析 [J]. 系统工程理论与实践, 2013, 33 (9): 2280-2291.

[63] 刘文彬, 唐杰. 绩效反馈对新生代员工反生产行为的影响机制——反馈效价视角的理论模型与案例研究 [J]. 经济管理, 2015 (6): 188-199.

[64] 黎建斌, 马利军, 陶惠斯, 等. 成败反馈对大学生核心自我评价的影响：任务重要性、外向性的调节作用 [J]. 心理科学, 2012, 35 (2): 364-368.

[65] 龙君伟. 反馈干预及其影响绩效的内部机制 [J]. 心理科学进展, 2003, 11 (4): 452-456.

[66] 宋萌, 王震. 领导发展性反馈对下属反馈规避行为的影响 [J]. 管理学报, 2015, 12 (12): 1773-1779.

[67] 苏伟琳, 林新奇. 上级发展性对员工创新影响研究：核心自我评价与工作投入的作用 [J]. 科技进步与对策, 2018 (4): 101-107.

[68] 徐珺, 尚玉钒, 宋合义. 上级发展性反馈与创新行为：一个被调节的中介模型 [J]. 管理科学, 2018, 31 (1): 69-78.

[69] 王永丽, 时勘. 上级反馈对员工行为的影响 [J]. 心理学报, 2003, 35 (2): 255-260.

[70] 尹晶, 郑兴山. 上级反馈对员工创新行为和组织公民行为的影响：领导—成员交换的中介作用 [J]. 科学学与科学技术管理, 2011, 32 (12): 153-159.

[71] 张振刚, 李云健, 宋一晓. 上级发展性反馈对员工变革行为的影响研究：上级与下属双向沟通视角 [J]. 科学学与科学技术管理, 2016, 37 (12): 136-148.

[72] 周京, 克里斯蒂娜·E. 莎莉. 组织创新行为研究全书 [M]. 魏昕, 等译. 北京：北京大学出版社, 2010.

论文执行编辑：贾良定

论文接收日期：2019 年 8 月 30 日

作者简介：

周文莉（1980—），南京财经大学工商管理学院讲师。研究方向为组织行为与人力资源管理。E-mail：zhoutcf@163.com。

顾远东（1978—）（通讯作者），南京财经大学工商管理学院教授、硕士生导师。研究方向为组织行为与创新管理。E-mail：20953117@163.com。

彭纪生（1957—），南京大学商学院教授、博士生导师。研究方向为技术创新管理与人力资源管理。E-mail：jspeng@nju.edu.cn。

Review and Prospect of Feedback Research in Organizational Behavior

Wenli Zhou[1] Yuandong Gu[1] Jisheng Peng[2]

(1. School of Business Administration, Nanjing University of Finance & Economics, Nanjing, China;

2. School of Business, Nanjing University, Nanjing, China)

Abstract: In practice, feedback is the most common incentive strategy and tool for correcting employees' behavior, and the impact of feedback on employees' behavior and performance has always been one of the hot topics in organizational behavior research. This paper systematically reviews the concept and types of feedback, and the mechanism of feedback affecting employees' behavior and performance. On the basis of summarizing the existing research results, this paper analyses the disputes and shortcomings, development trends and future research directions in the field of feedback in organizational behavior. This paper constructs a research framework model of feedback affecting employees' behavior and performance. That is, feedback information acts on employees' behavior and performance through a series of mediation mechanisms such as feedback recipient's cognition, motivation, attitude and emotion while situational factors, feedback providers' factors and feedback receivers' factors moderate the mediation process. It is hoped that this paper can provide a reference for future research and attract more researchers to pay attention to the feedback research under the organizational context in China.

Key Words: Feedback; Employee Behavior; Employee Creativity; Research Prospect

JEL Classification: M0

双元环境下新创科技企业资本一致性对组织创新的影响*

□杨　智　邱国栋

摘　要：人力资本和社会资本是资源体系中知识与关系网络的典型表征，但研究关于两种资本如何交互推动组织发展尚未达成一致性结论，或竞争关系，或互补关系，抑或非竞争非互补关系，尤其在愈演愈烈的动态与竞争环境下，该关系更趋模糊。本文针对277家新创科技企业调研，运用多项式回归、响应面分析、平衡度计算等方法检验人力资本与社会资本的关系以及其对组织创新影响的环境边界。结果显示：①相较于"低人力—低社会"资本一致性，"高人力—高社会"更能提升组织创新绩效；相较于"低人力—高社会"资本不一致性，"高人力—低社会"更能提升组织创新绩效；人力资本与社会资本越一致，新创科技企业创新绩效越高。②环境动态在资本一致性与组织创新绩效间具有显著正向调节效应。③环境竞争性在资本一致性与组织创新绩效间具有显著负向调节效应。研究结论揭示出新创科技企业中合理的位置与能力匹配更能激发组织创新，且低度一致的创新均势强于高度不一致；外部环境动态性对组织资源转化进程具有重要激励作用，而外部环境竞争性则具有阻碍作用。

关键词：人力资本；社会资本；环境动态性；环境竞争性；组织创新绩效

JEL分类：M51

引　言

当前组织管理实践面临的核心挑战不再源于市场机会与商业模式，而源于市场、产品、材料等环境不确定性（陈春花和刘祯，2017）。部分学者强调组织创新是应对该不确定性的唯一"解药"（陈春花，2017），只有推动组织持续创新与突破创新才能有效应对不确定性。近期，创新管理研究广泛探讨了组织中多要素对组织创新结

* 基金项目：国家自然科学基金面上项目"周期性二元平衡：基于'抛弃政策'的战略变革研究"（71872029）。

果的匹配和协同效应，如人与工作的匹配（Edwards, 1991）、期望与实际的匹配（程垦和林英晖，2017）、领导与下属的匹配（孔茗等，2017）。但不同资源形式间的匹配关系研究却一直被弱化，尤其在具有强烈资源需求的新创企业中更加突显。Semrau（2016）等学者指出，人力资本与社会资本作为组织知识资源和社会网络资源的典型表征，在不同资本匹配关系下，对组织结果的影响具有显著差异性。

人力资本是一种通过教育、培训等形式形成的知识资源，该资源既体现为旧知识的整合、优化与升级，又体现为新知识的吸收、探索与转化；而社会资本则是一种对知识整合、应用与共享的社会网络资源（梁阜等，2018；Luthans and Youssef, 2004）。基于资源基础理论，人力资本和社会资本均是重要的组织资源，其具有价值性（Valuable）、稀缺性（Rare）、不可替代性（Non-substitutable）和难以模仿性（Inimitable）特征（Wright, 2001），在组织参与（Organizational Engagement）和先行动机（Motivational Antecedents）等条件下，可以被转化为其他资源形式（Barrick, 2015）。虽然既有研究表明，人力资本、社会资本对组织创新具有显著驱动作用（Subramaniam and Youndt, 2005），但关于其交互匹配关系却呈现出不一致结论，或竞争关系（Klyver and Schenkel, 2013），或互补关系（Florinet et al. , 2003），抑或非竞争非互补关系（Semrau and Hopp, 2016）。为此，明晰人力资本与社会资本的匹配关系及其对组织结果的影响机制极具迫切性。

更进一步，新创科技企业是具有强烈创新和资源需求的典型组织，其在创造创新活动中表现出明显的路径模糊、时限紧迫、技能专用等特征（孙锐等，2018），该特征决定了组织必须调用周边一切资源应对创新活动不确定性和高风险性带来的资源威胁，尤其体现为知识、技能、经验等专用性资源和合作、共享、交流等网络性资源，以增加战略确定性、计划精确性和多元技能探索性（孙锐和李树文，2017）。同时，相较成熟型企业，新创科技企业的人力资本和社会资本资源更加有限，为了适应动态与竞争并存的多元环境的变化，更需要强化资源转化效率。基于此，本文聚焦新创科技企业，综合考量人力资本与社会资本的配对情况，探讨与比较了人力资本与社会资本一致及不一致对组织创新绩效的影响，并将环境动态性、环境竞争性及其平衡作为资本一致性对组织创新影响的边界条件，试图揭示何种环境更能增进组织资源转化。本文明晰了人力资本与社会资本对组织创新绩效的交互影响机制及其外部环境条件，为组织在创新活动中有效配置人力与社会网络资源提供了重要借鉴。

1 理论基础与研究假设

1.1 新创新科技企业人力资本与社会资本配对情况

人力资本（Human Capital, HC）与社会资本（Social Capital, SC）是组织智力资本的重要组成部分（Subramaniam and Youndt, 2005），前者指员工通过接受教育或经验积累而逐渐获得的知识、技能与社会认知能力，后者指员工在关系网络中的知识应用能力（Mohan and Mark, 2005）。其中，人力资本的核心特质是其富有创造性的知识资源（Snell and Dean，1992），而社会资本的核心特质是其社会机制在特定情境下的关系性资源（Portes，1998）。但部分学者指出，在组织资源转化进程中，人力资本与社会资本是协同式、匹配式进行的，并非分割、独立的（Semrau and Hopp，2016），前者为后者提供知识资源支持，后者为前者提供知识资源整合场域与共享路径。陈建安等（2011）进一步指出，人力资本在提升过程中存在天花板效应，需要通过社会资本的关系媒介获得知识资源共享、转移和重构，进而强化人力资本中的知识资源应用和整合。

当前，关于新创企业人力资本与社会资本的内部交互关系研究呈现出多元视角，其中尤以准入视角（Access Perspective）与应用视角（Utilization Perspective）极具代表性。准入视角研究注重两者的时序性，强调人力资本是社会资本中网络关系的形成基础，是知识主体进入社会资本阶段的准入“门槛”，其内含假设前提是具备更高人力资本的知识主体在社会网络关系中更具魅力，在构建网络关系中更易于满足资源需求（Stam，2010）。应用视角研究注重两者的关系性，强调人力资本与社会资本对组织特定结果的联合与互补效应，如 Florin 等（2003）指出新创企业社会资本与人力资本交互影响组织结果，有生产潜力的社会资本增进人力资源回报，人力资本禀赋（Endowment）促使知识主体构建更高级的社会资本网络。为此，本文根据人力资本与社会资本的高低程度，形成如图 1 所示的四种配对情况。其中，①④反映了资本一致性，②③反映了资本不一致性。同时，根据匹配情况，借鉴响应面研究逻辑，本文将一致性情况表示人力资本与社会资本间的互补关系，将不一致性情况表示竞争关系。

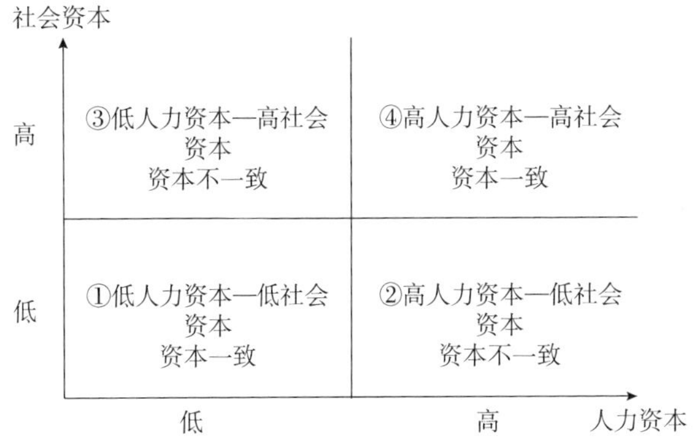

图 1　资本配对情况

1.2　资本一致性与组织创新绩效

资源基础理论认为，组织是系列独特资源聚合体，其在发展过程中涌现出多种独特资源间的持续作用过程，而人力与社会资本均是这样的独特资源（Semrau and Hopp，2016）。具体而言，人力资本是组织的核心资产和显性资源，而创新绩效的资源表征则是创新智力资源，两者可以通过动态能力构建，不同组织资源间的生成、交互与使能作用于组织产品迭代、流程变革与服务升级（孙锐和张文勤，2015）。同样，Nahapiet 等（1998）将社团（Social Community）作为组织的本质，指出社会资本作为一种资源交换、协调和整合的关系网络，通过结构、认知和关系三种途径影响着组织的知识价值创造。但 Semrau 等（2016）认为，在创业企业中不同的人力资本与社会资本配对情境对组织特定结果具有差异化的影响效应，如高水平人力资本与高水平财务社会资本更益于创业成功。

由既有匹配研究（Edwards，1991；程垦和林英晖，2017；孔茗等，2017）得知，组织在资本一致与不一致情况下，其创新绩效存在显著差异性。具体而言，在“低人力—低社会”资本一致性情况下，虽然组织处于一种资源相对缺失状态（Garud，1994），但其仍属于一种低能平衡状态（王凤彬等，2012），其更能平衡配置有限组织资源，兼顾知识、技能探索与关系拓展等不同领域（孙锐和李树文，2017），进而避免由于资源过度配置于知识、技能等人力资本领域而陷入“能力陷阱”，或由于资源过度配置于关系网络、信息搜索等社会资本领域而陷入“关系陷阱”。孙锐等（2018）针对科技企业的调研发现，相比不一致情况，内部知识与外部互动间的一致性更能增进组织创新。但在“高人力—低社会”不一致情况下，虽然组织具备更高的知识资源，但该知识资源仅限于内部整合、优化和升级（梁阜等，2017），缺乏社会资本的外部资源引进与更新，进而易于导致既有路径的自我强化，并陷入“能力陷阱”（王凤彬等，2012）。以往众多实证研究已经证实，任何一种不平衡均将会抑制组织持续获得绩效均势（Semrau and Hopp，2016；孙锐等，2018；王凤彬等，2012）。为此，提出如下假设。

H1：“高人力—高社会”资本一致比“高人力—低社会”资本不一致能带来更高的组织创新绩效。

人力资本与社会资本间具有高度协同与匹配关系（梁阜等，2017），但在不同情境下其后效作用具有差异化。陈建安等（2011）指出，虽然社会资本作为一种应用知识资源的关系网络，但其具有内隐性和潜在性，且人力资本的可控性与可转移性高于社会资本，为此两者的协同效应类比于显性知识与隐性知识。具体而言，在“高人力—高社会”资本一致情况下，组织在资本资源中获得了“高能”平衡，显性与隐性知识在综合化、内隐化、外显化和社会化互动过程中体现出内在一致性，进而获得知识资源的内部利用式创新和外部探索式创新（陈建安等，2011；杨林和俞安平，2016）。根据资源基础及保存理论，知识资源较多的组织与员工，更可能将其资源用于组织资源转化与整合等创造创新活动，并获得更多的创新资源（Hobfoll，2011）。而在“低人力—低社会”资本一致情况下，组织资源处于严重不足状态，难以形成具有潜在竞争优势和创新使能的资源束（Bound of Resources）（Garud and Nayyar，1994）。由此分析，相较低水平的资本一致情境，高水平的资本一致更能体现为组织显隐知识的一致化与协同化，进而驱动知识资源在创造创新活动中的使能化进程。为此，提出如下建设。

H2：“高人力—高社会”比“低人力—低社会”资本一致能够带来更高的组织创新绩效。

新创科技企业在创造创新活动中表现出强烈的知识资源与创新资源需求。组织在创造创新过程中，既需要以显在的知识、技能为表征的人力资本以构建和调整创新战略，也需要以潜在的信息、关系网络为表征的社会资本以驱动和应用资源使能（Semrau and Hopp，2016；陈建安等，2011）。具体而言，在人力资本与社会资本不一致情况下，组织创新绩效均势呈现出差异化特征。在“高人力—低社会”资本不一致情况下，组织更依赖于对知识资源的参与、倾听、假设、隐喻、类比等内隐化途径，以及资源的感知、理解、内化等组合化途径，以建立知识资源的优化、整合与升级体系，进而推动产品、流程、管理等领域的利用式知识创造过程（杨林和俞安平，2016；Nonaka，1994）。但在“低人力—高社会”资本不一致情况下，组织更依赖于对知识资源的互动、对话、链接、搜集、外延等外显化途径，以及资源的吸收、转化、攫取等综合化途径，以塑造知识资源的外拓、传播与更新路径，进而驱动组织突破式创新。但部分学者指出，人力资本是个体及组织拓展社会知识网络的基础和准入机制，只有具备人力资本中富有创造性的知识资源，社会资本的关系网络才能得以应用和发展（Bhagavatula，2010）。而当前，中国新创科技企业处于技术拉动强于市场推动的创新情境（孙锐等，2018），组织对内部以知识、技能、经验等知识整合与优化活动为特征的人力资本更具依赖性和效益性。为此，提出如下假设。

H3：“高人力—低社会”比“低人力—高社会”资本不一致能带来更高的组织创新绩效。

1.3 双元环境及其平衡的调节作用

陈建勋（2011）将组织管理实践中具有相反张力或悖论特质的外部环境称为双元环境，具体表现为以关注市场竞争环境为典型的环境竞争性，以及以关注技术、顾客等合作性需求环境为典型的环境动态性。尤其在新创科技企业中，由于其具有高风险、高压力、高竞争、高动态等不确定性特征，组织外部环境变化对其资源可得路径具有重要推动或闭塞作用（尹苗苗和马艳丽，2014）。已有研究证实环境竞争性益于组织资源转化，如宋华和王岚（2012）认为组织间资源关系转化依赖于外部环境变化，高竞争性环境更能促使组织由开发性关系转化为利用性关系；孙锐和李树文（2017）针对科技企业的调研发现，高竞争性环境只能增进领导与成员间的资源转化，却并不能强化组织依靠能力取得绩效均势。因此，当组织处于高竞争性环境时，激烈的市场环境会刺激组织加快知识、技能及社会网络资源调度（Semrau and Hopp，2016；Becker，1960），并对这些资源进行优化、整合与改进，以利用性关系更好地应对市场环境带来的资源威胁性（李树文等，2020）。反之，当组织处于低竞争环境时，组织更趋于维护自身资源、“安于现状”（孙锐和李树文，2017），这无疑会降低创新活动中知识资源与社会网络资源的转化进程。

相比环境竞争性，环境动态性更强调外部供应商、原材料等上下游产业链条带来的环境不确定性。但现有研究对环境动态性在组织资源转化进程中的作用的讨论却并不一致，如Akgün 等（2008）研究发现环境动态性在组织资源转化进程中呈现出先积极后消极的作用，而孙锐和李树文（2018）基于企业生命周期的研究发现，初创科技企业的环境动态性对组织资源转化进程却并未有显著调节作用。本文认为，环境动态性作为直接刻画企业上下游供应商及客户的环境变化构念，其变化会直接影响到组织资源关系。具体而言，当组织处于高环境动态性时，组织的上下游不能有效进行资源输入与资源输出，那么其需要整合和利用当前一切人力资源与社会网络资源应对环境不确定，并将其转化为创新性产品、流程、管理方式等进行资源输出。已有研究从理论上佐证了这一假设逻辑的有效性（梁阜等，2018）。反之，当组织处于低动态环境中时，组织整个产业链条趋于稳定，但这极易驱使组织沿着既定路线运行以降低创新风险。

动态与竞争作为组织外部环境的两面，在管理实践中不能自然趋于平衡，而不平衡则是一种常态。根据既有研究（孙锐等，2018），双元环境平衡是指在组织活动中综合环境动态性与环境竞争性的优势，并实现双元环境间的协同。当动态与竞争间的平衡状态由低能趋向高能时，会催化组织资源转化进程（杨林和俞安平，2016）。具体而言，当组织处于高能平衡双元环境时，组织外部环境会协同式地带来组织资源威胁，促使组织以两栖能力强化战略资源整合、知识资源吸收、社会网络资源拓展（Semrau and Hopp，2016；Becker，1960），进而增进员工对旧有知识整合及认知能力重构。Tymon 等（2003）比较不同资本的相关特性发现，人力与社会资本具有高水平的协同属性，但同时也表现出了高水平的熵态属性，即两者在交互过程中面临着不确定性。陈建安等（2011）进一步指出，在工作环境由确定性转向不确定性、由重复性转向创新性、由个体性转向团队性之际，知识主体间更需要相互合作、交流及网络关系构建，以形成不同个体间的心理联结，从内部动机上驱动其在创造创新活动中的资源投入（梁阜等，2017）。反之，当组织处于低能平衡双元环境时，组织内部趋于一种资源类静态状态，组织及个体更倾向于保存自身资本资源，进而降低组织及个体在资源转化进程中的实质投入，进而影响组织创新智力资源获得。基于以上所述，提出如下假设。

H4a：环境竞争性正向调节资本一致性与组织创新绩效间关系。

H4b：环境动态性正向调节资本一致性与组织创新绩效间关系。

H4c：双元环境平衡正向调节资本一致性与组织创新绩效间关系。

综上所述，本文提出如图 2 所示的研究模型。

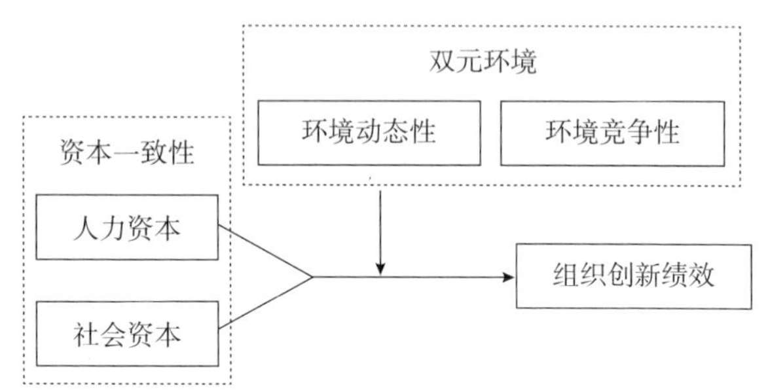

图 2　本文研究理论模型

2　研究设计

2.1　样本调查

本文的调研对象为山东省、浙江省、内蒙古自治区及北京市、上海市等区域的新创科技企业，由其研发部门主管或高层管理者填写问卷。研究问卷发放借助于某科学院的一次大型科技企业培训会议，会前已经对参会企业类型及人员进行核实。会议前先由研究者发放问卷，并告知该问卷仅用于研究使用，并进行匿名处理，以及一些填写注意事项。会议结束后进行回收，并记录未答完人员的电子邮箱，由研究者发送电子问卷，以补充回收。新创科技企业的筛选标准如下：①调研企业需符合中华人民共和国科学技术部出台的《高新技术企业统计分类目录》标准，并具有高新技术企业资质证书；②选择 25 人以上的软件研发、电子通信等产业领域的科技企业，这样的科技企业具有相对健全的组织体系；③参考 Zahra（2000）相关研究，将成立 1~5 年的企业作为新创企业。研究数据均通过电子邮件和现场两种方式回收，剔除连续 5 项及以上答案一致、3 项及以上缺失值的问卷后，最终回收有效问卷 277 份，问卷发放回收有效率 60.75%。最终分析的样本中，被调研企业中成立年限 1~2 年占 27.437%，3~5 年占 72.563%；电子通信行业企业占 28.159%，机械制造占 12.635%，生物医药占 12.274%，化工食品占 9.025%，软件服务占 36.101%，其他占 1.806%；组织规模 25~50 人占 23.827%，50~200 人占 29.242%，200~500 人占 31.047%，500~1000 人占 14.079%，1000 人以上占 1.805%；组织所有制性质为国有企业占 37.906%，民营企业占 26.715%，三资企业占 35.379%；组织所在地区为东部的占 55.957%，中部占 5.776%，西部占 38.267%。

2.2 变量测量

研究采用成熟的李克特五点量表对各变量予以测量。其中，人力资本（*HC*）与社会资本（*SC*）均采用 Mohan（2005）等修订的组织智力资本量表，分别为 5 个条目，Cronbach's alpha 系数分别为 0.913、0.860。双元环境采用 Jansen（2006）发展的环境动态性（*ED*）与竞争性（*EC*）量表，共 6 个条目，Cronbach's alpha 系数分别为 0.740、0.801；双元环境平衡是借鉴王凤彬等（2012）发展的测量方式，根据动态与竞争环境指标计算合成。组织创新绩效（*IP*）采用 Jimenez-Jimenez（2008）等修订的量表，共 8 个条目，Cronbach's Alpha 系数为 0.831。本文将组织规模、组织年限等特征要素作为研究控制变量。

2.3 描述性统计分析

表 1 列示了各研究构念间相关性水平。人力资本、社会资本与组织创新绩效显著正相关（$r=0.560$，$p<0.01$；$r=0.336$，$p<0.01$），各变量的 AVE 平方根大于其与其他变量间的相关系数，这为研究假设提供了初步支持。

表 1　研究变量的描述性统计、相关系数（N=277）

变量	均值	标准差	1	2	3	4	5
1. *HC*	3.428	0.679	(0.864)				
2. *SC*	3.577	0.532	0.720***	(0.802)			
3. *ED*	3.491	0.672	0.240***	0.310***	(0.819)		
4. *EC*	3.492	0.625	0.016	0.278***	0.383***	(0.847)	
5. *IP*	3.343	0.468	0.560***	0.336***	-0.031	-0.253***	(0.774)

注：控制变量并未在此表中列出；* 代表 $p<0.1$，** 代表 $p<0.05$，*** 代表 $p<0.01$；对角线括号中为 AVE 平方根；HC：人力资本，SC：社会资本，ED：环境动态性，EC：环境竞争性，IP：组织创新绩效。

2.4 效度分析

对各变量间效度进行测量，结果显示人力资本、社会资本、环境动态性、环境竞争性及组织创新绩效的因子载荷分别介于 0.852~0.880、0.746~0.865、0.747~0.912、0.737~0.913、0.605~0.891，均大于阈值 0.5。这表明各变量间具有良好的区分效度。同时，各变量间的组合信度分别为 0.937、0.900、0.859、

0.884、0.922，均大于阈值0.8；平均萃取方差分别为0.747、0.644、0.671、0.718、0.599，均大于阈值0.5。这表明各变量间具有良好的聚合效度。此外，本文进行探索性因子分析显示，第一因子的累积贡献率为24.593%，小于50%；所有因子累积贡献率为77.131%，大于60%，初步表明共同方法偏差在可控范围内。本文进一步采用共同因子方法检验共同方法偏差，结果显示不含共同方法因子的χ^2/df为3.213，RMSEA为0.071，CFI为0.88，IFI为0.88，NFI为0.86；含有共同方法因子的χ^2/df为6.423，RMSEA为0.111，CFI为0.80，IFI为0.80，NFI为0.78。可见，相较不加共同方法因子，加入共同方法因子后整体模型变得更差。因此，这表明共同方法偏差在可控范围内。

3 假设检验

（1）资本一致性检验。用传统的差异分数方法检验一致性，可能会降低研究信度与效度。为此，本文采用多项式回归与响应面分析检验一致性假设。检验前，遵照部分学者建议，对问卷数据进行统计分析，以判断是否具备多项式回归的前提。结果显示，人力资本大于社会资本的比例为45.848%，人力资本小于社会资本的比例为19.134%，人力资本与社会资本一致的比例为35.018%，均大于阈值10%。因此，本文可以采用多项式回归分析。在回归前，本文在计算交互项及平方项前进行了中心化处理，即将原始数据转化为平均值为0、标准差为1的标准化数据。表2中响应面分析结果表明，R^2显著增加（$\triangle R^2=0.058$，$p<0.01$），响应面沿着不一致线的曲率显著小于0（曲率=-0.468，$p<0.01$），沿着一致线的曲率显著小于0（曲率=-0.036，$p<0.1$），表明人力资本与社会资本越一致，组织创新绩效越高，即“高人力—高社会”比“高人力—低社会”更能带来组织创新绩效，假设H1得到支持；沿不一致线（$HC=-SC$），其斜率显著为正（斜率=0.233，$p<0.01$），这表明“高人力—高社会”比“低人力—低社会”能带来更高的组织创新绩效，假设H2得到支持；沿一致线（$HC=SC$），其斜率显著为正（斜率=0.409，$p<0.01$），这表明“高人力—低社会”比“低人力—高社会”能带来更高的组织创新绩效，假设H3得到支持。

表2 多项式回归与响应面分析结果

变量			*IP*
	*M*1	*M*2	*M*3
截距	3.551***	2.214***	2.158***
所属行业	-0.151***	0.033	0.068
组织性质	0.027*	0.020	0.026**
组织规模	-0.091**	-0.101***	-0.106***
所属地区	0.091**	-0.067*	-0.071**
人力资本（b_1）		0.406***	0.321***
社会资本（b_2）		-0.013	0.088

续表

变量			IP
	M1	M2	M3
人力资本平方（b_3）			−0.180***
人力资本×社会资本（b_4）			0.216
社会资本平方（b_5）			−0.072**
一致性斜率			0.409***
一致性曲率			−0.036*
不一致性斜率			0.233***
不一致性曲率			−0.468***
R^2	0.129***	0.395***	0.453***
R_{adj}^2	0.116***	0.382***	0.435***

注：* 代表 $p<0.1$；** 代表 $p<0.05$；*** 代表 $P<0.01$。

本文基于响应面分析结果，绘制了图 3 所示的三维模式图。可见，响应面大致呈“鞍形”，对于人力资本水平轴与社会资本水平轴，由（3，3）至（3，−3），组织创新绩效显著降低，表明较“高人力—低社会”，“高人力—高社会”更能促进组织创新绩效；由（−3，−3）至（3，3），较“低人力—低社会”，“高人力—高社会”更能促进组织创新绩效；由（−3，3）至（3，−3），组织创新绩效先高后低，但整体而言，较“低人力—高社会”，“高人力—低社会”更能促进组织创新绩效。

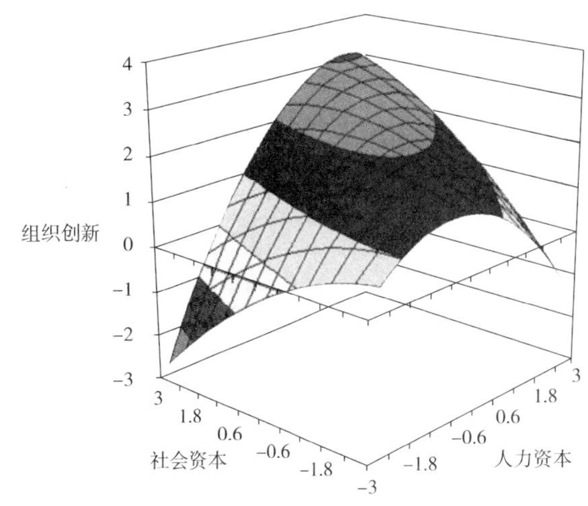

图 3　资本一致性与组织创新响应面

以上运用多项式回归与响应面分析表明资本一致性成立，为此，在假设 H4 检验中，遵照 Edwards 建议，将 X、Y、X^2、Y^2、XY 的原始值分别与表 3 中多项式回归系数乘积后的加总作为资本一致性（Capital Congruence，CC）的分数。

（2）双元环境及其平衡的调节效应检验。本文运用层次回归法检验环境动态性、环境竞争性及其平衡的调节效应，结果如表 3 所示。M2 结果显示，在 M1 基础上，环境动态性在资本一致性与组织创新间起显著正向调节效应（$\beta=0.088$，$p<0.1$）。M4 结果显示，环境竞争性在资本一致性与组织创新间起显著负向调节效应（$\beta=-0.120$，$p<0.05$）。M6 结果显示，环境动态与环境竞争在资本一致性与组织创新间不具显著联合调节效应（$\beta=-0.118$，*n. s.*）。M8 结果显示，环境平衡在资本一致性与组织创新不具显著调节效应（$\beta=0.044$，*n. s.*）。假设 H4 得到部分验证。

表 3 双元环境及其平衡的调节效应检验

变量	组织创新							
	M1	*M2*	*M3*	*M4*	*M5*	*M6*	*M7*	*M8*
所属行业	0.117**	0.124***	0.105**	0.133***	0.098**	0.138***	0.082*	0.089*
组织性质	-0.102**	-0.090*	-0.078	-0.054	-0.088*	-0.031	-0.088*	-0.080
组织规模	-0.134***	-0.116**	-0.117**	-0.116**	-0.128***	-0.066	-0.146***	-0.144***
所属地区	0.178***	0.169***	0.186***	0.201***	0.167***	0.182***	0.209***	0.198***
资本一致性	0.673***	0.672***	0.654***	0.719***	0.665***	0.766***	0.680***	0.683***
环境动态性	-0.096**	-0.092*			-0.074	-0.007		
环境竞争性			-0.096*	-0.078	-0.071	-0.108*		
资本一致性×环境动态性		0.088*				0.253***		
资本一致性×环境竞争性				-0.120**		-0.184***		
资本一致性×环境动态性×环境竞争性						-0.118		
环境平衡							-0.177***	-0.164***
资本一致性×环境平衡								0.044
R^2	0.496	0.503	0.495	0.506	0.499	0.532	0.516	0.518
F	44.259***	38.877***	44.143***	39.291***	38.282***	30.267***	48.021***	41.259***
VIF_{max}	1.290	1.311	1.399	1.547	1.563	3.208	1.287	1.328

注 * 代表 $p<0.1$， ** 代表 $p<0.05$， *** 代表 $p<0.01$；表中为标准化系数。

为了更形象地解释环境动态性与环境竞争性在资本一致性与组织创新绩效间的调节效应，本文以环境动态性与环境竞争性的均值加减一个标准差为高低标准，绘制了图 4 和图 5 的调节效应图。由图可知，环境动态性具有显著正向调节效应，环境竞争性具有显著负向调节效应。

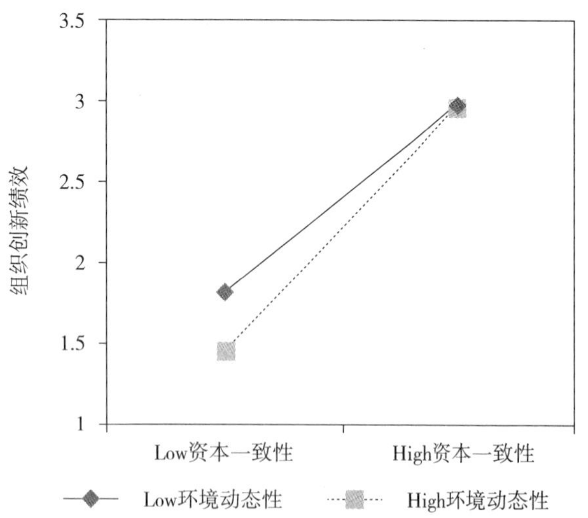

图 4 环境动态性在资本一致性与组织创新间调节效应

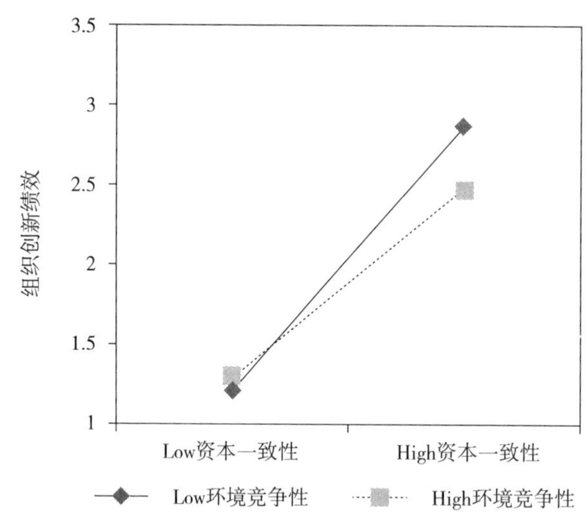

图 5 环境竞争性在资本一致性与组织创新间的调节效应

4 结论与讨论

4.1 理论贡献

本文通过对新创科技企业调研，探讨了资

本一致性对组织创新绩效的影响机制。研究的理论贡献主要体现于两方面：

首先，研究明晰了人力资本与社会资本对组织创新绩效的交互影响机制。纵观以往相关研究，学者们对人力资本与社会资本间关系体现出不一致结论，或竞争关系（Klyver and Schenkel，2013），或互补关系（孙锐等，2018），抑或非竞争非互补关系（Semrau and Hopp，2016）。这使我们对资本与组织相关结果间缺乏深入理解。遵循 Semrau（2016）研究建议，本文构建资本一致性构念，并发现新创科技企业中人力资本与社会资本体现为互补关系，这与既有研究中的应用视角结论一致。该结论不仅厘清了人力资本与社会资本间的关系，而且为未来资本的实体化研究提供了重要参考。

其次，研究揭示了双元环境在资本一致性与组织创新间的调节作用。在组织管理实践中，组织时常会面临动态和竞争并存的外部环境（陈建勋，2011）。但既有研究针对两种环境在组织资源转化进程中呈现出不一致结论，如李树文（2020）等学者基于情绪视角研究发现，环境竞争性在科技企业人力资本与产品创新间起显著正向调节效应，而环境动态性不具显著效应；孙锐和李树文（2018）基于企业生命周期研究发现，动态与竞争均在智力资本与产品创新间起显著正向作用；甚至 Akgün（2008）等学者研究发现环境动态性在组织资源转化进程中扮演着倒 U 形角色。为此，本文基于新创科技企业，从单一环境、双元环境及环境平衡视角全面探讨了外部环境在组织资源转化进程中的作用。这一方面响应了李树文（2020）等学者的号召，关注单一环境与双元环境间差异，并揭示了环境动态与竞争的不同作用；另一方面，本文将王凤彬等（2012）创新研究领域的平衡理论引入双元环境研究，实现了平衡管理理论与组织理论的融合，并揭示了新创科技企业组织外部动态与竞争环境在组织资源转化进程中的平衡效应。这拓展了组织资源转化的边界条件，也为未来组织双元问题的探讨提供了新思路。值得关注的是，本文发现环境竞争性在资本一致性与组织创新绩效间具有负向调节作用。这可能由于新创科技企业的抗风险能力较低，当组织内部面临竞争压力时，其优先保存资源，而放弃创新。

4.2　实践启示

同时，本文结论具有一定实践启示。首先，新创科技企业要重视以知识创造为核心的人力资本与以社会关系网络为核心的社会资本的协同与匹配效应，保持两者一致性或类一致性，减少两者水平偏差，降低两者的不一致性概率。其次，组织要通过客户、材料供应商等渠道获取环境动态信息，适度增加供应链上相关利益方的环境变化，如客户对产品、服务提出新要求及数量变化等，并以此刺激组织将知识、社会网络等组织资源投入创造创新活动。同时，组织要减少市场信息扩散，甚至可以选择在低度竞争市场（蓝海市场）中开发产品、改进服务。最后，本文警示组织管理者，要避免将过多资源用于寻求外部动态环境与竞争环境间的平衡，因为即使实现了动态与竞争间平衡也是“徒劳”，它并不能加快或阻碍组织资源的转化。

4.3　不足与展望

本文也存在一些局限：首先，鉴于创新是新创企业发展的重要驱动力量，本文着重探索了新创科技企业资本一致性对组织创新的影响。但在科技企业新创阶段，组织成长同样重要，且具有强烈的资本资源驱动特质。为此，未来研究需探讨新创科技企业资本要素对组织成长的影响。其次，组织创新包含多种形式，如产品创新、流程创新等，而资本一致性是否对不同创新形式具有相同的影响机制，尚待后续研究深入探讨。

参考文献

［1］Akgün A. E. , Keskin H. , Byrne J. The Moderating Role of Environmental Dynamism between Firm Emotional Capability and Performance ［J］. Journal of Organizational Change Management, 2008, 21 (2): 230-252.

［2］Barrick M. R. , Thurgood G. R. , Smith T. A. , et al. Collective Organizational Engagement: Linking Motivational Antecedents, Strategic Implementation, and Firm Performance. ［J］. Academy of Management Journal, 2015, 58 (1): 111-135.

［3］Becker H. S. Notes on the Concept of Commitment ［J］. American Journal of Sociology, 1960, 66 (1): 32-40.

［4］Bhagavatula S. , Elfring T. , Tilburg A. V. , et al. How Social and Human Capital Influence Opportunity Recognition and Resource Mobilization in India's Handloom Industry ［J］. Journal of Business Venturing, 2010, 25 (3): 245-260.

［5］Edwards J. R. , Cable D. M. The Value of Value Congruence ［J］. Journal of Applied Psychology. 2009, 94 (3): 654-677.

［6］Edwards J. R. Person-job Fit: A Conceptual Integration, Literature Review, and Methodological Critique ［J］. International Review of Industrial and Organizational Psychology, 1991 (6): 283-357.

［7］Florin J. , Lubatkin M. , Schulze W. A Social Capital Model of High-Growth Ventures ［J］. Academy of Management Journal, 2003, 46 (3): 374-384.

［8］Garud R. , Nayyar P. R. Transformative Capacity: Continual Structuring by Intertemporal Technology Transfer ［J］. Strategic Management Journal, 1994, 15 (5): 365-385.

［9］Hobfoll S. E. Conservation of Resource Caravans and Engaged Settings ［J］. Journal of Occupational & Organizational Psychology, 2011, 84 (1): 116-122.

［10］Jansen J. J. P. , Bosch F. A. J. V. D. , Volberda H. W. Exploratory Innovation, Exploitative Innovation, and Performance: Effects of Organizational Antecedents and Environmental Moderators ［J］. Management Science, 2006, 52 (11): 1661-1674.

［11］Jimenez-Jimenez D. , Sanz-Valle R. Could HRM Support Organizational Innovation? ［J］. International Journal of Human Resource Management, 2008, 19 (7): 1208-1221.

［12］Klyver K. , Schenkel M. T. From Resource Access to Use: Exploring the Impact of Resource Combinations on Nascent Entrepreneurship ［J］. Journal of Small Business Management, 2013, 51 (4): 539-556.

［13］Luthans F. , Youssef C. M. Human, Social, and Now Positive Psychological Capital Management:: Investing in People for Competitive Advantage ［J］. Organizational Dynamics, 2004, 33 (2): 143-160.

［14］Mohan S. , Mark A. Y. The Influence of Intellectual Capital on the Types of Innovative Capabilities ［J］. Academy of Management Journal, 2005, 48 (3): 450-463.

［15］Nahapiet J. , Ghoshal S. Social Capital, Intellectual Capital, and the Organizational Advantage ［J］. Academy of Management Review, 1998, 23 (2): 242-266.

［16］Nonaka I. A Dynamic Theory of Organizational Knowledge Creation. ［J］. Organization Science, 1994, 5 (1): 14-37.

［17］Portes A. Social Capital: Its Origins and Applications in Modern Sociology. ［J］. Annual Review of Sociology, 1998, 24 (1): 1-24.

［18］Schuller T. The Complementary Roles of Human and Social Capital ［J］. Canadian Journal of Policy Research, 2001, 2 (1): 89-96.

［19］Semrau T. , Hopp C. Complementary or Compensatory? A Contingency Perspective on How Entrepreneurs' Human and Social Capital Interact in Shaping Start-up Progress ［J］. Small Business Economics, 2016, 46 (3): 407-423.

［20］Shanock L. R. , Heggestad E. D. Polynomial Regression with Response Surface Analysis: A Powerful Approach for Examining Moderation and Overcoming Limitations of Difference Scores ［J］. Journal of Business & Psychology, 2010, 25 (4): 543-554.

［21］Snell S. A. , Dean, J. W. Integrated Manufacturing and Human Resource Management: A Human Capital Perspective ［J］. Academy of Management Journal, 1992, 35 (3): 467-504.

［22］Stam W. Industry Event Participation and Network Brokerage Among Entrepreneurial Ventures ［J］. Journal of Management Studies, 2010, 47 (4): 625-653.

［23］Subramaniam M. , Youndt M. A. The Influence of Intellectual Capital on the Types of Innovative Capabilities ［J］. Academy of Management Journal, 2005, 48 (3): 450-463.

［24］Tymon W. G. , Stumpf S. A. Social Capital in the Success of Knowledge Workers ［J］. Career Development International, 2003, 8 (1): 12-20.

［25］Wright P. M. , Dunford B. B. , Snell S. A. Human Resources and the Resource Based View of the Firm. ［J］. Journal of Management, 2001, 27 (6): 701-721.

［26］Zahra S. A. , Garvis D. M. International Corporate Entrepreneurship and Firm Performance: The Moderating Effect of International Environmental Hostility ［J］. Journal of Business Venturing, 2000, 15 (5/6): 469-492.

［27］陈春花，刘祯．水样组织：一个新的组织概念［J］．外国经济与管理，2017，39（7）：3-14.

［28］陈春花．颠覆性环境的唯一解药——组织创造力［J］．清华管理评论，2017，8（9）：12-17.

［29］陈建安，李燕萍，陶厚永．试论知识员工人力资本与社会资本的协同开发［J］．外国经济与管理，2011，30（4）：35-42.

［30］陈建勋．组织学习的前因后果研究：基于二元视角［J］．科研管理，2011，32（6）：140-149.

［31］程垦，林英晖．组织支持一致性与新生代员工离职意愿：员工幸福感的中介作用［J］．心理学报，2017，49（12）：1570-1580.

［32］孔茗，袁悦，钱小军．领导—成员喜欢一致性对员工工作投入的影响及其机制［J］．南开管理评论，2017，26（6）：104-115.

［33］李树文，孙锐，梁阜．动态环境下科技企业组织情绪能力对产品创新绩效的影响：一个链式有调节的中介模型［J］．管理工程学报，2020，34（2）：50-59.

［34］梁阜，李树文，耿新．资源的渗透与扩散：中国东西部企业人力资本垂滴效应比较研究［J］．经济与管理评论，2018，34（4）：96-108.

［35］梁阜，李树文，孙锐．SOR 视角下组织学习对组织创新绩效的影响［J］．管理科学，2017，30（3）：63-74.

［36］梁阜，李树文，孙锐．创新情景下组织情绪形成与转化机制研究［J］．科技进步与对策，2018，35（20）：30-35.

［37］宋华，王岚．企业间关系行为对创新柔性的

影响研究［J］. 科研管理，2012，33（3）：1-10.

［38］孙锐，李树文，顾琴轩．双元环境下战略人力资源管理影响组织创新的中介机制：企业生命周期视角［J］. 南开管理评论，2018，21（5）：178-189.

［39］孙锐，李树文．动态环境下科技企业领导成员交换、组织情绪能力与组织绩效关系研究：一个有调节的中介模型［J］. 科学学与科学技术管理，2017，38（8）：167-180.

［40］孙锐，李树文．科技企业组织情绪能力影响研发员工创新的中介机制研究［J］. 中国人力资源开发，2017（6）：14-22.

［41］孙锐，李树文．组织情绪能力对产品创新影响的边界与路径［J］. 科学学研究，2018，36（7）：185-195.

［42］孙锐，张文勤．企业创新中的组织情绪能力问题研究［J］. 科学学与科学技术管理，2015，36（12）：70-78.

［43］唐杰，林志扬，莫莉．多项式回归与一致性研究：应用及分析［J］. 心理学报，2011，43（12）：1454-1461.

［44］王凤彬，陈建勋，杨阳．探索式与利用式技术创新及其平衡的效应分析［J］. 管理世界，2012，28（3）：96-112.

［45］杨林，俞安平．企业家认知对企业战略变革前瞻性的影响：知识创造过程的中介效应［J］. 南开管理评论，2016，19（1）：120-133.

［46］尹苗苗，马艳丽．不同环境下新创企业资源整合与绩效关系研究［J］. 科研管理，2014，35（8）：110-116.

论文执行编辑：贾良定

论文接收日期：：2019 年 10 月 22 日

作者简介：

杨智（1989—），东北财经大学工商管理学院博士研究生。研究方向为知识刚性与组织创新。E-mail：yzdufe@ 126. com。

邱国栋（1960—）（通讯作者），东北财经大学工商管理学院教授、博士生导师。研究方向为企业组织与创新管理。E-mail：qiuguodong@ 126. com。

The Effects of Capital Congruence on Organizational Innovation in Technology-Based New Ventures Under Ambidextrous Environment

Zhi Yang　Guodong Qiu

(School of Business Administration, Dongbei University of Finance & Economics, Dalian, China)

Abstract: Human capital and social capital represent knowledge and relation respectively in organizations, but existing studies are inconsistent about how the two types of capital interact in shaping organizational behaviors or organizational outcomes, for example, some studies claim that the relationship is competitive, and some researchers posit human capital and social capital are complementary to each other, and others suggest the relationship is neither competitive nor complementary. The relationship between human and social capital is more and more ambiguous under a more and more complex outside dynamic and competitive environment. This study employed questionnaires collecting data of 277 technology-new ventures, and conducted bootstrapping method and response surface to analyze the associations between all the parameters. The results showed that: (1) in the case of the congruence between human capital and social capital, organizational innovation was higher when both human and social capital were at high levels than when they were at low levels; for those with human and social capital in-congruence, organizational innovation would be higher when "human capital was higher than social capital" than " human capital was lower than social capital"; in general, the higher the congruence between human and social capital was, the higher organizational innovation would be. (2) Environmental dynamism had a positively joint moderating effect on the relationship between capital congruence and innovation performance. (3) Environmental competitiveness had a negatively moderating effect on the relationship between capital congruence and innovation performance. This study contributed to the literature in two aspects: firstly, the matching of capability and position benefits for organizational innovation, and the innovation performance is stronger in low congruence than in high incongruence between human and social capital; secondly, the dynamic environment has an important incentive effect on the process of organizational resource transformation, while the environment competitiveness has an inhibitory effect.

Key Words: Human Capital; Social Capital; Environmental Dynamism; Environmental Competitiveness; Organizational Innovation Performance

JEL Classification: M51

组织管理中的矛盾问题研究综述*

□ 郑 莹

摘 要：随着组织内外部环境的复杂化，组织管理实践中的矛盾现象愈加突出，组织管理领域的研究者也对该问题抱以日趋增长的兴趣，包括组织学习、组织行为和组织战略等细分领域的研究都发展出了有关矛盾的不同的概念和视角。学者们近来呼吁加强领域之间的理论对话，为理解各种矛盾现象提供统一的视角和范式。研究尝试对已有关于矛盾问题的组织管理研究提供一个系统性的综述，厘清矛盾相关的概念和本质、矛盾类型、管理策略及其对组织的影响。

关键词：组织管理；矛盾理论；矛盾管理

JEL 分类：M10

引 言

矛盾（paradox）[①]的概念根植于东西方的哲学领域，社会学、心理学、教育学以及管理学等社会科学领域都在讨论（Putnam et al., 2016）。早期的组织管理理论强调一致性而忽视冲突（Poole and Ven, 1989），直至 20 世纪 80 年代末开始关注组织中的冲突现象，并正式提出矛盾的概念（Cameron and Quinn, 1988）。近年来，随着市场环境的全球化、技术变革的加速化，组织竞争的复杂化，管理者面临的矛盾问题愈加突出（Schad et al., 2016）。21 世纪开始，矛盾相关研究的数量也明显增长。有研究（Smith and Lewis, 2011）统计，1998 年到 2008 年矛盾相关的组织研究数量年增长率约 10%（Smith and Lewis, 2011）。随着数量的增加，研究对组织矛盾的认识也逐渐细致和深入。众多管理学期刊在 2000 年到 2018 年分别陆续出版过关于矛盾问题的特辑[②]，包括《管理学会评论》（*Academy of Management Review*）、《管理研究杂

* 基金项目：教育部人文社会科学研究青年基金项目“战略视角下企业专利期权放弃行为研究”（项目编号：18YJC630265）；江苏省社会科学基金项目青年项目“基于专利质押融资机制的政策评价研究”（项目编号：18GLC004）。

① 国内学者亦将“paradox”翻译为悖论，为保持概念的一致性，本文将外文文献中的 paradox 统一翻译为矛盾。

② 具体地，Academy of Management Review 的 2000 年第 4 期，Journal of Applied Behavioral Science 的 2014 年第 2 期，Academy of Management Annals 的 2016 年第 1 期，Organization Studies 的 2017 年 3~4 期，Journal of Management Studies 的 2018 年第 8 期都组织了关于矛盾的讨论专题。

志》（*Journal of Management Studies*）、《组织研究》（*Organization Studies*）。

随着数量的增长，研究者的兴趣拓展到管理实践中各种矛盾问题。组织、团队和个体等等不同层面的对立面都逐渐被探讨，包括竞争和合作（Chen，2002）、开发和探索（Andriopoulos and Lewis，2009）、稳定和变革（Klarner and Raisch，2013）、控制和授权（Langfred，2000）等。这些关注不同的矛盾实践的研究通常来自于不同的细分领域，因而采纳不同的概念或视角，造成了矛盾相关概念丛生，领域之间缺乏对话的困境（Lewis and Smith，2014）。例如，组织学习领域的"双元性"、组织行为领域的"矛盾型领导"[①]、战略领域的"竞合"，尽管关注的现象不同，但审视矛盾的视角有异曲同工之处。再如，已有研究在矛盾问题处理方式上采纳了"整合""平衡""共存"等不同的概念，但其实质都是强调矛盾双方的兼容性。如此纷杂的概念进一步加剧了研究之间的沟通障碍。

为促成各种矛盾问题研究之间的交流与整合，学者将矛盾理论定位为一个元理论（meta-theory）（Lewis and Smith，2014）[②]，旨在为相关研究定义通用的原则。矛盾元理论的提出，有助于整合已有不同领域研究中相关的概念和研究内容，以达到理论的一致性（Schad et al.，2016）。之后有研究也随之提倡矛盾研究的元理论化和研究之间的对话（Fairhurst，2016）。本研究正是在此基础上，希冀通过一个系统的文献综述，纵览各个领域关于矛盾问题研究，为相关概念和视角的融合提供资料，推进矛盾问题的元理论化。具体地，本文将从矛盾的相关概念、矛盾的不同类型、矛盾的管理策略以及矛盾的结果等方面，回顾不同矛盾现象的研究内容，以厘清矛盾研究的各个脉络和关系。

1 矛盾的概念和本质

广义上任何不一致的事物都可称为矛盾，组织研究中，狭义的矛盾是相互冲突的逻辑关系（Fairhurst et al.，2016），或者"相互依赖的元素之间持续的冲突"（Schad et al.，2016）。Cameron 和 Quinn 第一个将矛盾的概念在管理研究中明确提出来，认为"矛盾的特点是对立面（甚至是相互排斥的元素）的同时存在"（Cameron and Quinn，1988）。随后一些研究也对矛盾和类似概念的定义不断进行更新和比较（Putnam et al.，2016；Schad，2016；Smith and Lewis，2011）。这些研究的共识是，矛盾的本质在于对立面的共存，并且对立面的相互依赖性和持续性是矛盾的两个关键要素。

组织研究中有一些和矛盾相似的概念，比如，冲突（Tension）、困境（Dilemma）、双元（Duality）、辩证（Dialectics）等，但这些概念涵义有别。冲突是行动者制定决策或行为时面临的焦虑或不适的状态，这种状态可能源于矛盾、困境、不确定等。困境是行动者必须在可选项中选择一个的情形，是典型的两者择一（either-or）型抉择，需要行动者做出取舍。双元是一种对立面存在于一个整体内的两者兼容

① 元理论是一种宏观的视角或范式，为相关的研究定义核心概念和假设等，因此不局限于具体的情境、方法或变量。
② 也有研究翻译为"悖论性领导"。

(both-and) 关系，其中对立面并不一定是对抗或者相互排斥的，但对立面内部有清晰的边界，同时双元外部边界促成整合状态的形成。辩证是相互影响的对立面之间持续和动态的互动关系，对立面的冲突通过整合得以解决，但新的统一状态的形成会持续产生新的对立关系。

综上，冲突是矛盾相关研究中最基础，同时也是最宽泛和最模糊的概念，描述了行动者的认知状态，这种状态可能来自组织中对立面的存在。矛盾、困境、双元和辩证等概念则是对对立面之间关系的概括，其内涵有所差别。其中，矛盾、困境和辩证三个概念中，对立面是相互竞争或排斥的，而“双元”认为对立面并不一定是对抗关系；困境强调对立面的不可调和性，辩证侧重对立面的动态整合，两者皆对冲突的处理结果有预定假设，而矛盾则关注对立面的持续存在，并不设定对立面冲突的结果如何（Putnam et al.，2016）。表 1 中对以上概念的含义做出了总结，以比较其区别。

表 1　矛盾及其相关概念的含义

概念	含义
矛盾（Paradox）	• 相反但是相关的元素同时存在并持续的状态。 • 相互影响的持续的冲突，选项之间彼此排斥使得决策困难，因此产生不合理的情境。
冲突（Tension）	• 组织情境中制定决策时面临的压力、不适或紧张的状态。 压力来自相反的决策方向或者在对立面之间的抉择。
双元（Duality）	• 两个可以兼得的对立面之间相互依存、相容或者不相互排斥的状态。 • 存在于一个整体内的两个极端，内部的边界产生区别，外部边界促进整合。
辩证（Dialectics）	• 相互依存的两个对立面之间的动态互动，强调对立面的统一和连接的过程。 • 在整合过程中解决相反事物之间的冲突。
困境（Dilemma）	• 必须在两种选项之间选择其一的情况。 • 竞争的选项，每种选项都有利弊，因此选择可能是暂时的并且冲突会不断浮现。

资料来源：笔者根据 Putnam 等（2016），Smith 和 Lewis（2011），Schad 等（2016）等研究整理。

2　组织管理实践中的矛盾类型

已有矛盾研究来自组织行为、组织学习、组织战略等等不同的管理领域，涉及个人、团队以及组织等多个层面。研究关注的矛盾实践涉及多种组织活动和内容，包括组织的行为、人员、制度、文化等等，按照矛盾的内容可将其归纳为不同类型。Lewis 最早将组织管理中的矛盾分成三种：学习矛盾（Learning Paradoxes）（知识相关）、组织矛盾（Organizing Paradoxes）（过程相关）和归属矛盾（Belonging Paradoxes）（身份相关）（Lewis，2000）。Jarzabkowski 等学者在此基础上又提出了第四类矛盾，执行矛盾（Performing Paradoxes）（目标相关）（Jarzabkowski et al.，2013）。本文在此基础上，加入了近几年被学者们关注到的情绪矛盾（Emotional Paradox），作为第五种类型的组织管理矛盾（Ashforth et al.，2014）。以下将对已有研究中五种类型的矛盾相关内容进行简要总结。

2.1　学习矛盾

学习矛盾发生在新旧认识更替、创新和变革等过程中，具体包括稳定和改变、探索和开发，还有长期和短期导向等冲突（Lewis，2000）。其中，探索和开发是被讨论最多的学习矛盾。探索是搜索、变化、冒险、实验的创新式学习，而开发是执行、完善、生产的侧重效率的学习行为；两种学习方式在知识管理流程等方面存在差异，导致企业在两者之间分配资源时面临取舍（March，1991）。稳定和改变也是组织常见的一种学习矛盾，企业一方面需要不断改变行为以适应变化的环境；同时要维持一定的组织稳定性，因为稳定性有助于组织惯例的形成，组织信息的及时处理和组织学习的发生。因此，管理者面临着如何在变化的同时保持稳定性的困境（Klarner and Raisch，2013；Smith and Besharov，2019）。长期和短期导向的冲突是企业制定学习投入决策时常面临的问题，长期导向下远期利益更高，但需要更多的资源投入（Das and Teng，2000）。

2.2 组织矛盾

组织矛盾是达到既定的组织目标过程中相互竞争的设计或流程（Jarzabkowski et al.，2013），例如控制和授权、灵活性和刚性等。控制和授权的矛盾是一个备受关注的话题：如何给员工充足的自主性，同时保持对工作任务目标和重心的控制（Gilbert and Sutherland，2013）。无论企业或者其他组织的高管（Borzillo et al.，2008）、业务单元的主管（Speklé et al.，2017）或者任何形式的团队领导（Zhang et al.，2015），都需要在这对矛盾中做出权衡。控制和授权的冲突还体现在团队自主性和个体自主性之间（Langfred，2000），团队控制和创造性之间（Speklé et al.，2017）。此外，在公司治理问题中也有控制授权的矛盾，例如董事会对管理者的控制和与合作的两种作用之间存在冲突（Michaud，2014）。

另外一对突出的组织矛盾是灵活性和刚性的对立。在营销管理、生产管理、战略联盟管理、人力管理等各类管理问题中都会发现灵活性和刚性的矛盾。例如，在定制化产品的生产流程中，企业需要大量的协调、信息交换和跨边界沟通，因此需要在流程设计中考虑灵活性和刚性的平衡以达到最优生产效率（Fredriksson and Gadde，2005）。在战略联盟中，合作伙伴之间的结构刚性可以维持一定的联系强度，而联系的柔性则可以给联盟成员一定的选择空间。因此，战略联盟等松散的组织形式也面临刚性和柔性的冲突（Das and Teng，2000）。团队管理中，领导者对下属制定刚性的工作标准，或者允许一定的下属行动的灵活性，这两种领导方式也存在冲突（Zhang et al.，2015）。

2.3 归属矛盾

归属矛盾源于自我与他人的关系冲突，体现在因集体边界、全球化等问题引起的身份冲突，比如个人和集体归属、相似性和独特性、性别和职位角色、全球化和本土化的冲突等。组织行为研究中，以自我为中心和以他人为中心之间的矛盾是归属矛盾中一个重要的话题（Zhang et al.，2015）。个体在集体中面临的另外一种身份冲突是相似性和独特性的矛盾，即个体对自己的角色认知要同时保持和他人一定的相似和区别（Cuganesan，2017）。此外，女性在领袖角色和性别角色之间往往也会产生身份冲突，女性角色被认为更具有调和（Communal）特征，比如更加感性、友善、富有同情心等；而领导角色典型的特征则是对立的能动性

（Agentic），比如更加激进、有野心、控制性强等（Zheng et al.，2018）。跨国公司子公司的管理者也会感受到归属冲突，因为子公司的全球化身份和本土化的双重要求会导致身份双重性问题。社会企业等特殊组织在身份问题上亦存在矛盾性，他们往往需要平衡组织的社会属性和企业属性（Smith et al.，2013）。

2.4 执行矛盾

执行矛盾是组织内外部不同需求导致的目标和结果的冲突，或者不同相关利益者对组织目标和结果不同解读产生的冲突，比如竞争和合作、政府管制和市场需求、股东利益和企业发展之间的冲突。企业与其他企业可能同时存在竞争与合作的关系，研究称之为"竞合"（Coopetition），而这种冲突的关系会给企业行为施加不一致甚至是相反的要求（Chen，2002）。竞争与合作的矛盾不仅存在于企业之间，还常见于企业内部各个部门或团队之间（Luo et al.，2006；Tsai，2002），以及网络之间（Peng and Bourne，2009）。执行矛盾的来源之一也可能是不同利益相关者对组织的不同需求，比如政府对某些行业的管制和市场需求之间存在不匹配，因此企业很难在应对政府管制的同时也满足市场需求。家族企业中，企业收益在家族分配和留存企业发展之间也存在执行矛盾（Smith and Tracey，2016）。

2.5 情绪矛盾

情绪矛盾是组织内个人、团队以及组织整体层面积极和消极情绪或态度同时存在的冲突，研究用"矛盾情绪"（ambivalence）一词专指这种矛盾（Rothman and Melwani，2017）。当个人或集体对某个人物、任务、目标等对象同时抱有积极和消极态度时，矛盾情绪就产生了（Plambeck and Weber，2009）。尽管情绪矛盾在组织实践中很常见，但相关研究近年才逐渐兴起（Ashforth et al.，2014）。矛盾情绪可能产生于相互冲突的需求、规范和制度等，也可能产生于个人的心理因素。组织研究中更加关注组织层面的起因，包括组织层面的身份、目标、角色冲突等，而心理学研究中更加关注个人的心理特征对矛盾情绪的影响（Rothman et al.，2017）。同时，不同层面的矛盾情绪是可能互相影响的（Ashforth et al.，2014）。

综上，五种类型的组织矛盾涵盖了组织实践的不同方面，我们将具体内容以及研究层面概括于表2中。现有研究通常关注某一种类型的矛盾，对各类型矛盾之间的关系缺乏讨论，但实践中不同类型和层面的矛盾是相互关联的。某种类型的冲突会触发其他矛盾，例如归属矛盾会导致执行矛盾，归属矛盾同样会引起情绪矛盾等。组织层面的矛盾会引起团队和个体层面的矛盾，个体层面的矛盾也可能升级到组织层面（Jarzabkowski et al.，2013）。不同类型矛盾之间会产生交集，相互作用于组织管理的活动中（Das and Teng，2000；Smith and Lewis，2011），比如在社会企业、家族企业等组织中，归属矛盾、执行矛盾等是长期共存的（Smith et al.，2013）。矛盾元理论的倡导者因此呼吁研究者对组织矛盾的互动以更多理论关注（Fairhurst et al.，2016）。

表 2　组织管理矛盾的五种类型

矛盾类型	对立面	矛盾内容	层面	文献
学习矛盾	探索和开发	探索式学习和开发式学习	组织	March (1991); Andriopoulos 和 Lewis (2009)
	稳定和改变	适应外部环境需要的改变和维持组织惯例需要的稳定	组织	Klarner 和 Raisch (2013); Smith 和 Besharov (2019)
	长期和短期	战略联盟的长期和短期导向	组织	Das 和 Teng (2000)
组织矛盾	控制和授权	团队领导的决策集中和下属自主权	团队	Zhang 等 (2015)
		高管的控制和授权	个人	Gilbert 和 Sutherland (2013)
		工作组的团队自主性和个人自主性	团队	Langfred (2000)
		社区管理的自主性和控制性	组织	Borzillo 等 (2008)
		管理控制和创造性	团队	Speklé 等 (2017)
		董事会的控制和合作角色	组织	Michaud (2014); Sundaramurthy 和 Lewis (2003)
	灵活性和刚性	联盟关系中联结的刚性和柔性	组织	Das 和 Teng (2000)
		严格的工作标准和下属灵活性	团队	Zhang 等 (2015)
		生产流程设计中的刚性和柔性	组织	Fredriksson 和 Gadde (2005)
归属矛盾	个人和集体	领导行为中以自我为中心和以他人为中心	团队	Zhang 等 (2015)
		个体角色的相似性和独特性	个体	Cuganesan (2017)
	领导角色和性别特征	女性领导同时面临代理和调和的双重角色期待	个人	Zheng 等 (2018)
	全球化和本土化	跨国公司的子公司面临的全球化和本土化两种相反的身份要求	组织	Pant 和 Ramachandran (2017)
执行矛盾	竞争和合作	与相同的企业同时存在竞争和合作的关系	组织	Chen (2002); Das 和 Teng (2000)
		组织内不同的业务单元或者部门之间竞争和合作的冲突	团队	Luo 等 (2006); Tsai (2002)
		不同商业网络之间的竞争和合作关系冲突	网络	Peng 和 Bourne (2009)
	市场和政府	市场需求和政府管制的冲突	组织	Jarzabkowski 等 (2013)
	家族利益和企业发展	家族企业在给家族分配足够的红利和企业发展之间的矛盾	组织	Smith 和 Tracey (2016)
情绪矛盾	正面和负面情绪	组织内的个人或团体对某事物同时产生积极和消极的情绪	个体 团队	Ashforth 等 (2014); Rothman 和 Melwani (2017)
	正面和负面态度	组织内的个人或团体对某事物同时产生积极和消极的态度	个体	Plambeck 和 Weber (2009)

资料来源：笔者根据已有文献整理。

3　组织管理实践中的矛盾管理策略

3.1　矛盾管理的一般策略

由于矛盾双方会陷入相互加剧的自我循环，因此组织需要对矛盾进行“管理”（Lewis, 2000）。如何管理或处理组织情境中的矛盾是相关实践和学术研究关注的一个重要内容。矛盾的管理策略最早要归溯到权变理论（Contingency Theory），其逻辑是“在合适的情境中采取合适的方案”（Luthans and Stewart, 1977）。因此，权变理论解决矛盾的关键是决定在什么时间和情境分别采取哪种方案。矛盾理论中，矛盾的处理方式并不限于“非此即彼”的思路，也承认策略之间的相互依赖性、可共存性以及可整合性（Lewis and Smith，2014）。在矛盾理论的开创性研究中，Cameron 和 Quinn（1988）就已经认识到两个矛盾体之间是可以相互独立存在，强调权变理论和矛盾视角有本质区别。

另外一种解决矛盾问题的流行视角是辩证思维，辩证思维中的“兼顾”思想认为对立面是可以整合的（Poole and Van de Ven，1989）。尽管辩证视角和矛盾理论都承认对立面可以兼得，但对于冲突的假设却是有区别的，辩证思维不强调冲突的对立面会持续共存，侧重冲突动态过程中的转变和整合（Hargrave and van de Ven，2017）。矛盾视角和辩证视角看待冲突的方式虽有不同，但两种视角也有重叠。在有些研究中，辩证思维中的“整合”被认为是矛盾处理方式的一种（Poole and van de Ven，1989）。也有研究认为辩证视角优于矛盾视角，或者矛盾视角可以整合到辩证理论中（Clegg et al.，2002）。聚焦到组织管理领域，辩证多被认为是一种看待问题的视角，而矛盾理论有一系列理论和实证研究的系统支撑。

东方哲学的阴阳理论和中庸思维也在矛盾研究中占据了一席之地（庞大龙等，2019）。东西方哲学对矛盾问题的分析都有漫长的渊源，有研究认为西方管理理论采纳的是二择一的逻辑，而中庸思维强调阴阳平衡的全局观，其处理矛盾的方式是整合（Chen，2002）。也有学者认为阴阳理论在某些情况下对矛盾现象的解释优于辩证思维等西方理论，甚至是能解释真正相对的对立面的唯一理论系统（Li，2014）。但也有学者强调，不能夸大东方哲学的影响力，尽管“阴阳”“中庸”等概念也引起了西方学者的兴趣，但并不意味着阴阳哲学优于西方的辩证思维（Li，2018）。事实上，辩证思维和阴阳理论有一些共同点，比如都承认矛盾的相互依赖性和可整合性（Schad et al.，2016）。对于两种哲学的内在逻辑差异，已经超越了组织管理研究的范畴，需要更多的哲学讨论，但至少东方哲学在解释矛盾问题上面的贡献已经取得了共识（Li，2018）。

总而言之，矛盾理论区别于权变理论和辩证视角中对矛盾问题处理方式的认识，也受到了东方哲学的影响。矛盾的管理策略并不局限于某一种，矛盾理论既承认矛盾的对立性，又接受冲突的可整合性。很早有学者就将矛盾的管理策略一般化为四种：①接受，承认矛盾双方的差异并适应矛盾；②空间隔离；③时间隔离；④整合，构建一个新的视角消除矛盾的对立面（Poole and Ven，1989）。其后的一些理论研究也做了类似的工作，比如，Jarzabkowski 等归纳的四种策略为：①分割（Splitting），将矛盾的不同部分分割；②抑制（Suppressing），矛盾一方抑制另一方的需求；③对立（Opposing），矛盾双方进行对抗；④调整（Adjusting），承认双方需求的相互依赖性，并做出调节（Jarzabkowski et al.，2013）。Smith 总结的策略为三种：①接受——适应矛盾；②调和（accommodating）——创新地整合；③区别（differentiating）——将不同的元素区分并承认其独特性（Smith，2014）。

这些研究抽象出了矛盾管理一般性的策略，尽管所采纳的概念不同，但存在共识。为保持理论的简洁性，本文总结为三种策略。①接受策略：承认并适应矛盾，矛盾的对立面持续存在。②分离策略：从空间或时间上对矛盾双方进行分离，可以认为在特定时间或空间上矛盾一方压制另一方，类似于权变理论中的“两者择一”策略。③整合策略：通过整合消除对立面或者达到兼顾的状态，类似于辩证视角中的整合策略。此三种策略与上述研究的对应关系总结于表 3 中。可以看出，接受策略中行动者被动适应矛盾状态，并不对矛盾对立面做出取舍，因此对立面将会持续存在；而分离和整合两种策略中，对立面的存在状态都会发生变化：分离策略中特定时间或空间中对立面仅其一留存，而整合策略中两者融合。

表 3　矛盾管理的一般策略

策略＼文献			Poole 和 Van de Ven（1989）	Jarzabkowski 等（2013）	Smith（2014）
接受	A ⟷ B	承认并适应矛盾，矛盾的对立面持续存在	接受	对立	接受
分离	A ⟷ B	从空间或时间上对矛盾双方进行分离	空间隔离 时间隔离	分割 抑制	区别
整合	A B	通过整合消除对立面或者达到兼顾的状态	整合	调整	调和

资料来源：笔者根据已有研究整理。

3.2　不同类型矛盾的具体管理策略

对矛盾管理策略的抽象化，也有助于已有关注具体矛盾的研究进行对话。如前文所述，诸多领域的研究聚焦于具体的组织矛盾，对矛盾的管理策略也提供了独特的理论观点或实证发现。这些关注不同矛盾实践的研究缺乏理论对话，虽未构建通用的理论术语，但其处理矛盾的内在逻辑在一定程度上是相似的。本研究试图将这些研究的观点，与矛盾理论中的一般性管理策略对应起来，以梳理个中异同之处。

3.2.1　学习矛盾的管理策略

学习矛盾的一种管理方式——“双元性”（Ambidexterity）的概念被广泛应用。在组织学习领域，双元性包括探索式学习和开发式学习的双元性，技术创新中渐进式创新和突破式创新的双元性，组织设计中探索和稳定的双元性等。其中，迄今最被广泛引用的是 March 关于探索和开发学习双元性的讨论（March，1991）。早期的研究中认为有效的探索和开发很难同时达到，企业必须在探索或开发之间做出偏向和抉择，而 March（1991）提出成功的企业可以达到两者兼顾。此后，关于组织学习矛盾的讨论也从两者择一的思维转向了双元理论（Gavetti and Levinthal，2000）。如果和矛盾管理的三种策略对应起来，组织双元性接近于矛盾管理的“整合”策略。

组织学习的矛盾可以通过同时兼顾探索和开发的双元性来平衡，近年来研究者提到的另一种不同的处理方式是组织游移（Organizational Vacillation）（Boumgarden et al.，2012）。组织游移是时间上动态地或循序地在探索和开发两种学习之间转换，最终也达到有效地平衡探索和开发两者矛盾的一种方式。双元性强调两种学习的同时兼顾，而游移性是在特定时间内仅侧重某一种。游移性更加接近于三种方式中的分离策略，而且是在时间上对矛盾双方进行分割的策略。

实践中，学习矛盾的管理策略可以是整合，也可以是分离。例如，Smith 和 Tushman 观察了财富 500 强企业六个战略业务单元的高管如何处理探索和开发的平衡问题，发现管理者会将问题分为困境性冲突或者矛盾性冲突，对于困境性冲突采取区别（Differentiating）对待方式，将资源配置到主导的一方；对于矛盾性冲突则进行创新的整合（Integrating），从总体角度去配置资源（Smith and Tushman，2005）。他们的研究指出，采取哪种策略取决于管理者对矛盾问题的认识。类似地，Andriopoulos 和 Lewis 也指出，管理者应对学习矛盾的方式有区分和整合（Andriopoulos and Lewis，2009）。罗瑾琏等的案例研究也将探索和开发学习矛盾的处理概括为整合型策略和分离型策略两种（罗瑾琏等，2018）。以上研究的处理策略都可对应到分离和整合两种。

3.2.2 组织矛盾的管理策略

已有关注组织矛盾的研究也提出了一些具体的矛盾管理策略。比如在组织行为领域，针对领导者如何应对相互冲突的组织和下属需求，Zhang 及其合作者提出了“矛盾型领导行为”（Paradoxical Leader Behavior）的概念（Zhang et al.，2015），指领导者同时或在不同时间表现出的看似矛盾却相关的行为。具体表现在能同时将自我中心和他人中心结合，同时保持距离和紧密，对下属一视同仁又考虑个体差异，坚持工作要求也有灵活性，强调决策控制同时允许自治（Zhang et al.，2015）。矛盾型领导行为研究指出，对于控制和授权等组织矛盾，领导者可以通过“整合”的方式解决。Gilbert 和 Sutherland 的质性研究也发现，管理者可以同时保持高度的监督，又允许下属高度的自主决策权（Gilbert and Sutherland，2013）。Borzillo 等的研究中，管理者会根据组织目标，选择治理模式，在管理者的控制和授权之间做出权衡（Borzillo et al.，2008）。在某些企业，控制和授权都保持在中等水平，而某些企业侧重控制或授权的一方。在 Michaud 的案例研究中指出，董事会成员在控制和合作的矛盾中，有时采取共存的策略，有时是控制和合作交替使用（即在时间上分离）的策略（Michaud，2014）。总体上，在组织矛盾的管理上，已有实证研究指出分离和整合是两种主导的管理策略。

3.2.3 归属矛盾的管理策略

归属矛盾的相关研究中，尽管研究者采纳的概念并不统一，但也从总体上反映了分离和整合两种策略。例如，Zheng 等发现，相比于困境式思维，矛盾式思维的女性领导能很好地解决领导角色和女性角色之间的冲突（Zheng et al.，2018）。困境式思维将矛盾视为不可共存、相互排除的两个对立面，以“两者择一”（Either-or）的方式在矛盾中进行选择，类似于“分离”策略。矛盾式思维则将矛盾对立面看作可以共存，甚至互补和相辅相成的，类似“整合”策略。“矛盾式思维”的概念也在其他研究中出现，被认为是一种倾向于认可、接受并能适应冲突的一种思维方式，组织中面临冲突问题的个体可以通过这种思维正视冲突，寻求能整合或者兼容冲突的策略（Miron-Spektor et al.，2018）。跨国子公司的全球化和本土化两种身份冲突问题也可以通过两种方式化解，有研究对印度联合利华子公司进行的案例研究表明，跨公司子公司通过排序（Ordering，某种身份主导）和桥接（Bridging，两种身份兼得）两种方式解决身份矛盾，排序和桥接也可对应分离和整合策略（Pant et al. Ramachandran，2017）。

3.2.4 执行矛盾的管理策略

竞争与合作的矛盾是执行矛盾中颇受关注的一类矛盾，研究指出竞争和合作也可以通过整合的方式进行平衡。例如，Chen 指出不同于西方理论中分割矛盾对立面的方式，中庸思想有助于将矛盾以全局观念进行整合，可应用到竞争和合作的冲突问题中（Chen，2002）。Luo 等的案例研究观察到，组织之间可能经历从竞争主导、合作主导到两者平衡的不同阶段，组织间资源和结构的互补性影响了竞争和合作的博弈（Luo et al.，2006）。在经营逻辑的执行矛盾中，研究指出管理者或在两种经营逻辑之间摇摆，或者将两种逻辑整合为一体（Jay，2013）。

3.2.5 情绪矛盾的管理策略

对于情绪矛盾的处理，接受、分离和整合三种策略都得到了讨论。有研究指出情绪矛盾的解决策略有四种：两种情绪都得到回避（Avoidance），其中一种情绪占主导（domination），或两种情绪相互妥协（Compromise）存在，甚至可以整合（Holism）（Ashforth and Reingen，2014）。其中，回避和妥协的方式接近于表 3 中“接受”策略，不同的是，回避方式中行动者将两种情绪都克制在低水平，而妥协的方式是将两种情绪都控制在中等水平。主导的方式类似于分离策略，一种情绪压制另一种的存在。整合的方式中，两种情绪可以都处于高水平。

综上所述，研究领域或问题的差异，导致学者们采纳了各种概念来理论化矛盾的管理策略，但基本逻辑与三种一般性策略并无本质区别。我们将这些不同领域的研究总结于表 4 中，并指出个中结论与三种策略的对应关系。值得一提的是，理论上的“接受”策略在已有实证研究中较少被观察或被讨论，可能的原因是组织实践中分离和整合的确是两种主导的管理方式（Smith，2014）；另外，研究也可能更关注分离和整合两种主动的管理策略，而接受策略作为一种被动适应策略较少被探讨。

表 4 三种元策略与不同类型矛盾的管理方式

矛盾 \ 策略	接受	分离	整合	文献
学习矛盾	—	—	双元性	March（1991）
	—	游移	—	Boumgarden 等（2012）
	—	分离型策略	整合型策略	罗瑾琏等（2018）
	—	区分	整合	Smith 和 Tushman（2005）

续表

矛盾 \ 策略	接受	分离	整合	文献
组织矛盾	—	—	矛盾型领导	Zhang 等（2015）
	—	主导	平衡	Borzillo 等（2008）
	—	交替	共存	Michaud（2014）
归属矛盾	—	困境式思维	矛盾型思维	Zheng 等（2018）
	—	排序	桥接	Pant 和 Ramachandran（2017）
执行矛盾	—	—	中庸思维	Chen（2002）
	—	主导	平衡	Luo 等（2006）
	—	摇摆	整合	Jay（2013）
情绪矛盾	回避妥协	主导	整合	Ashforth 和 Reingen（2014）

资料来源：笔者根据已有研究整理。

4　矛盾及其管理的结果

感知到的矛盾会给行动者带来不适和焦虑感，因而影响其认知、决策和行动（Smith and Lewis，2011）。为了缓解内在不一致，行动者可能采取被动措施（例如忽略矛盾的一方），导致矛盾加剧形成恶性循环，造成负面影响。诸多实证研究也验证了不同类型的矛盾会对组织的绩效、创新等有消极作用。例如，在董事会和管理者之间合作和控制的冲突问题中，董事会过度强调合作会导致集体思维和承诺升级，而只关注控制则会破坏信任，提高管理者道德风险的可能（Sundaramurthy and Lewis，2003）；联盟内部的组织矛盾等导致的不平衡会导致联盟关系的不稳定（Das and Teng，2000）；家族企业存在的执行矛盾会阻碍创新行为（Ingram，et al.，2016）。

也有研究指出，某些情境中的矛盾反而会产生积极效果。比如 Luo 等发现企业部门之间的竞合矛盾会促进部门之间的知识交换、资源共享、成本控制和创新等，进而提高客户和财务绩效（Luo et al.，2006）。也有研究发现当 CEO 对某个事件同时抱有正面和负面的态度时，其行动的搜索范围会更广，行动也更有创新性（Plambeck and Weber，2009）。Rothman 和 Melwani 指出，感知到的矛盾情绪有助于提高决策者的认知复杂度，使其更有能力领导变革；但也可能降低决策能力，提高确认偏误（Rothman and Melwani，2017）。因此，尽管多数研究指出冲突会带来负面结果，但也不乏矛盾产生积极影响的例子。

不同的矛盾管理策略也会产生不同效果，越来越多的研究指出持续的高绩效来源于同时兼顾相互冲突的矛盾，也就是整合策略的应用（Lewis and Smith，2014）。例如，针对探索和开发的学习矛盾，大量实证研究表明组织双元性对绩效有积极影响（O'Reilly Ⅲ and Tushman，2013）。在改变和稳定的矛盾中，能够规律和循序地进行平衡的企业长期绩效更好。领导者面临的组织矛盾也通过整合方式取得平衡，比如矛盾型领导行为可以为下属提供一个自由又有限制的工作环境，提高下属的任务熟练性、适应性和主动性（Zhang et al.，2015），心理安全感和工作繁荣感（王朝晖，2018）。矛盾型思维也被认为能兼顾、利用和整合冲突双方的需求，提高管理者和个人的绩效（Ingram et al.，2016）。比如，具备矛盾型思维的女性领导者可以更好地处理性别角色和领导角色的冲突，提高心理韧性和领导有效性（Zheng et al.，2018）。组织中的个人也能借助矛盾型思维处理资源冲突问题，提高工作绩效和创新表现（Miron-Spektor et al.，2018）。总体上，这些实证研究指出"整合"型管理策略比"分离"型策略的效果更好。

5 结语

组织管理者面临着各种冲突和矛盾，关注矛盾的研究也遍布组织管理的各个领域，包括组织学习、组织行为、组织战略等等。这些细分领域的研究针对不同类型的矛盾发展出不同的概念和视角，丰富了我们对于矛盾问题的认识。然而，由于领域之间缺乏对话，导致概念和理论丛生，但共识不足的现象。学者们呼吁从元理论的视角，整合矛盾相关研究，为理论沟通提供通用的语言、视角和范式（Lewis and Smith，2014；Schad et al.，2016）。本文通过文献梳理的方式以期系统呈现已有研究中的矛盾问题的关联和区别，厘清相关研究的脉络。纵览相关文献，可以发现 Lewis 和 Smith（2014）等研究指出的概念丛生的困境确实存在，从矛盾元理论的角度，各个细分领域的研究有整合的空间。

参考文献

[1] Andriopoulos C.，Lewis M. W. Exploitation-Exploration Tensions and Organizational Ambidexterity：Managing Paradoxes of Innovation [J]. Organization Science，2009，20（4）：696-717.

[2] Ashforth B. E.，Reingen P. H. Functions of Dysfunction：Managing the Dynamics of an Organizational Duality in a Natural Food Cooperative [J]. Administrative Science Quarterly，2014，59（3）：474-516.

[3] Ashforth B. E.，Rogers K. M.，Pratt M. G.，et al. Ambivalence in Organizations：A Multilevel Approach [J]. Organization Science，2014，25（5）：1453-1478.

[4] Borzillo S.，Probst G.，Raisch S. The Governance Paradox：Balancing Autonomy and Control in Managing Communities of Practice [C]. Academy of Management Briarcliff Manor，NY 10510，2008.

[5] Boumgarden P.，Nickerson J.，Zenger T. R. Sailing Into the Wind：Exploring the Relationships Among Ambidexterity，Vacillation，and Organizational Performance [J]. Strategic Management Journal，2012，33（6）：587-610.

[6] Cameron K. S.，Quinn R. E. Organizational Paradox and Transformation [M]. New York：Ballinger Publishing Co/Harper & Row Publishers，1988.

[7] Chen M. Transcending Paradox：The Chinese "Middle Way" Perspective [J]. Asia Pacific Journal of Management，2002，19（2-3）：179-199.

[8] Clegg S. R.，Da Cunha J. V.，E. Cunha M. P. Management Paradoxes：A Relational View [J]. Human Relations，2002，55（5）：483-503.

[9] Cuganesan S. Identity Paradoxes：How Senior Managers and Employees Negotiate Similarity and Distinctiveness Tensions Over Time [J]. Organization Studies，2017，38（3-4）：489-511.

[10] Das T. K.，Teng B. Instabilities of Strategic Al-

liances: An Internal Tensions Perspective [J]. Organization Science, 2000, 11 (1): 77-101.

[11] Fairhurst G. T., Smith W. K., Banghart S. G., et al. Diverging and Converging: Integrative Insights On a Paradox Meta-Perspective [J]. Academy of Management Annals, 2016, 10 (1): 1-10.

[12] Fredriksson P., Gadde L. Flexibility and Rigidity in Customization and Build-to-Order Production [J]. Industrial Marketing Management, 2005, 34 (7): 695-705.

[13] Gavetti G., Levinthal D. Looking Forward and Looking Backward: Cognitive and Experiential Search [J]. Administrative Science Quarterly, 2000, 45 (1): 113-137.

[14] Gilbert G., Sutherland M. The Paradox of Managing Autonomy and Control: An Exploratory Study [J]. South African Journal of Business Management, 2013, 44 (1): 1-14.

[15] Hargrave T. J., van de Ven A. H. Integrating Dialectical and Paradox Perspectives On Managing Contradictions in Organizations [J]. Organization Studies, 2017, 3-4 (38): 319-339.

[16] Ingram A. E., Lewis M. W., Barton S., et al. Paradoxes and Innovation in Family Firms: The Role of Paradoxical Thinking [J]. Entrepreneurship Theory and Practice, 2016, 40 (1): 161-176.

[17] Jarzabkowski P., Lê J. K., van de Ven A H. Responding to Competing Strategic Demands: How Organizing, Belonging, and Performing Paradoxes Coevolve [J]. Strategic Organization, 2013, 11 (3): 245-280.

[18] Jay J. Navigating Paradox as a Mechanism of Change and Innovation in Hybrid Organizations [J]. Academy of Management Journal, 2013, 56 (1): 137-159.

[19] Klarner P., Raisch S. Move to the Beat - Rhythms of Change and Firm Performance [J]. Academy of Management Journal, 2013, 56 (1): 160-184.

[20] Langfred C. W. The Paradox of Self-Management: Individual and Group Autonomy in Work Groups [J]. Journal of Organizational Behavior, 2000, 21 (5): 563-585.

[21] Lewis M. W. Exploring Paradox: Toward a More Comprehensive Guide [J]. Academy of Management Review, 2000, 25 (4): 760-776.

[22] Lewis M. W, Smith W. K. Paradox as a Metatheoretical Perspective: Sharpening the Focus and Widening the Scope [J]. Journal of Applied Behavioral Science, 2014, 50 (2): 127-149.

[23] Li P. P. The Unique Value of Yin-Yang Balancing: A Critical Response [J]. Management & Organization Review, 2014, 10 (2): 321-332.

[24] Li X. Is "Yin-Yang Balancing" Superior to Ambidexterity as an Approach to Paradox Management? [J]. Asia Pacific Journal of Management, 2018: 1-16.

[25] Luo X., Slotegraaf R. J., Pan X. Cross-Functional "Coopetition": The Simultaneous Role of Cooperation and Competition within Firms [J]. Journal of Marketing, 2006, 70 (2): 67-80.

[26] Luthans F., Stewart T. I. A General Contingency Theory of Management [J]. Academy of Management Review, 1977, 2 (2): 181-195.

[27] March J. G. Exploration and Exploitation in Organizational Learning [J]. Organization Science, 1991, 2 (1): 71-87.

[28] Michaud V. Mediating the Paradoxes of Organizational Governance through Numbers [J]. Organization Studies, 2014, 35 (1): 75-101.

[29] Miron-Spektor E., Ingram A., Keller J., et al. Microfoundations of Organizational Paradox: The Problem is How we Think About the Problem [J]. Academy of Management Journal, 2018, 61 (1): 26-45.

[30] O'Reilly Ⅲ C. A., Tushman M. L. Organizational Ambidexterity: Past, Present, and Future [J]. Academy of Management Perspectives, 2013, 27 (4): 324-338.

[31] Pant A., Ramachandran J. Navigating Identity Duality in Multinational Subsidiaries: A Paradox Lens On Identity Claims at Hindustan Unilever 1959 ~ 2015 [J]. Journal of International Business Studies, 2017, 48 (6): 664-692.

[32] Peng T. J. A., Bourne M. The Coexistence of Competition and Cooperation Between Networks: Implications From Two Taiwanese Healthcare Networks [J]. British Journal of Management, 2009, 20 (3): 377-400.

[33] Plambeck N., Weber K. Ceo Ambivalence and Responses to Strategic Issues [J]. Organization Science, 2009, 20 (6): 993-1010.

[34] Poole M. S., Ven A. H. V. D. Using Paradox to Build Management and Organization Theories [J]. Academy of Management Review, 1989, 14 (4): 562-578.

[35] Putnam L. L., Fairhurst G. T., Banghart S. Contradictions, Dialectics, and Paradoxes in Organizations: A Constitutive Approach [J]. Academy of Management Annals, 2016 (1): 1-107.

[36] Rothman N. B., Mclwani S. Feeling Mixed, Ambivalent, and in Flux: The Social Functions of Emotional Complexity for Leaders [J]. Academy of Management Review, 2017, 42 (2): 259-282.

[37] Rothman N. B., Pratt M. G., Rees L., et al. Understanding the Dual Nature of Ambivalence: Why and When Ambivalence Leads to Good and Bad Outcomes [J]. Academy of Management Annals, 2017, 11 (1): 33-72.

[38] Schad J., Lewis M. W., Raisch S., et al. Paradox Research in Management Science: Looking Back to Move Forward [J]. Academy of Management Annals, 2016, 10 (1): 1-60.

[39] Smith W. K. Dynamic Decision Making: A Model of Senior Leaders Managing Strategic Paradoxes [J]. Academy of Management Journal, 2014, 57 (6): 1592-1623.

[40] Smith W. K., Besharov M. L. Bowing Before Dual Gods: How Structured Flexibility Sustains Organizational Hybridity [J]. Administrative Science Quarterly, 2019, 64 (1): 1-44.

[41] Smith W. K., Gonin M., Besharov M. L. Managing Social - Business Tensions: A Review and Research Agenda for Social Enterprise [J]. Business Ethics Quarterly, 2013, 23 (3): 407-442.

[42] Smith W. K., Lewis M. W. Toward a Theory of Paradox: A Dynamic Equilibrium Model of Organizing [J]. Academy of Management Review, 2011, 36 (2): 381-403.

[43] Smith W. K., Tracey P. Institutional Complexity and Paradox Theory: Complementarities of Competing Demands [J]. Strategic Organization, 2016, 14 (4): 455-466.

[44] Smith W. K., Tushman M. L. Managing Strategic Contradictions: A Top Management Model for Managing Innovation Streams [J]. Organization science, 2005, 16 (5): 522-536.

[45] Speklé R. F., van Elten H. J., Widener S. K. Creativity and Control: A Paradox—Evidence From the Levers of Control Framework [J]. Behavioral Research in Accounting, 2017, 29 (2): 73-96.

[46] Sundaramurthy C., Lewis M. Control and Collaboration: Paradoxes of Governance [J]. Academy Of Management Review, 2003, 28 (3): 397-415.

[47] Tsai W. Social Structure of "Coopetition" within a Multiunit Organization: Coordination, Competition, and Intraorganizational Knowledge Sharing [J]. Organization Science, 2002, 13 (2): 179-190.

[48] Zhang Y,. Waldman D. A., Han Y., et al.

Paradoxical Leader Behaviors in People Management：Antecedents and Consequences [J]. Academy of Management Journal，2015，58（2）：538-566.

[49] Zheng W.，Kark R.，Meister A. L. Paradox Versus Dilemma Mindset：A Theory of How Women Leaders Navigate the Tensions Between Agency and Communion [J]. The Leadership Quarterly，2018，29（5）：584-596.

[50] 罗瑾琏，管建世，钟竞，等．迷雾中的抉择：创新背景下企业管理者悖论应对策略与路径研究 [J]. 管理世界，2018，34（11）：150-167.

[51] 庞大龙，徐立国，席酉民．文化双融视角下的组织悖论多元范式整合 [J]．管理学报，2019，16（1）：17-26.

[52] 王朝晖．悖论式领导如何让员工两全其美？——心理安全感和工作繁荣感的多重中介作用 [J]. 外国经济与管理，2018，40（3）：107-120.

论文执行编辑：贾良定

论文接收日期：2019年11月4日

作者简介：

郑莹（1987—），讲师，于南京大学获得管理学博士学位。研究方向为组织战略和专利管理。E-mail：zhengying@ njtech. edu. cn。

A Review on Paradox Research in Organization Management

Ying Zheng

(School of Economics and Management, Nanjing Tech University, Nanjing, China)

Abstract: With the increasing complexity of the internal and external environment of organizations, paradoxes in organization management practice become more and more prominent. Organizational management researchers also have growing interest in this issue, and they have developed various concepts and perspectives on paradoxes in fields including organizational learning, organizational behavior and organizational strategy. Scholars have recently called for inter-field theoretical dialogue, to provide a unified perspective and paradigm for understanding paradoxes. This paper attempts to provide a systematic review of the existing organizational management research on paradoxes, to clarify the concepts and essences related to paradoxes, typology, managing strategy and consequences of paradoxes.

Key Words: Organization Management; Paradox Theory; Paradox Management

JEL Classification: M10